古典文獻研究輯刊

三三編

潘美月・杜潔祥 主編

第 10 冊

詩經國風今詁（第二冊）

趙恩強 著

國家圖書館出版品預行編目資料

詩經國風今詁（第二冊）／趙恩強 著 -- 初版 -- 新北市：花
木蘭文化事業有限公司，2021〔民110〕
目 6+202 面；19×26 公分
（古典文獻研究輯刊 三三編；第 10 冊）
ISBN 978-986-518-626-5（精裝）
1. 詩經 2. 研究考訂

011.08　　　　　　　　　　　　　　　110012076

古典文獻研究輯刊
三三編　第 十 冊　　　　　ISBN：978-986-518-626-5

詩經國風今詁（第二冊）

作　　者　趙恩強
主　　編　潘美月、杜潔祥
總 編 輯　杜潔祥
副總編輯　楊嘉樂
編　　輯　許郁翎、張雅淋、潘玟靜　美術編輯　陳逸婷
出　　版　花木蘭文化事業有限公司
發 行 人　高小娟
聯絡地址　235 新北市中和區中安街七二號十三樓
　　　　　電話：02-2923-1455 ／傳真：02-2923-1452
網　　址　http://www.huamulan.tw 信箱 service@huamulans.com
印　　刷　普羅文化出版廣告事業
初　　版　2021 年 9 月
全書字數　693291 字
定　　價　三三編 36 冊（精裝）台幣 90,000 元

詩經國風今詁（第二冊）

趙恩強 著

目

次

第二冊

第三冊

鄘　風

　　鄘，殷朝的一個邑。《集韻‧鍾韻》:「鄘，一曰紂之畿內地名。」鄘在殷東部地區，又稱「東」。周武王克殷，姬封被封於東地，其長子伯懋父（西周青銅器銘文中稱「白懋父」「懋父」「毛父」，《左傳》稱「王孫牟」，《史記》稱「康伯」）就封於東，姬封留在鎬京作司寇。這與周公長子姬禽就封於魯、召伯長子姬克就封於燕、呂尚長子呂伋就封於齊的情況相若。康叔的「康」字，是姬封的始封號。周公平定武庚叛亂之後，康叔由康地徙於原蔡叔的封地衛（沬），於是其長子伯懋父遷居於衛，代父行政。《逸周書‧作雒解》:「武王克殷，乃立王子祿父，俾守商祀。建管叔于東，建蔡叔于殷，俾監殷臣……三叔及殷東徐奄及熊盈以略……周公、召公內弭父兄，外撫諸侯……作師旅，臨衛政殷，殷大震潰。降辟三叔，王子祿父北奔，管叔經而卒，乃囚蔡叔于郭凌……俾康叔宇于殷，俾中旄父宇于東。」宇，通寓，住。西周器小臣謎設銘文記載「白懋父」以「殷八師」征東夷至於「海眉（湄）」，歸而屯兵於「牧自」。「牧自」為地名，屬衛。「白懋父」凱旋，即駐紮於康叔的續封地。

　　鄘地到底在哪裏，歷來有幾種說法:一說，鄘在衛國的東部。崔述《讀風偶識》卷二說:「舊說以邶、鄘、衛皆殷畿內地名，北曰邶，南曰鄘，東曰衛。今觀《邶》《衛》二風，皆無渡河以後之詩，獨《鄘》風有之。似鄘在東者然。疑舊說之誤也。」陳奐《詩毛氏傳疏》卷三題解:「衛即朝歌，邶在朝歌北，庸在朝歌東。所以邶、庸、衛三國之詩，皆衛詩也。」又，卷四題解:「鄘，邑名。古作庸。《逸周書‧作雒篇》云:『武王克殷，乃立王子祿父，俾守商祀。建管叔于東。』《漢書‧地理志》云:『庸，管叔尹之。』是庸在朝歌東矣。」王先謙《集疏》中《邶鄘衛》的題解:「《桑中》之詩云:『爰采葑矣，

沫之東矣。云誰之思？美孟庸矣。』據《漢志》，『鄘』作『庸』，知鄘、庸一
也。蓋居此之人，取舊邑之稱以為族姓，故曰『孟庸』。是鄘在沫東之確證。」
又，釋《桑中》「庸」字：「庸在沫東。居此之人，取舊邑之稱以為族（姓），
若晉、韓、趙、魏氏之比，故曰『孟庸』。據此，知舊說庸在紂城南、西皆非
也。」一說，鄘在衛國的南部。鄭玄《毛詩譜·邶鄘衛譜》說：「周武王伐紂，
以其京師封紂子武庚，為殷後。庶殷頑民被紂化日久，未可以建諸侯，乃三
分其地，置三監，使管叔、蔡叔、霍叔尹而教之。自紂城而北謂之邶，南謂之
鄘，東謂之衛。」孔穎達《正義》也說：「鄘境在南，明矣。」《漢書·地理志》
顏師古《注》：「自紂城而北謂之邶，南謂之庸，東謂之衛。」《通典》卷一百
七十八「古冀州上」：「新鄉縣：縣西南三十二里有鄘城，即鄘國。」《路史》
卷二十七：「東衛，南鄘，北邶。」顧炎武《歷代宅京記》亦說：「自紂城而北
謂之邶，南謂之鄘，東謂之衛。」戴震亦主此說。一說，鄘在衛國的西部。西
晉皇甫謐《帝王世紀·周》說：「自殷都以東為衛，管叔監之；殷都以西為鄘，
蔡叔監之；殷都以北為邶，霍叔監之。」孔穎達《毛詩·邶風》正義：「王肅、
服虔以為鄘在紂都之西。」另外，王國維《觀堂集林》卷十八《北伯鼎跋》說
「邶即燕，鄘即魯」。以上四說，唯「鄘在沫東」說可取。《漢書》說「庸，管
叔尹之」，《逸周書》則說「建管叔于東」，東即是鄘。鄘國的地望在衛國的東
部（今浚縣、滑縣、濮陽、鄄城、鄆城一帶），而非在衛國的南部或西部，更
不是魯國。

　　《鄘風》共十篇詩文，其中有情歌、兒歌歌詞及宴會、婚慶、祭祀樂詞
等。

柏舟

　　　汎彼柏舟〔1〕，在彼中河〔2〕。
　　　髧彼兩髦〔3〕，實維我儀〔4〕。
　　　之死矢靡它〔5〕。
　　　母也天只〔6〕，不諒人只〔7〕！

　　　汎彼柏舟，在彼河側〔8〕。
　　　髧彼兩髦，實維我特〔9〕。
　　　之死矢靡慝〔10〕。
　　　母也天只，不諒人只！

【注釋】

〔1〕汎彼柏舟：駕著一隻柏木舟。汎，漂浮。《說文》：「汎，浮貌。从水，凡聲。」柏舟，柏木做的舟。柏木浮力大，是做舟的好材料。柏舟通常為貴族所用。春秋時期有專門用船擺渡婚戀求偶者過河的「舟子」，蓋為水上運輸業者。《邶風·匏有苦葉》：「招招舟子，人涉卬否。」《邶風·谷風》：「就其深矣，方之舟之。」《小雅·菁菁者莪》：「汎汎楊舟，載沉載浮。」

〔2〕在彼中河：在寬寬的黃河中流漂游。中河，即河中。中，中流。河，黃河的專稱。《毛傳》：「中河，河中。」春秋時期黃河南北貫穿衛國境內，繼而向東北入渤海。

〔3〕髧彼兩髦：那個兩鬢長髮下垂的男青年。髧，頭髮下垂的樣子。《毛傳》：「髧，兩髦之貌。」《玉篇·髟部》：「髧，髮垂貌。」《廣韻·感韻》：「髧，髮垂。」髧，《齊詩》《韓詩》作「紞」。紞，冠上下垂的絲線，以懸瑱。紞，亦有下垂之義。兩髦，古時青少年男孩子的一種髮型，額前髮齊到眉上，兩鬢長髮呈下垂狀。兩，從一，從㒳，㒳象兩枚錢布相併之形，又㒳聲，本義為一兩錢。《說文》：「兩，二十四銖為一兩。从一、㒳。（㒳），平分，亦聲。」兩通㒳。㒳，又象車兩軛之形，表示車輛，古「輛」字。《召南·鵲巢》：「之子于歸，百兩御之。」車有兩軛，故引申出兩個、兩兩對稱之義。《齊風·南山》：「葛屨五兩，冠緌雙止。」表示貨幣之「㒳」與表示車輛之「㒳」字形略同，原非一字。髦，又作「髳」「髿」，毛髮之長者。古時兒童束髮為總角髮式，稍長大則為兩髦髮式。《齊詩》《韓詩》作「髿」。《毛傳》：「髦者，髮至眉，子事父母之飾。」《釋文》：「《說文》作髳。」段玉裁《毛詩故訓傳定本》傳文注：「《說文》髦作髳。」《爾雅·釋言》：「髦，俊也。」郭璞《注》：「士中之俊，如毛中之髦。」邢昺《疏》：「毛中之長毫曰髦。」《說文》：「髿，髮至眉也。从髟，孜聲。《詩》曰：『紞彼兩髿。』」

〔4〕實維我儀：正是我選中的好對象。實維，正是。實，通寔，確實之義。參見《邶風·綠衣》注〔13〕。維，通乃，是。參見《召南·采蘋》注〔6〕。我，唱情歌女子的自稱。儀，本義為儀仗、威儀。參見《邶風·柏舟》注〔16〕。儀通耦、偶。儀，疑母歌部；耦、偶，疑母侯部。歌、侯旁通轉。耦，從耒，禺聲兼雙偶之義，二人執耒並耕。引申為耦合、配偶之義。《毛傳》：「儀，匹也。」《爾雅·釋詁》：「儀，匹也。」「偶，合也。」馬瑞辰《通釋》：「『儀』與『偶』

雙聲，同在疑母，蓋以『儀』為『偶』字之假借。」偶，本義為人偶，人形物。
偶，借為耦。

〔5〕之死矢靡它：我發誓到死心中再無他人。之死，到死。之，往，到。徐中舒《甲
骨文字典》：「之，從ㄓ在一上，ㄓ為人足，一為地，象人足於地上有所往也。
故《爾雅·釋詁》：『之，往也。』當為其初義。」之又通至。之，照母之部；
至，照母質部。之、質旁通轉。至，到。《毛傳》：「之，至也。」《文選》潘岳
《寡婦賦》李善《注》引《詩》「之死矢靡佗」，引毛萇曰：「之，到也。」《爾
雅·釋詁》：「到，至也。」《說文》：「到，至也。」《玉篇·之部》：「之，至也。」
吳昌瑩《經詞衍釋》卷九：「之，至也。《左傳·成十七年》：『言之，之莫而卒。』
言至暮也。」矢，甲骨文字象箭鏃之形，本義為箭。《說文》：「矢，弓弩矢也。」
矢通誓。矢，審母脂部；誓，禪母月部。審、禪旁紐，脂、月旁對轉。誓，發
誓言。《毛傳》：「矢，誓。」《爾雅·釋言》：「矢，誓也。」《衛風·考槃》：「永
矢弗諼。」《大雅·大明》：「矢于牧野。」靡它，沒它，即心中沒有他人。靡，
通沒、無。參見《邶風·旄丘》注〔10〕。《毛傳》：「靡，無。」它，「蛇」字
的初文。《說文》：「它，虫也。从虫而長，象冤（彎）曲垂尾形。」它通他、
佗。它、佗、他皆透母歌部字。《魯詩》作「他」。《尚書·周書·秦誓》：「斷
斷猗無他伎。」《尚書釋文》：「他，本亦作『它』。」他，他人。《王風·葛藟》：
「謂他人父。」《鄭風·褰裳》：「豈無他士？」《鄭箋》：「他士，猶他人也。」
佗，本義為馱、駝，負物。《說文》：「佗，負荷也。」《段注》：「佗之俗字為駝，
為馱。隸變佗為他，用為彼之稱。」佗，又為遠指、第三者之稱。《廣韻·歌
韻》：「佗，非我也。」《集韻·戈韻》：「佗，彼之稱。或從它也。通作它。」《類
篇·人部》：「佗，或作他。」《左傳·隱公元年》：「制，岩邑也，虢叔死焉。
佗邑唯命。」一說，「它」指它心（他心），二心。《毛傳》：「至己之死，信無
他心。」王先謙《集疏》：「無它，猶言無二也。」馬瑞辰《通釋》：「《柏舟》
『之死矢靡他』，猶云『有死無二』也。」二，二心。此說亦通。

〔6〕母也天只：親娘啊老天啊。母，甲骨文字象女人有乳之形，本義為以乳養子
者，母親。天，上天。參見《邶風·北門》注〔6〕。人在遇到難事時便呼母呼
天，乃常情。一說，天即父。《毛傳》：「天，謂父也。」也、只，語氣詞。此
處表示感歎。只通哉。參見《周南·樛木》注〔3〕、《召南·何彼襛矣》注〔9〕。

〔7〕不諒人只：你怎麼這樣不相信人啊！諒，相信。《毛傳》：「諒，信也。」《方言》
第一：「眾信曰諒，周南、召南、衛之語也。」

〔8〕實維我特：確實是我選中的好對象。特，從牛，寺聲，本義為種牛。《說文》：「特，朴特，牛父也。」《段注》更正為「特，特牛也」，且說「特本訓牡」。《玉篇‧牛部》：「特，牡牛也。」特通治、值。特、值，定母職部；治，定母之部。職、之對轉。治、值，相當，相配。《釋名‧釋言語》：「治，值也。物皆值其所也。」王先謙《釋名疏證補》引蘇輿曰：「值，當也。」此歌詞的「特」指容貌或門戶相當的人。《毛傳》：「特，匹也。」特，《韓詩》作「直」。《釋文》：「特，《韓詩》作直，云『相當值也』。」《小雅‧我行其野》：「不思舊姻，求爾新特。」

〔9〕河側：黃河的一側。指船行到了岸邊。

〔10〕之死矢靡慝：我發誓到死不變心。慝，不改變。慝，從匿從心，本義隱匿真心，說謊話。《釋文》：「慝，言隱匿其情以飾非。」此句歌詞若譯為「到死不說謊」，不合理。慝通忒。慝、忒皆透母職部字。忒，變心。《說文》：「忒，更也。」馬瑞辰《通釋》：「按，『慝』當為『忒』之同音假借。……靡慝，猶『靡它』也。」

【詩旨說解】

　　《柏舟》是一個女子所唱情歌的歌詞。這篇歌詞反映了一個婚戀故事：在春光明媚的時節，黃河裏春水渙渙，衛國的青年男女在黃河邊上漫遊求偶。一個女子與一個「髧彼兩髦」的男子在黃河上相遇了，他們婚戀既久，男子始終未表達與女子成婚的意願，女子則表示願與這位俊男成婚。最後，這個男子與她分手了。女子只好乘船悻悻而歸。但她並不死心，船快到河中心時，她朝著黃河岸上的男子唱道：「汎彼柏舟，在彼中河。髧彼兩髦，實維我儀。之死矢靡它。母也天只，不諒人只！」這是她用最激烈動人的情歌語言，向那個「髧彼兩髦」的男子表示她的求偶誠意，希望這個男子能夠迴心轉意。但她卻沒有聽到這個男子唱答歌。當船將劃到河對岸時，女子又唱道：「汎彼柏舟，在彼河側。髧彼兩髦，實維我特。之死矢靡慝。母也天只，不諒人只！」儘管他們之間的距離已遠了，女子還在用歌聲向那個男子重申她的求偶誠意。她大聲呼唱「母也天只，不諒人只」，這並非怨母，亦非怨天，而是希望那個男子相信她的真情。經過女子在河中兩次向男子唱情歌表達求偶誠意之後，也許那個男子就迴心轉意了。

　　舊說《柏舟》是寫寡婦守節的詩。《毛詩》序：「《柏舟》，共姜自誓也。衛世子共伯蚤死，其妻守義，父母欲奪而嫁之，誓而弗許，故作是詩以絕之。」

姚際恒《詩經通論》評論《柏舟》說：「當是貞婦有夫蚤死，其母欲嫁之，而誓死不願之作也。」古代的學者不曉得春秋時期有男女在河流旁遊走尋偶的風俗，僅憑詩中的個別字眼，捕風捉影地說詩，謬之千里。

牆有茨

牆有茨〔1〕，不可埽也〔2〕。
中冓之言〔3〕，不可道也〔4〕。
所可道也〔5〕，言之醜也〔6〕。

牆有茨，不可襄也〔7〕。
中冓之言，不可詳也〔8〕。
所可詳也〔9〕，言之長也〔10〕。

牆有茨，不可束也〔11〕。
中冓之言，不可讀也〔12〕。
所可讀也〔13〕，言之辱也〔14〕。

【注釋】

〔1〕牆有茨：牆上長著些蒺藜棵。牆，院牆。《毛傳》：「牆所以防非常。」茨，植物名，蒺藜，蔓生，開黃花，結三角棱形帶刺的子實。《毛傳》：「茨，蒺藜也。」《爾雅·釋草》：「茨，蒺藜。」蒺藜，急讀之為「茨」。茨通薺、薺。薺，從母質部；茨、薺，從母脂部。質、脂對轉。《韓詩》《齊詩》作「薺」。《說文》：「薺，蒺棃也。從艸，齊聲。《詩》曰：『牆有薺。』」茨又通刺。刺，清母錫部。從、清旁紐，脂、錫通轉。蒺藜有刺，耐乾旱，可在土牆上生長。民間為防止人隨意逾牆，便在院子的土牆上種植蒺藜。

〔2〕不可埽也：不要把它掃除掉。不可，即不能、不可以。埽，後作「掃」，本義為用掃帚清掃塵穢。引申為棄除、清除之義。《說文》：「埽，棄也，從土從帚。」《廣雅·釋詁》：「埽，除也。」《玉篇·手部》：「掃，除也。」《廣韻·晧韻》：「埽，埽除。掃，同上。」《廣韻·號韻》：「埽，埽灑。」灑掃之後，所掃的積物須棄除。《集韻·晧韻》：「埽、掃，《說文》：『棄也。』或從手。」《唐風·山有樞》：「子有廷內，弗洒弗埽。」《豳風·東山》：「洒埽穹窒。」《小雅·伐木》：「於粲洒埽。」《周禮·地官·閽人》：「掌埽門庭。」《文選》班固《答賓戲》：「方今大漢洒埽群穢。」李善《注》：「埽，即今掃字。」冬

日牆上的蒺藜棵已乾枯了，可以用掃帚掃掉蒺藜的刺實。這句歌詞的意思是說，如果誰人犯了傻，把牆上的蒺藜除掉了，就方便了那些夜間偷聽新婚者「私房話」的人。

〔3〕中冓之言：即「中夜之言」，夜間的話語。中冓，即冓中，夜中。冓，甲骨文字象兩魚相遇之形，本義為相遇。徐中舒《甲骨文字典》：「冓，象兩魚相遇之形，以會邁遇之意。」冓通構。冓、構皆見母侯部字。構，架木。亦有架柴之義。構火、篝火，即在野外架柴所生之火。《說文》：「冓，交積材也。象對交之形。」冓通窖。冓、窖皆見母侯部字。窖，有火塘的居室。古人冬日夜間在室內構柴燃火，取暖兼照明，故「窖」有夜義。《韓說》：「中冓，中夜。謂淫僻之言也。」馮登府《三家詩異文疏證·魯詩·牆有茨》：「『中窖』，《毛》作冓。」《廣雅·釋詁》：「窖，夜也。」《玉篇·宀部》：「窖，夜也。《詩》曰『中窖之言』，中夜之言也。本亦作冓。」《周禮·媒氏》云：「凡男女之陰訟，聽之於勝國之社。」鄭玄《注》：「陰訟，爭『中冓』之事以觸法者。」言，說話。《說文》：「言，直言曰言。論難曰語。」

〔4〕不可道也：不可以復述出來。即不能對他人講。不可，不可以。道，本義為道路。《說文》：「道，所行道也。」《爾雅·釋宮》：「一達謂之道路。」道通說。道，定母幽部；說，審母月部。定、審準旁紐，幽、月旁通轉。說，講，宣揚。《說文》：「說，釋也。从言、兌。一曰談說。」

〔5〕所可道也：假如說出去了。所可道，假如可以說出去。所，假設句句首提示詞。王引之《經傳釋詞》卷九：「所，猶若也。」《左傳·僖公二十四年》：「所不與舅氏同心者，有如白水！」下文「所可詳也」「所可讀也」亦為假設語氣。可，可以。

〔6〕言之醜也：即「醜之言也」。言，傳言。即所傳的「中冓之言」。之，的。醜，惡、壞、髒。《說文》：「醜，可惡也。」《釋名·釋言語》：「醜，臭也。如臭穢也。」醜同魗。《鄭風·遵大路》：「無我惡也。」「無我魗兮。」《鄭箋》：「魗，亦惡也。」《孔疏》：「魗與醜，古今字。」「中冓之言」是讓人聽到之後感到醜惡、羞恥之言。

〔7〕襄：通攘。襄，心母陽部；攘，日母陽部。心、日鄰紐。攘，除去。《毛傳》：「襄，除也。」《爾雅·釋言》：「襄，除也。」《廣韻·陽韻》：「攘，除也。」《大雅·皇矣》：「攘之剔之。」這句歌詞的意思是說，如果拔除掉牆頭上的蒺藜棵，人便可輕易地逾越牆頭進入院內，去偷聽房內人的私語。

〔8〕詳：本義細論。《說文》：「詳，審議也。」《玉篇‧言部》：「詳，審也，論也。」詳，通揚、颺，宣揚。與上文「道」同義。詳，邪母陽部；揚、颺，喻母陽部。邪、喻鄰紐。《韓詩》作「揚」。《廣雅‧釋詁》：「揚、讀、曉、謂、道，說也。」王念孫《疏證》：「『揚、讀、道』者，《皋陶謨》云：『工以納言，時而揚之。』《顧命》云：『道揚末命。』揚與颺通。各本訛作揚，今訂正。《大戴禮‧保傅篇》云：『失度則史書之，工誦之，三公進而讀之。』讀之，謂說之也。《鄘風‧牆有茨》首章云『不可道也』，二章云『不可詳也』，三章云『不可讀也』。《詩經釋文》：『詳，《韓詩》作揚。』《廣雅》『揚、讀、道』並訓為說義，本《韓詩》也。」颺，因風吹而飄揚。人的聲音，隨風傳播到遠處。《說文》：「颺，風所飛揚也。從風，易聲。」《尚書‧虞書‧益稷》：「工以納言，時而颺之。」工，歌工。颺，颺言，即揚言，高聲說話。《益稷》：「皋陶拜手稽首揚言。」《史記‧夏本紀》作「皋陶拜手稽首揚言。」一說，「詳」為詳知之義。《毛傳》：「詳，審也。」審，古體作「宷」，詳知之義。《說文》：「宷，悉也。知宷諦也。從宀從釆。審，篆文宷或從番。」

〔9〕所可詳也：假如宣揚出去了。

〔10〕言之長也：即「長之言也」。「中冓之言」經口口相傳，越傳越多。

〔11〕束：捆。指把蒺藜棵割掉捆起來弄走。《毛傳》：「束而去之。」埽、襄、束，皆為除去之義，但方式不同。

〔12〕不可讀也：不可以一股腦地傳出去。讀，本義為依卷冊上的文字念誦。《說文》：「讀，籀書也。」《段注》：「『籀書也』，籀，各本作誦。此淺人改也。今正。《竹部》曰。籀、讀書也。讀與籀疊韻而互訓。」讀通抽。讀，定母屋部；抽，透母幽部。透、定旁紐。屋、幽旁對轉。《毛傳》：「讀，抽也。」《鄭箋》：「抽，猶出也。」抽，通籀，抽取卷冊誦讀之義。籀，定母幽部。《說文》：「籀，讀書也。」《段注》：「《毛傳》曰：『讀，抽也。』《方言》曰：『抽，讀也。』『抽』皆『籀』之假借。」此句謂不可如誦讀書卷一樣連續不斷地說醜事。

〔13〕所可讀也：假如傳出去了。

〔14〕言之辱也：即「辱之言也」，都是些讓人感到受侮辱的話語。辱，從辰從寸，耨的本字，鋤田之義。辱借為黷。辱、黷皆日母屋部字。黷，黑垢。《玉篇‧黑部》：「黷，垢黑也。」《廣韻‧燭韻》：「黷，黑垢。」《集韻‧燭韻》：「黷，黑垢。」黷通黷。黷，定母屋部。日、定準旁紐。黷，黑垢。《玉篇‧黑部》：「黷，垢也，蒙也，黑也。」《廣韻‧屋韻》：「黷，垢也，蒙也，黑也。」《文

選》孔稚珪《北山移文》:「或先貞而後黷。」李善《注》引《倉頡篇》:「黷，垢也。」辱又通污。污，影母魚部。日、影通轉，屋、魚旁對轉。《廣雅·釋詁》:「辱，污也。」《玉篇·辰部》:「辱，污也。」《漢書·晁錯傳》:「外亡騫污之名。」顏師古《注》:「污，辱也。」污，污穢。《說文》:「污，薉也。」薉，穢。黷、黷、污作動詞皆有污穢人和人受污穢之義。引申為恥辱之義。《說文》:「黷，握持垢也。從黑，賣聲。」《段注》:「垢非握持之物，而入於握持，是辱也。古凡言辱者，皆即黷。故鄭注《昏禮》曰:『以白造緇曰辱。』字書辱亦作黷。」「言之辱」與「言之醜」的意思相當。朱熹《集傳》:「辱，猶醜也。」「中冓之言」讓新婚者的親族聽到之後會感到受了侮辱。

【詩旨說解】

　　《牆有茨》是一首鬧新婚兒歌的歌詞。「牆有茨，不可埽也」「中冓之言，不可道也」的意思是，掃掉了院牆上的蒺藜，人就可輕易地爬過院牆去，新婚之夜新郎與新娘的私房話就會被偷聽了去。倘若誰家的「私房話」被他人偷聽了，就會被人到處宣揚。「私房話」裏常常有些讓人難於啟齒甚或笑破肚皮的內容，一旦傳揚出去，就會越傳越多。新婚之夜新郎與新娘所談的話，如若作為笑料傳到其家人、族人的耳朵裏，就會讓其家人、族人感覺是受到了侮辱。

　　春秋時期有鬧新婚的風俗。《邶風·新臺》反映了春秋時期衛國貴族娶妻郊迎時鬧新婚的情況。《牆有茨》反映的是新婦嫁到夫家之後，連續三日鬧新婚的情況。在新婚第二、三天裏，兒童在新郎新娘面前唱《牆有茨》這樣的歌謠，故意讓新郎新娘知道他們新婚初夜的「私房話」洩露了，讓他們感到臉紅髮燒。這也就達到了他們鬧新婚取樂的目的。

　　這首兒歌客觀上有告誡新婚者在新婚之夜謹慎言行的作用，且對未婚貴族青年人有一定的宣教意義。衛國的貴族看中了《牆有茨》的這種宣教作用，於是把它採為樂歌。

　　《毛詩》序:「《牆有茨》，衛人刺其上也。公子頑通乎君母，國人疾之而不可道也。」《毛詩》序說，《牆有茨》是諷刺衛宣公之子公子頑與宣姜通姦的詩。後代學者多宗此說。《鄭箋》:「內冓之言，謂宮中所冓成頑與夫人淫昏之語。」鄭樵《詩辨妄》:「《牆有茨》言淫亂，故以為公子頑也。」朱熹《集傳》:「舊說以為宣公卒，惠公幼，其庶兄頑烝於宣姜。故詩人作此詩以刺之。」

　　《牆有茨》是不是諷刺公子頑與宣姜亂倫的詩？關於公子頑（昭伯）與宣姜通淫之事，《左傳》敘述得清清楚楚，是齊國人強迫昭伯接納了宣姜，而非昭伯強迫了宣姜。《左傳・閔公二年》：「初，惠公之即位也少。齊人使昭伯烝於宣姜。不可，強之。生齊子、戴公、文公、宋桓夫人、許穆夫人。」在《左傳》文中，「強之」這兩個字非常刺眼。原來，昭伯頑跟宣姜並非私通，而是齊國人強迫他們結婚的。衛宣公死後，衛惠公即位。衛惠公是衛宣公和宣姜所生的小兒子，是齊國人的外甥，公子頑是他的異母庶兄。在衛宣公的另外兩個兒子公子泄、公子職作亂時，衛惠公逃往齊國避難去了。衛宣公死後，齊國人怕衛國有人作亂殺死宣姜，從而削弱齊國與衛國的關係，於是便利用齊國的威懾力，強迫昭伯頑娶了他的繼母宣姜。昭伯與宣姜結合，生育了五個子女。夷姜原本是衛莊公的妾（衛宣公的庶母），衛莊公死後，衛宣公便接納夷姜於室內，立為夫人。「蒸報」是春秋以前一種舊有的風俗制度，春秋時期仍然存續著，今則視之為不倫。由此推定，「衛人刺其上」「刺公子頑與宣姜亂倫」等評詩之說皆謬。

君子偕老

君子偕老〔1〕，副笄六珈〔2〕。
委委佗佗〔3〕，如山如河〔4〕，象服是宜〔5〕。
子之不淑〔6〕，云如之何〔7〕？

玼兮玼兮〔8〕，其之翟也〔9〕！
鬒髮如雲〔10〕，不屑髢也〔11〕！
玉之瑱也〔12〕，象之揥也〔13〕，揚且之皙也〔14〕！
胡然而天也〔15〕！胡然而帝也〔16〕！

瑳兮瑳兮〔17〕，其之展也〔18〕！
蒙彼縐絺〔19〕，是紲袢也〔20〕！
子之清揚〔21〕，揚且之顏也〔22〕！
展如之人兮〔23〕，邦之媛也〔24〕！

【注釋】

〔1〕君子偕老：新娶來的這個貴族女子，是要與我們的國君共同生活到老的人。君子，對貴族男子的通稱。此指衛國國君。偕老，兩人共同生活到終老之年。偕，

共同。老，到老，終老。「偕老」一詞在《詩經》中多見。《邶風・擊鼓》:「執子之手，與子偕老。」《衛風・氓》:「及爾偕老，老使我怨。」《鄭風・女曰雞鳴》:「宜言飲酒，與子偕老。」

〔2〕副笄六珈:她戴著假髻，頭上還插有一支飾有六顆玉石的簪子。副，一種用人髮編織的假髻。《毛傳》:「副者，后夫人之首飾，編髮為之。」《釋名・釋首飾》:「王后首飾曰副。副，覆也，以覆首也。」飾，同飾。副，本義為用刀剖分開物體。《說文》:「副，判也。」「判，分也。」副，通髻。副，滂母職部；髻，幫母職部。滂、幫旁紐。《廣雅・釋器》:「假結（髻）謂之髻。」結，髻。《玉篇・髟部》:「髻，《周禮・追師》:『掌王后之首服，為髻。』亦本作副。」笄，簪子。《毛傳》:「笄，衡笄也。」《說文》:「笄，簪也。」六珈，笄上懸綴的六顆美玉。《毛傳》:「珈，笄飾之最盛者，所以別尊卑。」珈，比一般的笄增加了玉飾，故稱「珈」。珈，加玉。《鄭箋》:「珈之言加也，副既笄而加飾，如今步搖上飾。」《孔疏》:「以珈字從玉，則珈為笄飾。謂之珈者，珈之言加，由副既笄，而加此飾，故謂之珈，如漢之步搖之上飾也。步搖，副之遺象，故可以相類也。」六珈是地位特別尊貴的婦人所戴的頭飾，次尊貴者四珈，再次者二珈。周代的六珈之笄與漢代的步搖近似，行步則珈飾動搖。

〔3〕委委佗佗:她走起路來舒展自如，雍容自得。「委委佗佗」是「委佗委佗」的轉寫之誤。出土的簡冊帛書上用省略符號「＝」代替重複的文字。這是古人的一種書寫方式。關於這一點，于省吾先生在《雙劍誃詩經新證》中有詳細的考訂。委佗，又作「委蛇」「逶迤」。委通逶。委、逶皆影母微部字。蛇通佗、迤。蛇，神母歌部；佗，透母歌部；迤，喻母歌部。神、喻旁紐，與透母準旁紐。逶迤，曲行貌。《召南・羔羊》:「委蛇委蛇，退食自公。」《韓詩》作「逶迤」。一說，「委委」「佗佗」各為詞組。《毛傳》:「委委者，行可委曲蹤跡也。佗佗者，德平易也。」《孔疏》:「《釋訓》云:『委委佗佗，美也。』李巡曰:『皆容之美也。』孫炎曰:『委委，行之美。佗佗，長之美。』郭璞曰:『皆佳麗美豔之貌。』……鄭以論宣姜之身，則或與孫、郭同，為宣姜自佳麗美豔，行步有儀，長大而美，其舉動之貌，如山如河耳……」將「委委佗佗」分釋為「委委」「佗佗」，誤。

〔4〕如山如河:她的身體高大象山脈、衣服下垂像河流。如山，人體高大髮飾高聳像一座山。衛君新娶的夫人身體高大，頭上有飾物，看上去穩重如山。如河，衛君新娶夫人的衣服（象服和外罩）長垂，行走時婉轉流動像黃河。河，黃河。

作者用誇張的語言來形容衛君夫人身材高大衣服修長。「如山如河」實是形容
衛君夫人體態高大之美。

〔5〕象服是宜：她身上的畫服很合體。象服，即翟衣，畫服。后妃、貴族夫人穿畫
服。貴族的畫衣上，一般都繪有山雞圖案。《毛傳》：「象服，尊者所以為飾。」
象，又作「褖」。《說文》：「褖，飾也。」褖服以繪畫為飾。服，通佩，本指身
上的衣服和佩飾。參見《周南·葛覃》注〔10〕。服，常指衣裳、弁冕等。《衛
風·有狐》：「心之憂矣，之子無裳。……子之無服。」《曹風·候人》：「彼其
之子，不稱其服。」《小雅·都人士·毛詩序》：「周人刺衣服無常也。」鄭玄
《注》：「服，謂冠冕衣裳也。」《孔疏》：「服，謂在體之衣。」服，又指身上
的佩飾之物。《呂氏春秋·孟春紀·孟春》「服青玉」高誘《注》：「服，佩也。」
一說，象服包括揄翟、闕翟兩種衣服。《鄭箋》：「象服者，謂揄翟、闕翟也。」
揄翟為畫衣，衣服上畫翟羽。闕翟是用有翟羽圖案的布帛做的衣服，其圖案用
斷緯技術織成。一說，象服為衣服上的象骨飾品。《孔疏》：「以下傳云『褖翟，
羽飾衣』，則象非畫羽也。言服則非掮，明以象骨飾服，唯尊者為然，故云『尊
者所以為飾』。象骨飾服，經、傳無文，但推此傳，其理當然。」宜，通耦，
相合之義。指衣服合體，佩飾適宜。

〔6〕子之不淑：如果說這個人樣子不淑美。之子，這個人。指嫁給衛君做夫人的這
個女子。淑，通俶，善、美。參見《邶風·燕燕》注〔16〕。

〔7〕云如之何：那麼什麼樣的人才算美麗呢？云，通曰，語助詞。參見《周南·卷
耳》注〔16〕。如之何，即如何、怎樣。「子之不淑，云如之何」是反詰句。

〔8〕玼兮玼兮：鮮潔呀鮮潔呀！玼，潔白鮮明。《毛傳》：「玼，鮮盛貌。」《說文》：
「玼，玉色鮮也。從玉，此聲。《詩》曰：『新臺有玼。』」這句樂詞說，衛君
所娶的異國女子所穿嫁服的圖案和色彩鮮明耀眼。

〔9〕其之翟也：那是她的翟衣啊！其，人稱代詞。指衛君新娶的夫人。之，助詞，
的。翟，翟衣。此翟衣即上文的「象服」。翟，本為長尾山雞名。參見《邶風·
簡兮》注〔10〕。衣服上繪有山雉圖案，故稱「翟衣」。翟衣又分為褘衣、揄
翟、闕翟幾種，其制說法不一。一說，翟衣是飾有羽毛的衣服。《毛傳》：「褖
翟、闕翟，羽飾衣也。」翟衣之外尚罩著素紗襌衣，羽毛怎能夾於其內？毛
說誤。《孔疏》：「鄭注《周禮》三翟，皆刻繪為翟雉之形，而彩畫之以為飾，
不用真羽。孫毓云：『自古衣飾山、龍、華蟲、藻、火、粉米，及《周禮》六
服，無言以羽飾衣者。羽施於旌旗蓋則可，施於衣裳則否。蓋附人身，動則

卷舒，非可以羽飾故也。』鄭義為長」一說，翟衣是畫有羽飾的衣服。翟衣有幾種。《周禮・天官・內司服》：「內司服掌王后之六服：褘衣；揄狄，闕狄；鞠衣，展衣，緣衣，素沙。」鄭玄《注》：「玄謂狄當為翟。翟，雉名，伊雒而南，素質，五色皆備成章曰翬；江淮而南，青質，五色皆備成章曰搖。王后之服，刻繒為之形而彩畫之，綴於衣以為文章。褘衣，畫翬者；揄翟，畫搖者；闕翟，刻而不畫。」鄭玄《注》引鄭司農云：「揄狄，闕狄，畫羽飾。」《禮記・玉藻》：「王后褘衣，夫人揄翟。」鄭玄《注》：「褘讀如翬，揄讀如搖，翬、搖皆翟雉名也。刻繒而畫之，著於衣以為飾，因以為名也。」《禮記・玉藻》：「君命屈狄。」鄭玄《注》：「屈，《周禮》作『闕』，謂刻繒為翟，不畫也。」「刻繒」即「絺繒」。古代織布有絺繒之法，運用斷緯技術，在布匹上形成如刺繡一樣的圖案。其圖案看上去像鏤刻而成，故又謂之「刻繒」。褘衣，即翬衣，畫翬之衣。褘、翬皆曉母微部字。翬，五彩羽毛的錦雞。《玉篇・衣部》：「褘，畫翬雉於王后之服也。」揄翟，即搖翟，畫搖之衣。搖，通鷂。搖、鷂皆喻母宵部字。鷂，有五彩羽毛的野雞。《爾雅・釋鳥》「鷂雉」郭璞《注》：「青質，五彩。」《玉篇・鳥部》：「鷂，五色雉。」此樂詞所謂「翟」，色彩鮮明，當是彩畫之衣。也，句末語助詞。此句樂詞前用「兮」字，後用「也」，「也」同「兮」。三家《詩》作「兮」。《曹風・鳲鳩》：「淑人君子，其儀一兮。其儀一兮，心如結兮。」《淮南子・詮言訓》引《詩》：「淑人君子，其儀一也。其儀一也，心如結也。」

〔10〕鬒髮如雲：她的頭髮像烏雲一般濃黑厚重。鬒髮，黑而密的頭髮。鬒，古字作「㐱」，黑而密。《毛傳》：「鬒，黑髮也。」《說文》：「㐱，稠髮也。從彡從人。《詩》曰：『㐱髮如雲。』」《段注》：「稠者，多也。禾稠曰積，髮稠曰㐱，其意一也。……今《詩》作鬒，蓋以或字改古字。」《玉篇・㐱部》：「㐱，髮稠也。亦作鬒。」《玉篇・黑部》：「黰，美髮也。」鬒通黰、㐱。鬒、黰，照母真部；㐱、照母文部。真、文旁轉。《左傳・昭公二十八年》：「昔有仍氏生女，黰黑而甚美，光可以鑒，名曰玄妻。」杜預《注》：「美髮為黰。」《釋文》：「黰，美髮也。《說文》作㐱，又作鬒。」如雲，像烏雲一樣濃黑厚重。其實烏雲並沒有美女的頭髮黑，但烏雲有厚重之象。《毛傳》：「如雲，言美長也。」長髮挽在頭上顯得厚重如雲。此樂詞以烏雲比喻衛君新娶的女子頭髮濃密厚重。

〔11〕不屑髢也：根本不需用假髮來裝飾。不屑，輕視之詞，用不著、不需要。屑，本義碎末。泛指細小之物。不屑，即「不以為屑」，不放在眼裏。「不屑」是春

秋戰國時的習語。參見《邶風‧谷風》注〔19〕。一說，屑通絜。《毛傳》：「屑，絜也。」《鄭箋》：「不絜者，不用髮為善。」絜，束結之義。《說文》：「髻，絜髮也。」《通俗文》：「束縛謂之絜。」《玉篇‧糸部》：「絜，結束也。」此說不可取。髢，假髮。三家《詩》作「鬄」。《鄭箋》：「髢，髮也。」《說文》：「鬄，髮也。從髟，易聲。髢，鬄或從也聲。」「𩮜，𩮜髮也。」鬄，通𩮜。𩮜賤者、受刑者之髮，作為貴族的假髮。《左傳‧哀公十七年》：「公（衛莊公蒯聵）自城上見己氏之妻髮美，使髡之，以為呂姜髢。」

〔12〕玉之瑱也：她的充耳上綴著美玉呦！玉之瑱，即玉瑱。玉，美玉。之，語助詞。瑱，充耳的　線下端的玉石。《毛傳》：「瑱，塞耳也。」《說文》：「瑱，以玉充耳也。從玉，真聲。《詩》曰：『玉之瑱兮。』」

〔13〕象之揥也：她頭上的小篦子是用象牙製的呀！象之揥，即象揥，用象牙做成的小篦子。象，指象骨或象牙。揥，貴族婦女頭上的一種飾物，又作篦頭髮用。《毛傳》：「揥，所以摘髮也。」《孔疏》：「以象骨搔首，因以為飾，名之揥。」王先謙《集疏》：「骨摘即象揥。」揥通擿、摘。揥，透母錫部；擿，定母錫部；摘，端母錫部。透、定、端旁紐。《說文》：「擿，搔也。」「搔，刮也。」《廣雅‧釋詁》：「擿，搔也。」王念孫《疏證》：「《鄘風‧君子偕老》篇『象之揥也』，《毛傳》云：『揥，所以摘髮也。』《釋文》：『摘，本又作擿。』《正義》云：『以象骨搔首，因以為飾，故云「所以摘髮」。擿、摘、揥聲近義同。』」《魏風‧葛屨》：「宛然左辟，佩其象揥。」一說，「揥」是簪子。清錢大昕《廿二史考異‧續漢書二‧輿服志下》：「『簪以瑇瑁為擿。』『擿』即『揥』字，所以摘髮。《詩》所謂『象揥』也。」

〔14〕揚且之晳也：她目清眉秀而且皮膚白晳呀！揚，上揚的眉毛。此為「清揚」的省略語。《毛傳》：「揚，眉上廣。」廣，通橫，謂眉毛橫長而上揚。廣，見母陽部；橫，匣母陽部。見、匣旁紐。《鄭風‧野有蔓草》：「有美一人，清揚婉兮。」《齊風‧猗嗟》：「美目揚兮。」「美目清兮。」且之，即「且其」。且，而且。之，通其。「且其……」是上古典籍中多見的句型。參見《邶風‧旄丘》注〔2〕。晳，白晳。指人的皮膚白淨。《毛傳》：「晳，白晳。」《說文》：「晢，人色白也。從白，析聲。」《段注》：「今字皆省作晳，非也。」《唐石經》作「晰」。張參《五經文字‧白部》：「晢，人色白。……相承多從日，非。」晢，明監本、毛晉汲古閣本、清阮元刻本《毛詩正義》作「晳」，竹添光鴻《毛詩會箋》作「晰」。

〔15〕胡然而天也：為何她像從天上飄下來的啊？胡然，即何焉，為何。胡，通何。然，通焉。然，日母元部；焉，影母元部。日、影通轉。胡、焉皆疑問詞。《鄭箋》：「胡，何也。」陳奐《傳疏》：「胡、焉，皆問詞也。」一說，「然」解釋為如此、這樣。劉淇《助字辨略》卷一「胡」字下：「胡然，猶云何以如此。」而，通如、似、像。而，日母之部；如，日母魚部；似，邪母之部。日、邪鄰紐，之、魚旁轉。參見《邶風・柏舟》注〔4〕。似，字本作「佀」，通像。像，邪母陽部。之、陽旁對轉。《說文》：「佀，像也。從人，㠯聲。」「像，佀也。從人從象，象亦聲。」《段注》：「凡形象、圖像、想像字皆當從人，而學者多作『象』。『象』行而『像』廢矣。」天，上天。指天上的仙女。此句樂詞說嫁給衛君的這個女子像天上飄降到人間的仙女。

〔16〕胡然而帝也：為何她又像天帝的女兒來到人間啊？帝，帝子。周代已經有了天帝和帝女的說法。《大雅・大明》：「大邦有子，俔天之妹。」天之妹，天上的少女，即天帝之女。這一句樂詞比前一句「胡然而天也」的描述更進一層。朱熹《集傳》：「胡然而天，胡然而帝，言其服飾容貌之美，見者驚猶鬼神也。」

〔17〕瑳兮瑳兮：鮮潔呀鮮潔呀！瑳，鮮潔的樣子。「瑳」字經文本作「玼」，經文在流傳中被轉寫人改作「瑳」。瑳、玼，異體字。《說文》「玼」字《段注》：「玼之或體作瑳。」瑳，段玉裁《毛詩故訓傳定本》經文作「玼」，且注曰：「玼字一作瑳。淺人乃以分別二、三章。」《周禮・天官・內司服》「內司服掌王后之六服」鄭玄《注》引《詩・國風》：「玼兮玼兮，其之翟也。」「瑳兮瑳兮，其之展也。」段氏所說有據。

〔18〕其之展也：那是她白色的外罩薄衣啊！展，即襢衣，單層素紗罩衣。展，從尸，襄省聲，本義為身體輾轉。《說文》：「展，轉也。」展通襢。展、襢皆端母元部字。襢，單衣，用精細的素紗製成，白色，罩在翟衣的外面。《禮記・中庸》：「《詩》曰『衣錦尚絅』，惡其文之著也。」在鮮豔的畫衣外面加上一件薄紗衣，衣服上的花紋看上去有朦朧感，是為中庸之美。參見《衛風・碩人》注〔2〕。一說，「展」為紅色衣服。《毛傳》：「《禮》有『展衣』者，以丹縠為衣。」《說文》：「襄，丹縠衣。」《段注》：「縠，細絹也。《鄘風》：『瑳兮瑳兮，其之展也。』《毛詩》傳：『《禮》有「展衣」者，以丹縠為衣。』馬融從之。許說同。」《周禮・天官・內司服》：「內司服掌王后之六服：褘衣；揄狄，闕狄；鞠衣，展衣，緣衣，素沙。」鄭玄《注》引鄭司農云：「展衣，白衣也。」「素沙，赤衣也。」

鄭玄《注》所引先鄭語誤，應為「展衣，赤衣也」「素沙，白衣也」。鞠通菊。鞠、菊皆見母覺部字。鞠（菊）衣，即黃色衣。《禮記·月令》：「鞠有黃華。」《禮記釋文》：「鞠，本又作菊。」《楚辭·九歌·禮魂》：「春蘭兮秋鞠。」《周禮·天官·內司服》鄭玄《注》引鄭司農云：「鞠衣，黃衣也。」鄭玄《注》曰：「鞠衣，黃桑服也，色如鞠塵，象桑葉始生。」鄭玄訓鞠為曲，說為曲塵色。緣衣，疑「緣」字為「綠」字之誤。鄭玄釋「緣」為黑色衣。《內司服》鄭玄《注》：「此緣衣者，實作褖衣也。褖衣，御於王之服，亦以燕居。男子之褖衣黑，則是亦黑也。」《儀禮·士喪禮》：「爵弁服，純衣。皮弁服，褖衣，緇帶，韎韐，竹笏。」鄭玄《注》：「黑衣裳赤緣，謂之褖。褖之言緣也，所以表袍者也。」以黑衣釋《內司服》之「緣衣」，恐不妥。《內司服》所列王后六服為彩色衣及白色衣。沙通紗。素紗，白色衣。《周禮》「展衣」蓋即丹衣，赤色衣。展通丹。展、丹皆端母元部字。《毛傳》與《周禮》合。但外罩紅色紗衣，似非古人穿衣之法。翟衣的外面罩素紗單衣，可以看到裏邊鮮豔的翟衣，才合生活邏輯。

〔19〕蒙彼縐絺：蒙蓋著精紡細葛布衣的。蒙，覆蓋。在翟衣之內，蒙覆於絏袢之外。《毛傳》：「蒙，覆也。」縐絺，紡織工藝精細的葛布。葛布衣是夏天穿的衣服，天冷時作內衣。《毛傳》：「絺之靡者為縐，是當暑袢延之服也。」《孔疏》：「絺者，以葛為之。精曰絺，粗曰綌。其精尤細靡者，縐也。」段校《說文》：「縐，絺之細者也。」高亨《詩經今注》：「縐、絺都是細葛布。縐比絺更細。」一說，「縐」為皺義。《鄭箋》：「縐絺，絺之蹙蹙者。」鄭玄以為「縐絺」即皺紗。古有褶皺之衣。司馬相如《子虛賦》：「鄭女曼姬，被阿緆，……襞積褰縐。」襞、積、褰、縐，皆謂衣服褶皺。內衣恐非褶皺之衣。

〔20〕是絏袢也：是她的貼身內衣啊！是，此，這。作主語。絏袢也，即「是絏袢」。古漢語常見「……也」作判斷句式的謂語部分。絏袢，褻衣，內衣。絏，通褻。絏、褻皆心母月部字。三家《詩》作「褻」。《說文》：「褻，私服。从衣，埶聲。《詩》曰：『是褻袢也。』」《唐石經》作「絏」。絏、絏為異體字。袢，從衣從半，前後兩個衣片用細帶繫合或用紐扣結合，無袖。徐鍇《繫傳》：「袢，煩溽也，近身衣也。」夏天煩溽，宜穿無袖的單衣。朱駿聲《說文通訓定聲·乾部》：「袢當為裏衣之稱，亦謂之袢延。」「袢」是無色內衣。《說文》：「袢，衣無色也。从衣，半聲。《詩》曰：『是絏袢也。』」古代內衣不染色，故袢為無染色衣。

〔21〕子之清揚：她的眼睛清亮眉毛上揚。子，你。這是對衛君新娶的夫人的敬愛之稱。清揚，目清眉秀。清，黑眼珠清亮。《毛傳》：「清，視清明也。」視，眼球的視物部分，即黑眼珠。揚，眉毛上揚。《齊風・猗嗟》：「美目揚兮。」「美目清兮。」

〔22〕揚且之顏也：她目清眉秀而且面色紅潤啊！揚，「清揚」的省語。顏，從頁從彥，厰聲，本義為面色紅潤。彥，表示色彩。《說文》：「彥，馘也。」「馘，有彥彰也。」《鄭風・有女同車》：「有女同車，顏如舜華。」《秦風・終南》：「顏如渥丹，其君也哉。」一說，額部印堂處曰顏。《黃帝內經・素問・刺熱》：「心熱病者，顏先赤。」清張隱庵《集注》：「闕者，眉間也。庭者，顏也。……顏，額也。」《方言》第十：「額、顏，顙也。」《說文》：「顙，額也。」《玉篇・頁部》：「額，額同上。」《說文》「顏，眉目之間也」《段注》：「各本作『眉目之間』，淺人妄增字耳。今正，眉與目之間不名顏。……顏為眉間，醫經之所謂闕，道書所謂上丹田，相書所謂中正印堂也。」印堂曰顏非詩義。

〔23〕展如之人兮：她真像前面所說的天仙帝子啊！展，通亶、諶、誠。《毛傳》：「展，誠也。」參見《邶風・雄雉》注〔6〕。如之人，即如是人、如其人，像以上所說的天仙、帝子這樣的人。如，似。之，是、其。

〔24〕邦之媛也：她在本國是數第一的美女啊！邦，諸侯國。這裡指衛君新娶夫人的原籍國。媛，美女。《毛傳》：「美女為媛。」《爾雅・釋訓》：「美女為媛。」《說文》：「媛，美女也。……《詩》曰：『邦之媛兮。』」清姚際恒《詩經通論》：「邦之媛，猶後世言國色。」也，同兮。《齊詩》作「兮」。

【詩旨說解】

　　《君子偕老》是婚禮郊迎樂歌歌詞。此歌詞通篇讚美衛君的新娘子美豔無比。

　　此歌詞先從新娘頭部的飾物說起，然後說到新娘的衣服、髮式、眉目、皮膚、面容及其行走姿態、精神面貌和心性修養，通篇都是誇讚之辭，無半句貶損之語。歌詞中「胡然而天也！胡然而帝也」的描述，更是神來之筆，讓人們感覺到衛君新娶的夫人貌似天仙，恍若巫山神女、洛水宓妃，人物真實而又有縹緲之感。

　　衛國與齊國世為婚姻。此歌詞所讚美的這位衛君的新娘子，身體高大，蓋是齊國上層貴族之女。

　　舊說，《君子偕老》是一首諷刺詩。《毛詩》序：「《君子偕老》，刺衛夫人也。夫人淫亂，失事君子之道，故陳人君之德，服飾之盛，宜與君子偕老也。」鄭玄《注》：「夫人，宣公夫人，惠公之母也。人君，小君也。或者『小』字誤作『人』耳。」《孔疏》：「作《君子偕老》詩者，刺衛夫人也。以夫人淫亂，失事君子之道也。」後世評《詩》者多宗序，認為《君子偕老》是諷刺衛宣姜淫亂，專事打扮，不修身性的詩篇。也有人認為《君子偕老》筆法含蓄委婉，是以麗辭寫醜行的諷刺詩。宋嚴粲《詩緝》卷五：「此詩惟述服飾之盛，容貌之尊，不及滛（淫）亂之事。但中間有『子之不淑』一言，而譏刺之意盡見。」程俊英《詩經譯注》「君子偕老」篇題解：「這是衛國人民諷刺宣姜的詩。詩中極力渲染她的服飾、尊嚴、美麗，襯托出她『國母』的地位，目的是諷刺她的地位和醜陋的行為很不相稱，這是用麗辭寫醜行的藝術手法。」袁愈荌、唐莫堯《詩經全譯》「君子偕老」篇題解：「讚揚貴婦人華美服飾，人極漂亮，然而本質極壞。似讚揚而實諷刺。」當我們瞭解了《君子偕老》這篇作品是衛君大婚郊迎的樂詩之後，就不會再相信「刺詩」說了。

桑中

爰采唐矣〔1〕？沬之鄉矣〔2〕。
云誰之思〔3〕？美孟姜矣〔4〕！
期我乎桑中〔5〕，要我乎上宮〔6〕，
送我乎淇之上矣〔7〕。

爰采麥矣〔8〕？沬之北矣〔9〕。
云誰之思？美孟弋矣〔10〕！
期我乎桑中，要我乎上宮，
送我乎淇之上矣。

爰采葑矣〔11〕？沬之東矣〔12〕。
云誰之思？美孟庸矣〔13〕！
期我乎桑中，要我乎上宮，
送我乎淇之上矣。

【注釋】

〔1〕爰采唐矣：姑娘們在哪裏採馬齒莧呀？爰，于、焉的合音，在哪裏。參見《邶風·擊鼓》注〔9〕。唐，野菜名，今名馬齒莧，有紅、白兩種。採之可以充糧。《毛傳》：「唐，蒙，菜名。」《孔疏》引孫炎曰：「蒙，唐也。」《普濟方》：「馬齒莧。亦謂糖莧。」矣，句末語助詞。古代採集野菜是婦女之職。年輕的姑娘常以採野菜為名，行婚戀尋偶之實。

〔2〕沬之鄉矣：她們在沬邑的近郊呀。沬，衛國的一個邑名。其地蓋在朝歌鎮附近。或說在朝歌南。《毛傳》：「沬，衛邑。」沬，原來是殷朝的一個邦國。《尚書·周書·酒誥》：「明大命于妹邦。」妹邦，即沬邦。殷朝後期實行兩都制，北蒙（安陽）、沬各一城。殷王武丁曾居沬都，文丁、帝乙、紂皆居沬都。紂改沬都為朝歌。蓋沬地設立都城之後，另設沬邑以管轄沬地。《路史》卷二十七：「沬，武丁遷之，在朝歌故城南。」鄉，城邑郊內之地。《禮記·郊特牲》「鄉為田燭」孔穎達《疏》：「鄉，謂郊內六鄉也。」此句歌詞是男子言其春季求偶之事。

〔3〕云誰之思：我思念的是誰呀？云，通曰，語助詞。思，思念。

〔4〕美孟姜矣：是一個美麗的姜姓姑娘呀。美孟姜，美麗的姜姓姑娘。孟，同伯，在兄弟或姊妹中排行第一。此指長女。一說，庶出的長子長女稱「孟」。班固《白虎通·姓名》：「適（嫡）長稱伯……庶長稱孟。」姜，姓。《毛傳》：「姜，姓也。」此情歌中的「孟姜」「孟弋」「孟庸」皆指貴族美女。姜姓貴族在衛國或有為官者。

〔5〕期我乎桑中：她與我到桑林中幽會了。期，金文、戰國古文皆從日，紀日相會之義。《說文》：「期，會也。從月，其聲。」《段注》：「『會』者，合也。『期』者，要約之義。」《衛風·氓》：「非我愆期。」「秋以為期。」《小雅·采綠》：「五日為期，六日不詹。」乎，通于。乎、于皆匣母魚部字。桑中，桑林裏。「桑中」即桑間，並非專有地名。古代的社神是生殖神。民間各地皆有桑林，民社的社樹一般都在城外郊野的桑林之中。所謂「桑林之舞」，是民間祭祀社神的舞蹈。上承古風，春秋時期在社日裏仍有「會男女」的風俗，桑林便是青年男女婚戀相會的場所之一。

〔6〕要我乎上宮：她約我一同到高禖廟裏去拜了女神。要，古「腰」字。參見《魏風·葛屨》注〔5〕。要，與「期」對文，通約。要，影母宵部；約，影母沃部。宵、沃對轉。約，兩契用繩纏在一起存放，稱為「約契」。引申為約期相會之

義。《禮記‧學記》:「大信不約。」孔穎達《疏》:「約,謂期要也。」《漢書‧
高帝紀》:「初,懷王與諸將約,先入定關中者王之。」顏師古《注》:「約,要
也,謂言契也。」男女婚戀相約下次見面,未必使用契券,或口頭相約,大多
結繩以紀約會之日。上宮,即尚宮,古屋、古廟。此指生殖女神高禖之廟。古
時青年男女在野外婚戀,入高禖廟拜生殖女神。一說,「上宮」是衛國的小地
名。《毛傳》:「桑中、上宮,所期之地。」高亨《詩經今注》:「上宮,衛國的
小地名。」

〔7〕送我乎淇之上矣:然後送我到淇水的渡口。淇之上,淇水岸上。指渡口。淇,
淇水。《毛傳》:「淇,水名也。」

〔8〕麥:野菜名。麥,通萊。麥,明母職部;萊,來母之部。明、來鄰紐,職、之
對轉。聞一多《詩經通義‧乙》:「麥字從來聲,古呼麥為來牟。此『麥』字蓋
『來』之誤。來即萊也。」萊,又名「藜」,一年生草本植物,其嫩葉可食。
《韓非子‧五蠹》:「堯之王天下也,……糲粢之食,藜藿之羹。」《大戴禮記‧
曾子制言》:「聚橡栗藜藿而食之。」《墨子‧魯問》:「藜藿之羹。」陸璣《毛
詩草木疏》:「萊,草名。其葉可食。今兗州人蒸以為茹,謂之『萊蒸』。」《說
文》:「藜,艸也。」《段注》:「《左傳》:『斬之蓬蒿藜藋。』藜初生可食,故曰
『蒸藜不孰(熟)』。《小雅》:『北山有萊。』陸機(璣)云:『萊,兗州人蒸以
為茹,謂之萊蒸。』按,萊蒸蓋即蒸藜。」歌者說,女子在沬鄉採「唐」,在
沬北採「麥」,在沬東採「葑」,所採集的皆是野菜。

〔9〕沬之北:衛國都城朝歌以北的地方,即古邶國地區。此句歌詞是男子言其夏季
在邶地求偶之事。

〔10〕美孟弋:邶邑姒姓美女。弋,姓,即姒姓,有莘氏的後人。《毛傳》:「弋,姓
也。」弋通姒。弋,喻母職部;姒,邪母之部。喻、邪鄰紐,職、之對轉。《春
秋‧定公十五年》「葬定姒」,《公羊傳》《穀梁傳》作「葬定弋」。

〔11〕葑:野生蔓菁。《鄭箋》:「葑,蔓菁。」蔓菁的莖塊似蘿蔔,秋天採收了儲存
或醃起來,冬春作菜用。參見《邶風‧谷風》注〔5〕。

〔12〕沬之東:衛國都城朝歌以東地區,即古鄘國地區。此句歌詞是男子言其秋季在
鄘地求偶之事。

〔13〕美孟庸:鄘姓美女。庸,通鄘,姓。《毛傳》:「庸,姓也。」鄘國古稱「東」,
在衛國東部。庸、鄘皆喻母東部字。康叔姬封被封在東,其子伯髦就封於東。
鄘地貴族有以鄘為姓者。

【詩旨說解】

　　《桑中》是一個男子在野外求偶時所唱情歌的歌詞。這個男子唱歌說，他一年內走遍了衛國各地，春天在沬地約會了採唐菜的美女孟姜，夏天在邶地約會了採萊菜的美女孟弋，秋天在鄘地約會了采葑菜的美女孟庸，分別與她們到「桑中」「上宮」拜了神，而且每個姑娘都客氣地送他到淇水的渡口作別。男子所說的這一切，其實都是他的自我吹噓和誇耀。他如此這般地為自己「塗脂抹粉」，無非是要顯示他求偶的條件好、能力強，唯一的目的就是想吸引異性跟他婚戀。

　　這個唱情歌求偶的男子自言他到求偶到過「沬之鄉」「沬之北」「沬之東」，女子跟他婚戀之後，都送他到「淇之上」。「沬之鄉」「沬之北」「沬之東」言地域廣遠，是誇張的說法。據此判斷，他的生活圈當是以沬邑為中心，其居住地蓋在「沬邑」。歌者所說的「沬」，蓋代指朝歌城。

鶉之奔奔

鶉之奔奔〔1〕，鵲之彊彊〔2〕。
人之無良〔3〕，我以為兄〔4〕！

鵲之彊彊，鶉之奔奔。
人之無良，我以為君〔5〕！

【注釋】

〔1〕鶉之奔奔：鵪鶉乍毛怒氣張。鶉，鵪鶉。鵪鶉喜群聚，性好鬥。奔奔，借為「賁賁」，形容鵪鶉乍毛昂頭的樣子。奔、賁皆幫母文部字。奔奔，《齊詩》《魯詩》作「賁賁」。《阜詩》同。《左傳》僖公五年、襄公二十七年，《國語·晉語》《禮記·表記》及《呂氏春秋·慎行論·壹行》高誘《注》引《詩》皆作「鶉之賁賁」。賁，通憤、奮，謂怒張之勢。憤，並母文部；奮，幫母文部。幫、并旁紐。王先謙《集疏》：「賁有憤義。《禮·樂記》注：『賁讀為憤。憤，怒氣充實也。』重言之曰『賁賁』，故訓爭鬥惡貌。此齊說也。」《玉篇·貝部》：「賁，虎賁，勇士。」這句歌詞形容鵪鶉乍毛昂頭形體張大與敵鳥作爭鬥的樣子。

〔2〕鵲之彊彊：喜鵲群起護幼子。鵲，喜鵲。彊彊，鵲奮力護子時的叫聲。彊，本義為弓有力，古文作「強」。《說文》：「彊，弓有力也。從弓，畺聲。」《廣韻·陽部》：「強，健也。」彊通將、姜。彊，群母陽部；將，精母陽部；姜，見母

陽部。群、見旁紐，群、精通轉。《禮記‧表記》引《詩》「鵲之姜姜」。《毛詩》
中「將將」皆為象聲詞，茲不煩引。《管子‧形勢解》引逸《詩》：「鴻鵠將將，
維民歌之。」將將，同嘎嘎，指鴻鵠的鳴叫聲。喜鵲有強烈的護子習性，「將
將」地大聲鳴叫著護其幼子，與入侵的敵鳥搏鬥。

〔3〕人之無良：作為人卻沒有像鶉鶉、喜鵲一樣的勇敢行為。之，通而，轉折詞。
之，匣母之部；而，日母之部。匣、日通轉。《韓詩》作「而」。無良，不良，
不善，不好。《毛傳》：「良，善也。」鳥鵲能愛護其幼仔，勇敢地跟企圖危害
其幼仔的入侵者搏鬥，而人卻做不到這樣。

〔4〕我以為兄：我卻把他作為兄長。以為，把……作為。兄，兄長。這句歌詞責備
兄長不能盡保護弟弟的義務。

〔5〕我以為君：我卻把他看成尊長。君，蓋為「罤」的借字，長者之義。君、罤皆
見母文部字。《說文》：「罤，周人謂兄曰罤。从弟从罤。」君，又通尊。尊，
精母文部。見、精通轉。《說文》：「君，尊也。」此歌謠上言「兄」，下言「君
（罤）」，屬於巧言說法。

【詩旨說解】

　　《鶉之奔奔》是兒歌歌詞。設若幾個兒童在一起玩耍，其中有一個年齡
較大的兒童不懂事理，好欺負年齡小的兒童，年幼的兒童們就唱這支歌來罵
他，孤立他。

　　此歌詞以鶉鶉的好鬥和喜鵲的護子行為作比喻，來說明長者應愛護和幫
助幼者，不可恃強凌弱的道理。

　　衛國的樂官看到《鶉之奔奔》蘊含著講求團結友愛、反對恃強凌弱的意
義，於是就將它收入樂府，在學校裏用它對貴族兒童進行樂教。

定之方中

定之方中〔1〕，作于楚宮〔2〕。
揆之以日〔3〕，作于楚室〔4〕。
樹之榛栗〔5〕，椅桐梓漆〔6〕，爰伐琴瑟〔7〕。

升彼虛矣〔8〕，以望楚矣〔9〕。
望楚與堂〔10〕，景山與京〔11〕，降觀于桑〔12〕。
卜云其吉〔13〕，終然允臧〔14〕。

靈雨既零〔15〕，命彼倌人〔16〕，
星言夙駕〔17〕，說于桑田〔18〕。
匪直也人〔19〕，秉心塞淵〔20〕，騋牝三千〔21〕。

【注釋】

〔1〕定之方中：當初昏時定星剛好在南方中天的時候。定，星名，二十八宿北方玄
　　武宿第六宿，又名「營室」。《毛傳》：「定，營室也。」《魯說》：「營室謂之定。」
　　方中，初昏時剛好在南中天的位置。朱熹《集傳》：「定，北方之宿，營室星也。
　　此星昏而正中，夏正十月也。於是時可以營制宮室，故謂之營室。」春秋時期，
　　中原地區周曆十二月（夏曆十月）間，初昏時定星出現在南中天。此時正是秋
　　收之後的農閒時節，利於建房屋。《豳風·七月》：「九月築場圃，十月納禾
　　稼。……我稼既同，上入執宮功。」

〔2〕作于楚宮：在楚丘這個地方建築宮室和宗廟。作，甲骨文字象以手持針縫衣之
　　形，本義為做衣。引申為幹、做之義。徐中舒《甲骨文字典》：「作，象作衣之
　　初僅成領襟之形。……以手持針縫線於未成之衣上，則作衣之意，一望可知。
　　故甲骨文以作衣會為作。」《爾雅·釋言》：「作、造，為也。」郭璞《注》：「釋
　　曰：謂營為也。」此誦詞中「作」指營建土木工程。于，通為。于，匣母魚部；
　　為，匣母歌部。魚、歌通轉。三家《詩》作「為」。聞一多《詩經通義·乙》：
　　「山井鼎《考文》古本兩『于』字均作『為』。……案于、為古通。《儀禮·聘
　　禮》：『賄，在聘于賄。』注：『于讀曰為。』《儀禮·士冠禮》注：『于猶為也。』
　　是其證。」王引之《經義述聞·毛詩上》「作于楚宮」條下：「《鄘風·定之方
　　中》篇：『定之方中，作于楚宮。』『揆之以日，作于楚室。』引之謹案：于當
　　讀曰為，謂作為此宮室也。古聲于與為通。」段玉裁《詩經小學》「作于楚宮」
　　條下：「按，《喪大記》注云：『偽，或作于。聲之誤也。』」楚宮，即楚地之宮，
　　非宮名楚。《毛傳》：「楚宮，楚丘之宮也。」楚，地名。楚地，即楚丘所在之
　　地。楚丘在衛國東部的曹邑之東、帝丘之西。楚地因楚丘而得名。楚丘，楚人
　　所居之丘。楚人原曾居於此，後南遷。人們習稱楚人原居住地的山丘為「楚
　　丘」。宮，房屋、居室。《爾雅·釋宮》：「宮謂之室，室謂之宮。」《說文》：「宮，
　　室也。」此誦詞中「宮」指宮室及宗廟等建築物。《鄭箋》：「楚宮，謂宗廟也。」
　　鄭說義狹。衛國於衛文公二年（公元前 658 年）周正一月（夏曆十一月）營建
　　楚丘城。《春秋·僖公二年》：「二年春，王正月，城楚丘。」《左傳·僖公二年》：
　　「二年春，諸侯城楚丘而封衛焉。」王正月，周曆正月，即夏曆十一月。衛國

人在夏曆十月份開始考察楚丘周圍的地理形勢，到夏曆十一月初開工營建楚
丘城。

〔3〕揆之以日：用立杆測度日出日入位置的辦法確定宮室的朝向。揆，從手，從
葵，葵亦聲，本義為測度。《說文》：「揆，度也。」《段注》：「『度也』，各本作
『葵也』。今依《六書故》所據唐本正。度者，法制也。因以為揆度之度。」
以日，用日。指用太陽在地平線的出、入點來確定東西方向。「揆之以日」是
對衛國建都定位定向工程的概述。為保證建築物坐向正，在晚上還要用北極星
正南北。《毛傳》：「揆，度也。度日出日入，以知東西；南視定，北準極，以
正南北。」「北準極」即可，不必「南視定」。《周禮·冬官·考工記》：「匠人
建國，水地以縣；置　以縣，眡（視）以景；為規，識日出之景與日入之景；
晝參諸日中之景，夜考之極星，以正朝夕。」

〔4〕楚室：與「楚宮」同義。《毛傳》：「室，猶宮也。」

〔5〕樹之榛栗：在建都之處栽上些榛樹和栗樹。樹，動詞，栽植。榛、栗，兩種結
堅果的樹木。在楚丘城周圍廣植榛、栗，可以救荒。

〔6〕椅桐梓漆：一併栽上椅、桐、梓、漆等樹木。椅，山梧桐。陸璣《毛詩草木疏》：
「梓實桐皮曰椅。」桐，梧桐。梓，楸類，似桐。陸璣《毛詩草木疏》：「楸之
疏理白色而生子者為梓。」漆，漆樹，其皮內汁液是製作工藝漆的原料。此誦
詞中所說的以上這四種樹木，前三種樹的木料均可用以製作琴和瑟，漆樹的汁
液可用以製作塗飾琴瑟的大漆。

〔7〕爰伐琴瑟：種這些樹的目的是為了用它們製作琴和瑟。爰，通曰，助詞。參見
《邶風·凱風》注〔8〕。《鄭箋》：「爰，曰也。」伐，本義為砍人頭。借作砍
殺、砍伐樹木之義。又引申為木工製作之義。《說文》：「伐，擊也。」《魏風·
伐檀》：「坎坎伐輻兮。」「坎坎伐輪兮。」此誦詞中「伐」字為製作之義。琴
瑟，兩種樂器。衛文公在楚地建都，並注重制禮作樂之事。

〔8〕升彼虛矣：文公登上楚丘。升，從鬥，本義為一種計量器具。升又是量詞。
《說文》：「升，十合也。」「鬥，十升也。」升通升、登。升、升，審母蒸部；
登，端母蒸部。審、端準旁紐。升，又作「阩」「跒」，登上。《廣雅·釋詁》：
「升，上也。」「進也。」《玉篇·阜部》：「升，上也，進也。」彼，那個。
虛，丘墟的本字，大土丘。《說文》：「虛，大丘也。」此誦詞中「彼虛」指楚
丘。

〔9〕以望楚矣：憑藉它來觀察楚邑附近的地形。以，憑藉。望，遠觀。參見《邶風·燕燕》注〔5〕。楚，指楚邑所在之地。用觀望的方法考察地理形勢，是古代建都選址的一個必要程序。

〔10〕望楚與堂：他觀察了楚地跟堂地之後。堂，衛國的堂地。楚丘附近有堂邑。《毛傳》：「楚丘有堂邑者。」堂，或是棠的通假字。地以棠樹名之。衛文公帶領一干人仔細考察了楚地與堂地的情況，看一看哪個地方最適合建都。

〔11〕景山與京：又察看了遠處的山岡與高丘。景，本義為日光。段校《說文》：「景，日光也。从日，京聲。」日光照射大地，凡光照之處皆有景象，故「景」字又有風景之義。日光照射物體產生陰影，故「景」字又引申為陰影之義。《周禮·地官·大司徒》：「以土圭之法測土深，正日景，以求地中。」《集韻·梗韻》：「景，物之陰影也。葛洪始作影。」《顏氏家訓·書證》：「凡陰景者，因光而生，故即謂為『景』。《淮南子》呼為『景柱』，《廣雅》云：『晷柱掛景。』並是也。至晉世葛洪《字苑》，傍始加彡，音於景反。」《說文》「景」字《段注》：「日月皆外光，而光所在處，物皆有陰。……後人名陽曰『光』，名光中之陰曰『影』，別製一字，異義異音。」此誦詞中「景」字通「迥」，為動詞，遠行察看之義。參見《邶風·二子乘舟》注〔2〕。《大雅·公劉》：「篤公劉，逝彼百泉，瞻彼溥原。迺陟南岡，迺覯于京。……篤公劉，既溥且長，既景迺岡。相其陰陽，觀其流泉，其軍三單。」衛文公遷都楚丘察看地形之事，與周先祖公劉遷豳定都時察看地形之事相同。山，字象地面上土石隆起有三峰之形。楚丘故址在河南省濮陽市西南、滑縣東八里營鄉東北八里處，這一帶春秋時期沒有石山和高山，只有土山。此誦詞中「山」字當指有山峰的土嶺。京，本義為古帝王所居之處。郭沫若《兩周金文辭大系圖錄考釋·克鐘》：「『京』字古作𩰬，象宮觀𤏻嶤之形。在古素樸之世非王者所居莫屬。王者所居高大，故京有大義，有高義。更引申之，則丘之高者曰京，困之大者曰京，麀之大者曰麖，水產物之大者曰鯨，力之大者曰勍，均京之一字之引申孳乳也。世有以高丘為京之本義者，未免本末顛倒。」一說，「京」字為穀倉之義。《說文》：「困，廩之圓者。从禾在口中。圓謂之困，方謂之京。」《廣雅·釋宮》：「京，倉也。」《管子·輕重丁》：「有新成困京者二家。」尹知章《注》：「大困曰京。」《急就篇》卷三：「門、戶井、灶、廡、困、京。」顏師古《注》：「困，圓倉也；京，方倉也。」《史記·扁鵲倉公列傳》「京下方石」裴駰《集解》引徐廣曰：「京者，倉廩之屬也。」此誦詞中「京」為高丘之義。《毛傳》：「京，高丘也。」

《爾雅‧釋丘》：「絕高為之京。」《小雅‧甫田》：「曾孫之庾，如坻如京。」
《大雅‧公劉》：「迺陟南岡，迺覯于京。」

〔12〕降觀于桑：從高處下來，又到平地察看桑田。降，從𨸏，夅聲，本義為從高處
下來。《說文》：「降，下也。從𨸏，夅聲。」《段注》：「此下為自上而下。」《說
文》：「𨸏，大陸也。」《爾雅‧釋地》：「廣平曰原，高平曰陸。大陸曰阜，大
阜曰陵，大陵曰阿。」觀，觀察。《說文》：「觀，諦視也。」諦，仔細。《說文》：
「諦，審也。」《關尹子‧九藥》：「諦毫末者，不見天地之大；審小音者，不
聞雷霆之聲。」桑，本義為桑樹。此指桑田。

〔13〕卜云其吉：占卜建都之事，卜者說得到的是吉占。卜，用龜占卜。《毛傳》：「龜
曰卜。……建國必卜之。」古代建國、遷都一定要占卜。《周禮‧春官‧大卜》：
「國大遷、大師，則貞龜。」云，曰，說。其吉，得到的是吉占。其，語助詞。
吉，吉祥的占辭。卜者預測建都之事，作出了「吉」的斷辭。以占龜和筮算預
測吉凶，是上古統治者發明的一種巫術，用以決事而不生報怨，掌握處事的主
動權。《尚書‧周書‧洪範》：「稽疑：擇建立卜筮人，乃命卜筮。曰雨，曰霽，
曰蒙，曰驛，曰克，曰貞，曰悔，凡七。卜五，佔用二，衍忒。立時人作卜筮。
三人占，則從二人之言。汝則有大疑，謀及乃心，謀及卿士，謀及庶人，謀及
卜筮。汝則從，龜從，筮從，卿士從，庶民從，是之謂大同。身其康強，子孫
其逢。吉。汝則從，龜從，筮從，卿士逆，庶民逆，吉。卿士從，龜從，筮從，
汝則逆，庶民逆，吉。庶民從，龜從，筮從，汝則逆，卿士逆，吉。汝則從，
龜從，筮逆，卿士逆，庶民逆，作內吉，作外凶。龜筮共違于人，用靜吉，用
作凶。」王充《論衡‧辨祟》：「聖人舉事，先定於義。義已定立，決以卜筮，
示不專己，明與鬼神同意共指，欲令眾下信用不疑。故《書》列七卜，《易》
載八卦，從之未必有福，違之未必有禍。」班固《白虎通‧蓍龜》：「天子至於
士，皆有蓍龜者，重事決疑，示不自專。……定天下之吉凶，成天下之亹亹者，
莫善於蓍龜」，「先盡人事，念而不能得，思而不能知，然後問於蓍龜。聖人獨
見先睹，必問蓍龜何？示不自專也。」王符《潛夫論‧卜列》也說：「聖賢雖
察，不自專，故立卜筮以質神靈。」

〔14〕終然允臧：再用別的方法占算，最後得到的仍是吉卦。終，最後的占算。周
朝預測國事吉凶，常卜、筮並用。《尚書‧周書‧洪範》：「乃命卜、筮。」《禮
記‧禮運》：「王，前巫而後史，卜、筮、瞽、侑皆在左右。」《小雅‧杕杜》：
「卜筮偕止。」衛國遷都卜、筮並用，向神祇問明吉凶。然，語助詞，通也。

然，日母元部；也，喻母歌部。喻通轉，元、歌對轉。然又通焉。焉，影母元部。日、影通轉。《魯詩》《唐石經》作「然」。漢《白石神君碑》頌銘：「卜云其吉，終然允臧。」《禮記・檀弓下》：「穆公召縣子而問然。」鄭玄《注》：「然之言焉也。」陳喬樅《魯詩遺說考》引蔡邕《崔夫人誄》：「終然允臧。」允臧，與「其吉」的意思一樣。這是筮者的占斷辭。允，誠，真。《毛傳》：「允，信。」臧，善。《毛傳》：「臧，善也。」參見《邶風・雄雉》注〔15〕。衛文公為遷都之事精心謀劃，謹慎有度。（以上誦詞重點稱頌衛文公在楚地建都的事蹟）

〔15〕靈雨既零：在剛下了一場好雨之後。靈雨，好雨。《魯說》《韓說》：「靈，善也。」《鄭箋》：「靈，善也。」《廣韻・青韻》：「靈，神也，善也，巫也，寵也，福也。」經過國君或者巫師做法求雨之後降下來的雨，稱為「靈雨」。從時間上推算，衛文公是在楚丘建都開始後的第一個春天巡察楚丘周圍桑田的。「靈雨」實即春雨。既零，已下過。零，本義為細雨。《說文》：「零，餘雨也。」《段注》：「『徐雨也』。各本作餘。今依《玉篇》《廣韻》及《太平御覽》所引《纂要》訂。謂徐徐而下之雨。」《玉篇・雨部》：「零，徐雨也。」零，通霝，雨下落。零、霝皆來母耕部字。《毛傳》：「零，落也。」《說文》：「霝，雨零也。從雨，𠱠象零形。《詩》曰：『霝雨其濛。』」《段注》：「零，各本作零。今依《廣韻》正。霝與零義殊。許引《東山》『霝雨』。今作『零雨』，訛字也。《定之方中》：『靈雨既零。』《傳》曰：『零，落也。』零亦當作霝。」《廣韻・青韻》：「霝，落也；墮也。《說文》曰：『雨零也。從雨，𠱠象雨零形。』或作零。」

〔16〕命彼倌人：趕緊通知負責行駕的官員備車。命，命令，通知。倌人，負責車馬駕行的小官，掌巾車脂轄之事。《毛傳》：「倌人，主駕者。」《說文》：「倌，小臣也。」一說，倌人即管人、館人，負責野外駐紮布置帳篷帷幕者。《儀禮・聘禮》「管人」下鄭玄《注》：「管猶館也。館人，謂掌次舍帷幕者也。」

〔17〕星言夙駕：趁夜雨轉晴早早就駕車出行。星言，即　然、晴然、晴焉，天氣晴朗。星，通姓、晴。星，心母耕部；姓、晴皆從母耕部字。心、從旁紐。《鄭箋》：「星，雨止星見。」《說文》：「姓，雨而夜除，星見也。」《段注》：「《衛風》：『靈雨既零，命彼倌人，星言夙駕。』《韓詩》曰：『星者，精也。』按，『精』者，今『晴』字。《史記》『天精而見景星』，《漢書》作『天暒』。孟康曰：『暒者，精明也。《漢書》亦作精。』韋昭曰：『精者，清朗也。』郭璞注《三倉》云：『暒者，雨止無雲也。』古姓、暒、精皆今之晴，而《詩》作『星』。

《韓非子》曰:『荊伐陳,吳救之。軍間三十里,雨十日,夜星。』『夜星』即『夜晴』也。雨夜止星見謂之姓。星、姓疊韻,引申為晝晴之稱。故其字又作『暒』。」言,通焉、然。夙駕,早早駕車。夙,早。《鄭箋》:「夙,早也。文公於雨下,命主駕者:『雨止,為我晨早駕。』」春天的某日,夜雨停,天晴,衛文公起早乘車外出察看農情。

〔18〕說于桑田:到一塊桑田旁停下車來。說,通稅、脫。脫,解除車馬的套繩。說、稅多用為停車休息之義。參見《召南‧甘棠》注〔7〕。桑田,大面積種植桑樹的地方。桑樹是經濟作物,春秋時期已經大面積集中種植桑樹。衛文公是一個務實精神很強的國君,他十分重視發展農業生產。(以上誦詞稱頌衛文公積極發展農業生產的事蹟)

〔19〕匪直也人:他是一個德行高尚的人。匪,通彼。匪,幫母微部;彼,幫母歌部。微、歌旁轉。彼,他。《小雅‧桑扈》:「彼交匪敖,萬福不求。」林義光《詩經通解》:「彼讀為匪。王引之云,匪可訓為彼,彼亦可訓為匪。」直也人,即直人,有道德修養的人。直,通惪。直,定母職部;惪,端母職部。定、端旁紐。惪,道德之「德」的本字。也,語助詞。衛文公重新振興衛國,是一個對衛國有大德的人。

〔20〕秉心塞淵:他為衛國深謀遠慮。秉心,即持心、用心、操心。《毛傳》:「秉,操也。」塞,通寒。寒,內心充實安定。指衛文公有堅定的治國決心。《鄭箋》:「塞,充實也。」參見《邶風‧燕燕》注〔14〕。淵,深。《鄭箋》:「淵,深也。」《漢書‧敘傳下》:「安世溫良,塞淵其德。」顏師古《注》:「淵,深也。」衛文公為了強國而深慮。

〔21〕騋牝三千:衛國很快就發展成為擁有三千匹好馬的國家了。騋牝,即騋駓,通指高大肥壯的好馬。騋,馬七尺為「騋」。此指高壯之馬。《毛傳》:「馬七尺以上曰騋。」《說文》:「騋,馬七尺為騋,八尺為龍。從馬,來聲。」一說,騋通駊。高亨《詩經今注》:「騋,讀為駊,牡馬。」牝,本義為母牲畜。牝通駓。牝,並母脂部;駓,並母質部。脂、質對轉。駓,馬肥壯的樣子。《說文》:「駓,馬飽也。」桂馥《義證》:「『馬飽也』者,『飽』當為肥。」《玉篇‧馬部》:「駓,馬肥壯貌。」《魯頌‧有駓》:「有駓有駓,駓彼乘黃。」《毛傳》:「駓,馬肥強貌。」騋、駓詞義對等。一說,騋通驪。《爾雅‧釋畜》:「騋牝,驪牝。」郭璞《注》:「《詩》云:『騋牝三千。』」一說,「牝」讀本字。《毛傳》:「騋馬與牝馬也。」程俊英《詩經譯注》:「牝,母馬。」三千,數量詞。此指衛國有戰

鬥力的好馬的總數。春秋時期，一個中等諸侯國——「千乘之國」的軍力，須配備軍馬四千餘匹，配備兵士二萬五千人至三萬人。魯僖公時魯國的軍力在一千乘左右。《魯頌·閟宮》：「公交車千乘。……公徒三萬。」以衛國擁有「騋牝三千」的馬數推算，衛文公時衛國的軍力為七百乘稍多，遜於同時代的魯國。對於敗落後又興起的衛國來說，這已是了不起的政績了。（以上誦詞稱頌衛文公積極發展衛國國防力量的事蹟）

【詩旨說解】

《定之方中》是衛國貴族祭悼衛文公的誦詞。

周惠王十七年（公元前 660 年），狄人攻衛，衛懿公被狄人所殺，衛國都城朝歌被狄人佔領。在緊急情況下，國人立公子姬申為衛君，是為戴公。衛人棄城連夜出逃，東渡黃河，宋桓公率領宋國的軍隊接應衛人過黃河，將這些人安置在曹邑居住。在與狄人的戰爭中，宋桓公給予衛國大力支持。在衛國遭受狄難之際，衛戴公的妹妹許穆公夫人從許國遠道趕來衛國聲援，並獻計向齊國求救。齊桓公派公子無虧率兵擊敗了狄人，讓衛國殘部在黃河以東的衛地站住了腳跟。衛戴公即位不到一年便死去了。衛公子姬辟疆為避國內禍患，原已逃往齊國。衛戴公去世後，宋國人迎辟疆回到衛國，被立為衛國的新君，是為衛文公。此事見於《史記·宋微子世家》。有了齊國和宋國的幫助，衛文公決定在衛地楚丘之側建立新都。《春秋·僖公二年》：「二年春，王正月，城楚丘。」《左傳·僖公二年》：「二年春，諸侯城楚丘而封衛焉。」衛國在經過了一場戰爭浩劫之後，迫切需要休養生息。

衛文公帶領衛人在楚丘建設新都。對於衛國人來說，這是一項巨大的工程。在齊國、宋國的大力幫助下，楚丘建都的工程進展得很順利，衛國的農業、工商業也在興旺發展。衛國人又迎來了一個新的歷史時期。

衛文公共執政二十五年。他勤奮執政，重視發展農業生產和國防建設。在他執政的第二年，衛國就有了革車三百乘、軍馬千餘匹。《左傳·魯閔公二年》：「衛文公大布之衣，大帛之冠，務材訓農，通商惠工，敬教勸學，授方任能。元年革車三十乘，季年乃三百乘。」在他執政的鼎盛時期，衛國的軍力一度發展到「騋牝三千」。以此推算，衛國的軍車大概有七百乘稍多，接近《周禮·夏官·序官》所說「次國二軍」的規模。衛文公是衛國的「中興之君」。

衛國貴族為有衛文公這樣的「中興之君」而感到驕傲，創作了《定之方中》這篇誦詞來祭悼衛文公，稱揚他的歷史功績。

　　第一章：總述衛文公帶領衛人在楚丘建都、植樹造林的事績。周惠王十九年正月（夏曆十一月）初，衛人在楚丘選城址並開工建設新都城，而後在新都周圍廣植樹木。

　　第二章：分述衛文公為建新都帶領衛人選址的事績。在楚丘建都之前，衛文公親自帶領一千人馬考察楚丘一帶的環境，用卜、筮的方法作出了定都楚丘的重大決策。

　　第三章：分述衛文公勤奮執政，領導衛人發展農業生產、加強國防建設的政績。

　　此誦詞通過對衛文公領導衛國人在楚地建新都、發展經濟、提高國防實力事蹟的描述，讚美了他以禮德治國、興業強國的政治實踐，刻畫了一個「中興之君」的形象。

　　這篇誦詞在寫作上有以下特點：

　　一，通過對衛文公領導衛人在楚地建都選址、建都、植嘉木、巡察農情等一系列重要活動的概括描述，讚揚了衛文公的政績。

　　二，對衛文公的治國方法、領導作風和領導能力作了簡略精要的描述。為了建新都，衛文公帶領衛人察天文，看地理，用傳統的方法進行測量，並且用卜、筮的方法來確定建新都的大事，辦事中規中矩，處事穩妥。他號召在楚丘新都廣栽「椅桐梓漆」，不忘制禮作樂。這是他決心在衛國實行禮治的表現。他帶領衛人為新都的選址而「升虛望楚」「景山與京」，為瞭解農情而「星焉夙駕」。這反映了他執政初期辦事認真、事必躬親的個性和領導作風。這也是他決心在衛國實行德治的一種表現。他「秉心塞淵」，注重國防建設，使衛國的軍力很快發展到了「騋牝三千」的規模。這又反映了他在國防建設方面有深謀遠慮。

蝃蝀

蝃蝀在東〔1〕，莫之敢指〔2〕。
女子有行〔3〕，遠父母兄弟〔4〕。

朝隮于西〔5〕，崇朝其雨〔6〕！
女子有行，遠兄弟父母。

乃如之人也〔7〕，懷昏姻也〔8〕！
大無信也〔9〕，不知命也〔10〕！

【注釋】

〔1〕蝃蝀在東：下午彩虹在東方出現了。蝃蝀，又作「螮蝀」，虹的別名。蝃，《魯詩》作「螮」。《魯說》：「螮蝀，虹也。」《毛傳》：「蝃蝀，虹也。」《爾雅·釋天》：「螮蝀，虹也。」郭璞《注》：「俗名為美人虹。」《呂氏春秋·季春紀·季春》「虹始見」高誘《注》：「虹，蝃蝀也。兗州謂之虹。《詩》曰『螮蝀在東，莫之敢指』是也。」「蝃蝀」原本是對蜘蛛的稱呼。「蝃蝀」與「蜘蛛」為音轉關係。蝃，端母月部；蜘，端母支部。月、支旁通轉。蝀，端母東部；蛛，端母侯部。東、侯對轉。《爾雅·釋蟲》「鼅鼄」下郭璞《注》：「今江東呼蝃蝥。」古人認為，蜘蛛有憑空做橋的能力，天上的彩虹似橋樑，乃蜘蛛所為。楊樹達《積微居小學述林》卷一「釋虹」：「虹又曰蝃蝀，……螮之從帶以其形似帶也。」虹看上去是天上的一條彩帶，在天空中作弧形，兩端接於地，古人以為是兩龍交合之象，也是陰陽二氣交接之象，轉而又認為是男女交媾之象。因而，古人把虹作為婚姻和愛情的象徵物。東，東方。暮虹在東方出現。這預示著第二天要下雨了。

〔2〕莫之敢指：沒有人敢用手指著它。莫之，沒有人。莫，沒。之，通有。參見《邶風·式微》注〔3〕。敢，副詞，敢於。參見《召南·殷其雷》注〔4〕。指，動詞，用手指。不可用手指虹，大概是古代的一條民俗禁忌。

〔3〕女子有行：我要出門遠行嫁了。女子，姑娘。行，指出嫁。

〔4〕遠父母兄弟：遠遠地離開自己的父母兄弟。遠，動詞，遠去，離開。「遠父母兄弟」是周代民間習語，是對「女子出嫁」的一種固定說法。此說法又見於《邶風·泉水》《衛風·竹竿》。

〔5〕朝隮于西：早晨看見虹霓出現在西邊的天空。朝隮，早晨的虹霓。朝，早晨。甲骨文「朝」字從日在中或木上，月在旁，表示日剛出地面天空尚有殘月，會早晨之意。金文「朝」字，州聲；小篆「朝」字，舟聲。《爾雅·釋詁》：「朝，早也。」《說文》：「朝，旦也。」《小雅·北山》：「朝夕從事。」《小雅·何草不黃》：「朝夕不暇。」《商頌·那》：「溫恭朝夕。」隮，本義為上升。《齊詩》作「躋」。《毛傳》：「隮，升。」《玉篇·阜部》：「隮，登也；升也。」《玉篇·足部》：「躋，登也。」此歌詞中「隮」是「霓」的借字。隮通霓。隮，精母脂部；霓，疑母支部。精、疑通轉，脂、支通轉。聞一多《朝雲考》：「《周禮·視祲》後鄭注曰：『隮，虹也。』這一說尤可注意。漢人多訓霓為虹，而鄭訓隮為虹，似乎隮就是霓。以聲求之，隮、霓聲通韻近，可以相轉。……

『隮』在這裡本是『霓』的借字，與『隮』的本義無關。」霓，副虹，即虹的外環彩帶，色彩比虹暗。《說文》：「霓，屈虹青赤或白色，陰氣也。」一說，「隮」為上升的雲氣。《齊說》：「雲上升極則降而為雨。」《鄭箋》：「隮，升。」《玉篇・阜部》：「隮，氣也。」《曹風・候人》：「薈兮蔚兮，南山朝隮。」《毛傳》：「隮，升雲也。」《鄭箋》：「薈蔚之小雲，朝隮於南山。」于西，在西方天空。于，通曰，語助詞。「蝃蝀在東」指暮虹，「朝隮于西」指朝虹。聞一多《朝雲考》：「《蝃蝀》詩『朝隮于西』即朝霓在西。」出現朝虹，預示著立刻就要下雨了。

〔6〕崇朝其雨：整整一個早晨都要下雨！崇朝，即終朝，整個早晨。指從天明到辰時早飯之間的一段時間。崇，通終。崇，床母冬部；終，照母冬部。床、照鄰紐。《毛傳》：「崇，終也。從旦至食時為終朝。」《尚書・周書・君奭》：「其終出于不祥。」《尚書釋文》：「終，馬（融）本作崇。」《廣韻・宵韻》：「朝，早也。又旦至食時為終朝。」《衛風・河廣》：「誰謂宋遠？曾不崇朝。」《小雅・采綠》：「終朝采綠，不盈一匊。」「朝隮于西，崇朝其雨」本是古代的一句氣象諺語。歌者借用氣象諺語來表達「兩情相愛，不可阻攔」的意思。

〔7〕乃如之人也：竟然是這樣的人啊！乃，竟。如，若，像。之人，此人，這樣的人。《邶風・日月》：「乃如之人兮，逝不相好。」也，同兮，句末歎詞。《魯詩》《韓詩》作「兮」。《韓詩外傳》卷一引《詩》：「乃如之人兮，懷婚姻也。」

〔8〕懷昏姻也：是想毀掉我們之間的婚約呀！懷，通壞。懷、壞皆匣母微部字。壞，毀壞，毀掉。《說文》：「壞，敗也。」王先謙《集疏》引蘇輿說：「懷蓋壞之借字。懷、壞並從襄聲，故字得相通。《左・襄十四年傳》：『王室之不壞。』《釋文》：『壞本作懷。』《荀子・禮論篇》『諸侯不敢壞』，《史記・禮書》作『懷』。」昏姻，即婚姻，男女結成的夫妻關係。昏，同婚。昏，婚，古今字。昏，黃昏，日落時。中原地區上古黃昏時迎娶。故「昏」字又有婚娶之義。《說文》：「昏，日冥也。」《段注》：「鄭《目錄》云：『士娶妻之禮，以昏為期。因以名焉。』」《說文》：「婚，婦家也。《禮》：『娶婦以昏時。』婦人陰也，故曰婚。」昏時娶於女家。故「昏」又指女家。姻，女子所因，所依靠之家。指夫家。《說文》：「姻，壻家也。女之所因，故曰姻。」壻通婿。《爾雅・釋親》：「壻之父為姻，婦之父為婚。……婦之父母、壻之父母相謂為婚姻。」

〔9〕大無信也：太沒有誠信了呀！大，讀為太。大、太本為一字。無信，沒有誠信。

〔10〕不知命也：不知道一個人的婚姻大事應當聽從父母之命呀！命，父母之命。《唐
　　　風・揚之水》：「我聞有命，不敢以告人。」

【詩旨說解】

　　《蝃蝀》是野外婚戀集會上男女對歌的歌詞。

　　第一章，女詞。歌者說：下午東邊天上有一道彩虹，沒有哪個女子敢用
手去指它，但我指它了。我就要遠遠地離開我的父母和兄弟，與我知心相好
的男人私奔成婚了。

　　第二章，女詞。歌者以巧言重申了上一段歌所表達的意思：早晨西邊的
天空也出現了彩虹，立刻就要「下雨」了！我馬上就要遠遠離開我的父母兄
弟，跟我的意中人成婚了。這是任何人也無法阻止的！

　　第三章，男辭。男子聽了女子的「毀約歌」，非常氣惱，回歌開口便責罵
這個女子說：竟有像你這樣的人，原來你要毀壞掉我們之間的婚約呀！你往
日說過的話發過的誓全不算數了，把父母之命也擱置在一邊了。

　　這篇對歌歌詞的前兩章是女子善意地告知一個仍在追求她的男子，讓這
個男子不要再等待她了，她已經有了知心朋友，並且就要成婚了。第三章是
男子的答歌。男子聽了女子的兩段陳述之後，氣憤地責罵她。一對青年男女
用對歌這樣簡單的「手續」，就終止了他們原來定下的婚約。

　　這篇歌詞反映了衛國春秋時期的社會婚姻正在嬗變的情況。

相鼠

相鼠有皮〔1〕，人而無儀〔2〕！
人而無儀，不死何為〔3〕？

相鼠有齒〔4〕，人而無止〔5〕！
人而無止，不死何俟〔6〕？

相鼠有體〔7〕，人而無禮〔8〕！
人而無禮，胡不遄死〔9〕？

【注釋】

〔1〕相鼠有皮：看那老鼠尚且長有一副好皮毛。相，看。參見《邶風・日月》注
　　　〔8〕。《毛傳》：「相，視也。」鼠，老鼠。此指家鼠。家鼠在人的視野裏出現
　　　頻繁，為人所熟悉。一說，「相鼠」是一種身體高大的鼠形動物。馬瑞辰《通

釋》：「陳第《相鼠解義》云：『相鼠，似鼠，頗大。能人立，見人則立舉其前兩足，若拱揖然，故詩以起興。』相鼠，一名禮鼠，韓昌黎《城南聯句》詩所云『禮鼠拱而立』也。又名雀鼠，見《爾雅翼》。又名拱鼠，關尹子所云『師拱鼠制禮』也。」此說蓋由演繹而成。皮，本義為剝取。其名詞為剝下來的皮革。引申為動物的表皮。《說文》：「皮，剝取獸革者謂之皮。」《廣雅·釋詁》：「皮，離也。」《廣雅·釋言》：「皮，剝也。」《重刊詳校篇海·皮部》：「皮，膚肌表也。又，獸革。又，生曰皮，理之曰革，柔之曰韋。」俗語「人要臉，樹要皮」，「樹」蓋是「鼠」字的音轉。

〔2〕人而無儀：作為人卻沒有一副好的形象。無，沒有。《魯詩》作「亡」。儀，本義為儀仗之容。引申為人的儀表、儀容。參見《邶風·柏舟》注〔16〕。《小雅·湛露》：「豈弟君子，莫不令儀。」《小雅·菁菁者莪》：「既見君子，樂且有儀。」《大雅·烝民》：「令儀令色。」

〔3〕不死何為：不趕快去死，還想幹什麼呢？何為，即為何，做什麼。何，《魯詩》作「胡」。胡，通何，與何同義。

〔4〕齒：牙齒。

〔5〕無止：沒有好容止。止，甲骨文字象一隻腳有趾頭之形，本義為腳趾。腳站立不動為止，即停止。讓某一動作行為停下來為制止、阻止、節制之義。人自覺地控制自己的欲望嗜好而使其行為合乎禮的要求，亦稱為「止」。人的倫理行為動作表現，被稱為「容止」「舉止」。止，又專指人的儀表和動作行為。《鄭箋》：「止，容止。《孝經》曰：『容止可觀。』無止，則雖居尊，無禮節也。」無止，即無禮節之義。《韓說》：「止，節。無禮節也。」

〔6〕不死何俟：不趕快去死，還等待什麼呢？何俟，即俟何，還等待什麼呢？俟，通竢，等待。參見《邶風·靜女》注〔2〕。《毛傳》：「俟，待也。」何，什麼。《魯詩》作「胡」。

〔7〕相鼠有體：看那老鼠身軀、四肢尚且完整。體，身體。《毛傳》：「體，支體也。」支，通胑、肢。支、肢、胑皆照母支部字。《說文》：「胑，體四胑也。从肉，只聲。肢，胑或從支。」

〔8〕人而無禮：作為人卻不懂得行禮的路數。無禮，不懂禮儀，或不成禮儀。禮，禮儀。指由禮制所規範的人的一系列儀表和動作行為。此歌謠的「禮」指禮儀活動中的舉止和路數。

〔9〕胡不遄死：何不早點去死！胡，通何。遄死，速死、早死。遄，急、速。《毛
　　傳》：「遄，速也。」《爾雅·釋詁》：「遄、速、迅，疾也。」「人而無禮，胡不
　　遄死」是春秋時的習語。《韓詩外傳》卷九述晏嬰對齊景公說：「天子無禮，則
　　無以守社稷；諸侯無禮，則無以守其國；為人上無禮，則無以使其下；為人下
　　無禮，則無以事其上；大夫無禮，則無以治其家；兄弟無禮，則不同居。人而
　　無禮，不若遄死。」

【詩旨說解】

　　《相鼠》是兒歌歌詞。一群貴族兒童晚上在一起玩「老鼠娶親」的遊戲，
一個男童裝扮成「老鼠」，充當新郎的角色，模仿婚禮儀式中的行禮動作來逗
樂。旁邊有幾個兒童拍手唱《相鼠》這支歌曲，嘲笑這個「新郎」不會行禮。

　　周代的統治者把禮儀作為人類文明進步的重要標誌之一，且重視推廣之。
《禮記·曲禮上》說：「鸚鵡能言，不離飛鳥。猩猩能言，不離禽獸。今人而
無禮，雖能言，不亦禽獸之心乎？」周朝的公學裏設置了「六藝」的課程，其
中就包括禮儀教學。衛國貴族看到《相鼠》這首兒歌有講究禮儀的思想內容，
於是採而充之樂府，用來對貴族兒童進行樂教。

干旄

子子干旄〔1〕，在浚之郊〔2〕。
素絲紕之〔3〕，良馬四之〔4〕。
彼姝者子〔5〕，何以畀之〔6〕。

子子干旟〔7〕，在浚之都〔8〕。
素絲組之〔9〕，良馬五之。
彼姝者子，何以予之〔10〕。

子子干旌〔11〕，在浚之城〔12〕。
素絲祝之〔13〕，良馬六之。
彼姝者子，何以告之。

【注釋】

〔1〕子子干旄：高高的旄旗。子子，通揭揭、桀桀，高高的樣子。子，見母月部；
　　揭，溪母月部；桀，群母月部。見、溪、群旁紐。陳奐《傳疏》：「子子，猶桀
　　桀，特立之意。」《齊風·甫田》：「無田甫田，維莠驕驕。」「無田甫田，維莠

桀桀。」《毛傳》：「桀桀，猶驕驕也。」馬瑞辰《通釋》：「今按，《說文》：『揭，高舉也。』此章『桀桀』即『揭揭』之假借，義亦為高，故傳云『桀桀，猶驕驕也』。」陳奐《傳疏》：「『桀桀』與『驕驕』同意，故云『猶桀桀也』。『桀桀』者，即『揭揭』之假借。」干旄，旌旗的一種，旗竿頭上飾有氂牛的尾毛。干，甲骨文、金文字象一根前頭有杈的木杆子之形，本義為古人狩獵及作戰用的武器。徐中舒《甲骨文字典》：「干應為先民狩獵之工具。」干通竿。干、竿皆見母元部字。竿，本義為竹子截成的長段，竹竿。借指旗竿。三家《詩》作「竿」。《說文》「竿」字《段注》：「凡『干旄』『干旟』『干旌』，皆『竿』之假借。」段玉裁《毛詩故訓傳定本》傳文注：「『干』者，『竿』之假借。」旄，旄旗。《說文》：「旄，幢也。從㫃，從毛，毛亦聲。」《段注》：「以氂牛尾注旗竿，故謂此旗為旄。」幢，通縪。幢、縪皆定母東部字。縪，旗竿頂部的多重纓飾。見《鄭風・清人》注〔3〕。旄旗是游牧民族流傳下來的軍旗樣式。《小雅・出車》：「設此旐矣，建彼旄矣。」《小雅・車攻》：「建旐設旄。」《尚書・周書・牧誓》：「王（周武王）左杖黃鉞，右秉白旄。」此報告詞中的「旄」「旟」「旌」是指示簡選出來的兵士分類站列的標誌。被挑選出來的最優異的兵士列於插有旄旗標識的一組四車之前。他們可能是衛國的「旄車之族」。一說，旄旗是卿大夫率兵的標識。《毛傳》：「孑孑，干旄之貌。注旄於干首，大夫之旃也。」《鄭箋》：「《周禮》：『孤卿建旃，大夫建物。』首皆注旄焉。」鄭說與毛說稍異。旃，同旜，赤色旗，旗全部無他色，旗身不畫物象。《說文》：「旃，旗曲柄也，所以旃表士眾。從㫃，丹聲。《周禮》曰：『通帛為旃。』旜，旃或從亶。」通帛，旗身正幅和旗邊飾皆用一種紅色帛製成。《周禮・春官・司常》：「交龍為旗，通帛為旃。」孫詒讓《正義》：「通帛者，謂縿斿通以一色為之。」一說，通帛即彤帛，無斿，不畫。《周禮・春官・司常》「通帛為旃」鄭玄《注》：「通帛，謂大赤，從周正色，無飾。」物，本義為雜色牛。《小雅・無羊》：「三十維物，而牲則具。」《毛傳》：「異色毛者三十也。」物通勿、旛。物、勿、旛皆明母物部字。旛，雜色旗。物、勿，借字。旛，正字。《說文》：「勿，州里所建旗。象其柄，有三遊。雜帛，幅半異。」《周禮》「大夫建物」之「物」指雜色旗。《釋名・釋兵》：「雜帛為物。以雜色綴其邊為燕尾。將帥所建，象物雜色也。」《周禮・春官・司常》「雜帛為物」孫詒讓《正義》：「雜帛者，縿、斿異色。」一說，物為絳色旗身，白色邊飾。《周禮・春官・司常》「雜帛為物」鄭玄《注》：「雜帛者，以帛素飾其側。」

〔2〕在浚之郊：樹立在浚邑的郊野。浚，衛邑，在衛國楚丘東南。《毛傳》：「浚，衛邑。」郊，城邑之外的地方，郊野。《毛傳》：「郊外曰野。」《國語・齊語・管仲對桓公以霸術》：「軍旅整於郊。」衛國浚邑大夫在郊野遴選將士，整飭軍隊。

〔3〕素絲紕之：旄旗的邊緣是用白絲線連綴的。素絲，白色的絲線。紕，動詞，用絲線合成縷縫飾在旗幟的邊緣上。《爾雅・釋言》：「紕，飾也。」郭璞《注》：「紕，謂緣飾。」《禮記・玉藻》：「縞冠素紕。」鄭玄《注》：「紕，緣邊也。」

〔4〕良馬四之：配有良馬的四輛戰車排列在高高的旄旗之下。良馬，好馬。四之，配於四輛戰車。「四」用如動詞，配於四車。「五之」「六之」亦如之。列於旗下的戰車分為四車一組、五車一組、六車一組，各車皆配有良馬。《毛傳》說「四之」為「御四馬也」，而「五之」「六之」則為轡繩之數。此說違背了統一律，不可取。

〔5〕彼姝者子：那些被挑選出來的才能特殊的貴族男子。彼，那些。姝者子，才能出眾、不同於一般的貴族男子。姝，美。引申為好義。參見《邶風・靜女》注〔1〕。《齊風・東方之日》：「彼姝者子，在我室兮！」此報告詞的「姝」字為才能出眾之義。《禮記・月令》：「選士厲兵，簡練桀俊。」子，男子。衛國浚邑大夫秋天在浚邑的郊外練兵，選賢任能。簡選出來的特別優秀的軍士，都在旄旗下站立著。周代各諸侯國都有挑選前驅兵（虎賁）、車兵和徒兵的不同標準和特定方法。《荀子・議兵》中記載了魏國的選兵方法。荀卿向趙孝成王介紹說：「魏氏之武卒，以度取之。衣三屬之甲，操十二石之弩，負服（箙）矢五十個，置戈其上，冠　帶劍，贏三日之糧，日中而趨百里。」戰國時魏惠王重視「武卒」，齊愍王重視「技擊」之士，秦昭王重視「銳士」。依此推理，春秋時期衛國也應當有一套挑選優異兵士、分門別類編排兵士的方法。

〔6〕何以畀之：可以授給他職務和兵器了。何以，即可以。何，通可。何，匣母歌部；可，溪母歌部。匣、溪旁紐。何、可互訓。《魏風・葛屨》「可以履霜」即「何以履霜」。《石鼓文・汧殹》：「其魚隹可。」隹可，即「維何」。畀，同畀，給予。《毛傳》：「畀，予也。」《爾雅・釋詁》：「畀，予也。」《玉篇・丌部》：「畀，賜也，與也，相付也。」徐中舒《甲骨文字典》：「畀，……與『與』『受』諸字同意。」衛國浚邑的大夫在浚郊列陣練兵，被挑選出來的優異者，要任命他們合適的職務，並授予他們與其職務相應的戰車和武器。一輛戰車一般配有車左一人，執弓箭以射；車右一人，左手執盾以防箭鏃和兵刃，右手執

戈或矛等兵器以刺殺；御者居中。每車另配有甲兵十人，徒兵十五或二十人，各執長短兵器。之，代詞，代指職務與兵器。

〔7〕干旄：一種旗竿頭上置整體革鳥的旗幟。此為古制。旄，以鳥羽飾竿的旗幟。《毛傳》：「鳥隼曰旟。」《爾雅‧釋天》：「錯革鳥曰旟。」錯，即厝，置也。革鳥，整個鳥皮帶有羽毛。一說，「旟」是畫有鳥隼圖案的軍旗。《周禮‧春官‧司常》：「州里建旟。」鄭玄《注》：「自王以下治民者，旗畫成物之象。王畫日月……鳥隼，象其勇捷也。」一說，「干旄」是州里長所立之旗。《鄭箋》：「《周禮》：『州里建旟。』謂州長之屬。」鄭玄說，旟旗是州長聚集將士的標識。州，古代的地方行政建制。《周禮‧地官‧大司徒》：「五黨為州。」鄭玄《注》：「黨五百家，州二千五百家。」簡選出來的比較優異的兵士，列於插有旟旗標識的一組五車之後。

〔8〕在浚之都：在浚邑的郊野。都，諸侯國國君宗親的采邑。《左傳‧莊公二十八年》：「凡邑有宗廟先君之主曰都，無曰邑。」浚地是衛國國君宗親的采邑，故可稱「都」。周代簡選士兵、練兵皆在郊野。「在浚之都」與「在浚之郊」「在浚之城」都是在浚郊的意思。此報告詞的作者為了押韻，分別用了「郊」「都」「城」三字。這是修辭的需要。浚邑大夫此次簡選將士、練兵是在浚邑郊外某一個地點，不是三個地點。

〔9〕組：動詞，編織。指用成紕的絲線編織成花樣縫飾在旗幟的邊緣。《鄭箋》：「以素絲縷縫組於旌旗，以為之飾。」《爾雅‧釋天》：「練旒九，飾以組，維以縷。」郭璞《注》：「用綦組飾旂之邊。」綦組，青黑色絲帶。此報告詞說用素絲飾旗之邊。郭璞卻說用綦組飾旂之邊。時代不同，旗制亦不同。一說，組為轡繩。《毛傳》：「總以素絲而成組也。驂馬五轡。」

〔10〕何以予之：與「何以畀之」句義相同。何以，可以。予，同與，給予。參《邶風‧北門》注〔13〕。《魯詩》予作「與」。

〔11〕干旄：一種竿頭上飾有五色羽毛的旗幟。三家《詩》作「竿旄」。《毛傳》：「析羽為旄。」朱熹《集傳》：「析羽為旄。干旄，蓋析翟羽於旗竿之首也。」《周禮‧春官‧司常》：「析羽為旌。」《釋名‧釋兵》：「旌，精也，有精光也。」旗上的五彩羽毛有光輝，故謂之旌。一般的兵士列於插著旌旗標識的一組六車之後。

〔12〕城，即都。《毛傳》：「城，都城也。」

〔13〕祝：通屬。祝，照母覺部；屬，照母屋部。覺、屋旁轉。屬，從尾，蜀聲，本
　　　義為尾巴、臀部。引申為尾部之義。《楚辭・離騷》：「前望舒使先驅兮，後飛
　　　廉使奔屬。」尾巴與軀體相連，故又引申為連續之義。《鄭箋》：「祝，當作『屬』。
　　　屬，著也。」《說文》：「屬，連也。从尾，蜀聲。」徐灝《注箋》：「屬之言續
　　　也。《繫傳》曰：『屬，相連續。若尾之在體，故從尾。』是也。引申為會合之
　　　義。」《廣雅・釋詁》：「屬，續也。」「紕」「組」「祝」皆為用絲線縫飾旗幟邊
　　　緣之義，屬於巧言說法。此報告詞中「祝」專指用絲線縫飾旗幟的尾部。六車
　　　組所插旗幟或與四車組、五車組所插旗幟的邊飾略有區別。
〔14〕何以告之：可以將保衛國家的重要職責告訴他們了。告，告訴。負責練兵的大
　　　夫在軍士隊列前面宣布新選的將士們各自的職責是什麼。

【詩旨說解】

　　《干旄》是衛國浚邑大夫在浚邑城郊整飭軍隊，向其先祖報告整飭情況
的報告詞。浚邑大夫在浚城之郊簡選將士並為將士授職，在其先祖的木主前
高聲誦此報告詞。

　　這篇誦詞反映了春秋時期衛國一個「沙場秋點兵」的場面。浚邑大夫在浚
邑的郊野選拔才俊，演練軍隊，「干旄」「干旟」「干旌」這類軍旗在空中高高
飄揚，旗幟下面排列著戰車、駿馬和將士。按此報告詞中「良馬四之」「良馬
五之」「良馬六之」的車輛數目來計算，浚邑大夫所籌集的兵力，大約有十五
輛戰車。每輛戰國配備車兵三人、步卒若干。干旄、干旟、干旌這三種旗幟，
是為簡選將士分類站隊所樹立的標誌。經過簡選的不同層次的將士，分別站
立於自己所應該站立的旗幟之下，浚邑大夫授予他們一定的職務和合適的兵
器。這個衛邑大夫積極練兵備戰，把簡選將士的事辦得有聲有色、有條不紊。

　　這篇報告詞反映了衛文公執政後的中興景象。

載馳

載馳載驅〔1〕，歸唁衛侯〔2〕。
驅馬悠悠〔3〕，言至于漕〔4〕。
大夫跋涉〔5〕，我心則憂〔6〕。

既不我嘉〔7〕，不能旋反〔8〕。
視爾不臧〔9〕，我思不遠〔10〕。

既不我嘉，不能旋濟〔11〕。
視爾不臧，我思不閟〔12〕。

陟彼阿丘〔13〕，言采其蝱〔14〕。
女子善懷〔15〕，亦各有行〔16〕。
許人尤之〔17〕，眾穉且狂〔18〕。

我行其野〔19〕，芃芃其麥〔20〕。
控于大邦〔21〕，誰因誰極〔22〕？
大夫君子〔23〕，無我有尤〔24〕。
百爾所思〔25〕，不如我所之〔26〕。

【注釋】

〔1〕載馳載驅：馳驅呀馳驅呀。載，通是，表示某種事情正在連續進行。參見《周南·葛覃》注〔8〕。馳，縱馬而行。《說文》：「馳，大驅也。」馳，通弛，放開。驅，打馬而行。段校《說文》：「驅，驅馬也。从馬，區聲。敺，古文驅从攴。」攴，以手執鞭擊打之義。《說文》：「攴，小擊也。」《孔疏》：「走馬謂之馳，策馬謂之驅。」《唐風·山有樞》：「弗馳弗驅。」朱熹《集傳》：「驅，策也。」策，竹杖。可用以打馬使其快行。《玉篇·馬部》：「驅，逐、遣也。……奔馳也。古作敺。」《廣雅·釋宮》：「驅、馳，犇也。」

〔2〕歸唁衛侯：快回到衛國慰問我的國君哥哥。歸，回娘家。此指回衛國。唁，慰問生者。《說文》：「唁，弔生也。」《小雅·何人斯》：「胡逝我梁，不入唁我？」《春秋·昭公二十五年》：「齊侯唁公于野井。」一說，慰問喪失國家的國君為唁。《毛傳》：「弔失國曰唁。」《韓說》：「弔生曰唁。弔失國亦曰唁也。」弔問失國之君也是弔問生者。衛侯，係指衛戴公。《鄭箋》：「衛侯，戴公也。」此樂歌是許穆夫人所作。許穆夫人在她所創作的樂歌中稱自己的哥哥衛戴公為「衛侯」，是敬辭。《衛風·碩人》稱衛君夫人為「衛侯之妻」，是衛人稱衛君為「衛侯」之證例。《春秋·閔公二年》：「十二月，狄入衛。」《左傳·閔公二年》：「冬十二月，狄人伐衛。……及狄人戰于熒澤，衛師敗績。遂滅衛。衛侯不去其旗，是以甚敗。狄人囚史華龍滑與禮孔，以逐衛人。二人曰：『我，大史也，實掌其祭。不先，國不可得也。』乃先之。至，則告守曰：『不可待也。』夜與國人出。狄入衛，遂從之，又敗諸河。……及敗，宋桓公逆諸河，宵濟。衛之遺民男女七百有三十人，益之以共、滕之民，為五千人。立戴公以廬于曹。

許穆夫人賦《載馳》。齊侯使公子無虧帥車三百乘、甲士三千人以戍曹。歸公
乘馬、祭服五稱、牛羊豕雞狗皆三百，與門材。歸夫人魚軒，重錦三十兩。」
杜預《注》：「曹，衛下邑。戴公名申，立一年卒，而立文公。」《左傳》說，
魯閔公二年（公元前 660 年）冬十二月，狄侵衛，宋桓公在衛軍潰敗時幫助衛
人渡過了黃河，即立衛懿公的堂弟、許穆夫人的親哥哥姬申為衛君，暫時將衛
遺民安置在黃河以東的曹邑。在衛戴公「廬於曹」時，許穆夫人從許國到衛國
的曹邑慰問，作了《載馳》。之後，齊國派兵前來「戍曹」，並且贈給衛戴公一
些馬匹、祭服和用以維持生計的畜禽等，還贈送衛戴公夫人魚軒和一宗上等的
布料。齊人的救助也許是許穆夫人所獻「求齊救衛」之計所產生的效果。公子
姬申（衛戴公）在魯閔公二年十二月（夏曆十月）衛人渡河「廬於曹」時被立
為衛君，即位不足一年就病逝了。魯僖公元年春天許穆夫人趕赴衛國的曹邑慰
問時，衛戴公仍在位，其在位的時間至少也有五個月。《史記・衛康叔世家》
說「戴公申元年卒」，未說其卒於何月。《左傳・閔公二年》「冬十二月」的記
事並不涉及衛文公，其所謂「歸夫人魚軒」，當是贈送衛戴公夫人魚軒。《史記・
宋微子世家》說，宋桓公二十三年（公元前 659 年），宋人「迎衛公子毀於齊，
立之，是為衛文公」，亦未明說姬毀歸國的月日。《左傳・閔公二年》「僖之元
年」「衛文公大布之衣」兩段文字，明顯是《左傳》魯僖公執政之年的文字片
斷混入了魯閔公二年傳。此樂歌中的「衛侯」以鄭玄說為是，指衛戴公。一說，
「衛侯」是指衛文公。酈道元《水經注・濟水注》引杜預云：「衛懿公為狄所
滅。衛文公東徙渡河，野處曹邑，齊桓公城楚丘以遷之。」《左傳・閔公二年》
孔穎達《疏》：「計戴公為君不過十數日耳。」清胡承珙《毛詩後箋》：「范氏《詩
沈》曰：『《春秋・閔公二年》：「狄入衛。」冬十二月，宋桓公隨立戴公以廬於
漕。是年戴公卒，立甫一月耳。文公繼立。夫人之思歸，當在此時矣。』……
『衛侯』似指文公為近。」說「戴公為君不過十數日」或「甫立一月耳」，不
知何據。姬毀是在齊人救衛時隨齊人回到衛國的，此事當在許穆夫人回到曹邑
獻「求齊救衛」計策之後。

〔3〕驅馬悠悠：驅馬駕車奔長路。悠悠，路途遙遠。悠通遙。悠，喻母幽部；遙，
　　喻母宵部。幽、宵旁轉。《毛傳》：「悠悠，遠貌。」

〔4〕言至于漕：一定要趕快到達曹邑。言，語助詞。至于漕，到達漕地。漕，古地
　　名，在衛國東部（故地在今河南省滑縣東）。《毛傳》：「漕，衛東邑。」漕，應
　　作「曹」。《左傳》作「曹」。曹人曾居此，而後遷至陶丘。狄人入侵衛國，曹

邑是衛國的臨時駐紮地。許穆夫人來衛國弔問時，衛戴公及衛國餘部正居住於曹邑。

〔5〕大夫跋涉：許國的大夫們跋山涉水苦苦地追趕我。大夫，指許國大夫。跋涉，徒步越野和涉水。《毛傳》：「草行曰跋，水行曰涉。」許穆夫人北上慰問衛侯，車行甚急。假如許國的大夫們不用車馬，步行於草野，是追趕不上的。此句樂詞說許國大夫為阻止許穆夫人北上衛國而苦苦地追趕她。

〔6〕我心則憂：這讓我的心裏充滿了憂慮和厭煩。我，許穆夫人的自稱。則，即，就。憂，憂慮。或說煩心。許穆夫人對許國大夫們阻止她到衛國慰問的事感到憂慮和憎惡。

〔7〕既不我嘉：你們既然不贊成我的主張。不我嘉，即「不嘉我」。指不贊成我的主張，不認為我的做法是正確的。嘉，好、善、美，引申為贊許之義。《鄭箋》：「嘉，善也。」《爾雅·釋詁》：「嘉，善也。」《說文》：「嘉，美也。」許國的大夫們想讓許國中立自保，於是反對許穆夫人到衛國慰問。

〔8〕不能旋反：我也不能中途返回去。旋反，即還返，返回。旋，通還。旋，邪母元部；還，匣母元部。邪、匣通轉。《小爾雅·廣言》：「旋，還也。」劉淇《助字辨略》卷二「旋」字下：「旋，又與還通。」《小雅·黃鳥》：「言旋言歸。」反，通返（仮），回。反、返皆幫母元部字。《說文》：「返，還也。」《論語·子罕》：「吾自衛反魯。」《戰國策·宋衛策·智伯欲伐衛》：「至境而反。」旋反即還反、還歸。《韓非子·外儲說左上》引《書》曰：「既雕既琢，還歸其樸。」《莊子·山木》作「既雕既琢，復歸于樸」。《淮南子·原道訓》引作「已雕已琢，還反於樸」。《說苑·談叢》引文同。

〔9〕視爾不臧：我看你們定非有良策之輩。視，看。爾，通女、汝、你，你們。指許國的大夫們。《鄭箋》：「爾，女（汝）。女，許人也。」《陳風·東門之枌》：「視爾如荍。」不臧，不良，不善。參見《邶風·雄雉》注〔15〕。《鄭箋》：「臧，善也。視女（汝）不施善道救衛。」《爾雅·釋詁》：「臧，善也。」《說文》同上。許穆夫人認為，許國的大夫們根本沒有什麼良策。

〔10〕我思不遠：我的主張卻是解決問題的快捷方式。我思，我的思慮，我的主張。不遠，很近。指解決問題有快捷方式。許穆夫人說自己的主張才是衛國的最佳選擇。

〔11〕不能旋濟：我不能中途折返，渡過河流回許國。旋濟，義同「旋反」。濟，渡水。朱熹《集傳》：「濟，渡也。」《爾雅·釋言》：「濟，渡也。」《國語·齊語·

桓公帥諸侯而朝天子》：「乘桴濟河。」韋昭《注》：「濟，渡也。」許、衛之間隔著洧水等幾條河流。

〔12〕我思不閟：我的思路很通達。思，思路。不閟，通達。即周全。閟，閉塞。《毛傳》：「閟，閉也。」《說文》：「閟，閉門也。」

〔13〕陟彼阿丘：我要登上一座蜿蜒的山丘。陟，登上。阿丘，曲折蜿蜒的丘嶺陵。《說文》：「阿，大陵也。一曰曲阜也。」《衛風・考槃》：「考槃在阿。」《毛傳》：「曲陵曰阿。」《韓說》：「曲京曰阿。」曲京，即曲丘。一說，「阿丘」是一側偏高的山丘。《毛傳》：「偏高曰阿丘。」《爾雅・釋丘》：「偏高，阿丘。」《釋名・釋丘》：「偏高曰阿丘。阿，何（荷）也。如人儋（擔）何（荷）物，一邊偏高也。」一說，阿丘為丘名。高亨《詩經今注》：「阿丘，丘名。」

〔14〕言採其蝱：採些貝母來治療我內心的傷痛。蝱，本義為牛蝱，吸血飛蟲。蝱通莔。蝱、莔皆明母陽部字。莔，中草藥名，土貝母。《魯詩》作「莔」。《毛傳》：「蝱，貝母也。」《爾雅・釋草》：「莔，貝母。」《說文》：「莔，貝母也。」《段注》：「《詩》：『言採其蝱。』《毛傳》：『蝱，貝母。』《釋草》《說文》作莔。莔，正字。蝱，假借字也。」《淮南子・汜論訓》：「夏日則不勝暑熱蚊蝱。」高誘《注》：「蝱，讀《詩》云『言採其莔』之莔也。」朱熹《集傳》：「蝱，貝母。主療鬱結之疾。」古人把貝母作為解散鬱結的藥品。許穆夫人說，她要登上阿丘去尋找解除心中鬱結的草藥。許穆夫人聽到衛國遭到狄人侵略的消息後，一路急馳奔向衛國。她那種渴望見到親人的焦灼的心情，已經到了非用藥物治療不可的地步。她未必真的到大山丘上採藥。她這樣說，是假借採貝母之事，來說明自己鬱結的情緒難以排解。這是表達對衛國極度關心的一種說辭。

〔15〕女子善懷：嫁出去的女人容易想念家鄉。女子，女人。此指嫁往別國的女子。善懷，愛懷念。善，本義為吉祥、好。《說文》：「善，吉也。從誩、羊。此與義、美同意。」善通擅。善、擅皆禪母元部字。《韓非子・詭使》：「所以善剗下也。」王先慎《韓非子集解》：「《拾補》『善剗』作『擅制』。」擅，專擅。《說文》：「擅，專也。」《段注》：「專也，專當作『嫥』。嫥者，一也。」《衛風・淇奧》：「善戲謔兮。」《孟子・告子上》：「弈秋，通國之善弈者也。」懷，思念。《鄭箋》：「懷，思也。」

〔16〕亦各有行：也各有自己解決問題的辦法和途徑。行，道路、途徑。引申為辦法。《毛傳》：「行，道也。」《鄭箋》：「女子之多思者有道，猶升丘採莔也。」許穆夫人說，她要用採莔服藥的辦法來解決「善懷」的問題。

〔17〕許人尤之：許國的大夫們對我拯救衛國的做法表示不滿。許人，許國的大夫
們。《鄭箋》：「許人，許大夫也。」許，西周初所封姜姓國。許國故城址在今
河南省許昌市東偏南約四十里處。尤，「疣」之本字，贅疣之義。典籍多作「尤」。
尤，通訧，怪罪。尤、訧皆匣母之部字。《毛傳》：「尤，過也。」《韓說》：「尤，
非也。」《說文》：「訧，罪也。从言，尤聲。《周書》曰：『報以庶訧。』」《小
爾雅·廣言》：「尤，怪也。」《廣雅·釋詁》：「訧，辜（罪）也。」「訧，惡也。」
王念孫《疏證》：「訧，通作尤。」《玉篇·言部》：「訧，過也。」《廣韻·尤韻》：
「尤，過也，甚也，怨也，多也。」《左傳·僖公二十四年》：「尤而傚之，罪
又甚焉。」《論語·憲問》：「不怨天，不尤人。」《禮記·中庸》：「上不怨天，
下不尤人。」《邶風·綠衣》：「俾無訧兮。」《毛傳》：「訧，過也。」《釋文》：
「訧，本或作尤。」之，代詞，代指許穆夫人拯救衛國的做法。

〔18〕眾穉且狂：他們的意見非常幼稚而且態度十分狂傲。眾，通終。眾、終皆照母
冬部字。王引之《經義述聞·毛詩上》「眾穉且狂」條下：「眾，當讀為終。終，
猶既也。」終，既。「終……且……」即「既……又……」，是《詩經》中的慣
用句式。《邶風·燕燕》：「終溫且惠。」《邶風·終風》：「終風且暴。」《邶風·
北門》：「終窶且貧。」《小雅·伐木》：「終和且平。」《小雅·甫田》：「終善且
有。」一說，「眾」指許國大夫們。《毛傳》：「是乃眾幼穉且狂進，取一概之義。」
袁梅《詩經譯注》：「眾，眾人（指許國的眾位大夫之流）。」穉，又作「稺」
「稚」，本義幼禾。引申為人幼稚、不成熟之義。《說文》：「稺，幼禾也。」《孟
子·滕文公上》：「使老稚轉乎溝壑。」稚通季。稚，定母脂部；季，見母質部。
定、見通轉，脂、質對轉。《說文》：「季，少稱也。从子，从稚省，稚亦聲。」
狂，本義為瘋狗病。借指人態度狂傲。參見《鄭風·褰裳》注〔5〕、《鄭風·
山有扶蘇》注〔4〕。《大雅·桑柔》：「維此聖人，瞻言百里，維彼愚人，復狂
以喜。」許穆夫人認為，許國大夫的意見都很幼稚且態度蠻橫。

〔19〕我行其野：我從許國來到曹邑的野外。其，代詞，代指衛國曹地。野，曹邑之
野。

〔20〕芃芃其麥：看到遍野都是長勢旺盛的麥子。芃芃，茂盛的樣子。《毛傳》：「麥
芃芃然方盛長。」芃，本義為草茂密。借指植物茂盛。《說文》：「芃，草盛也。
从艸，凡聲。《詩》曰：『芃芃黍苗。』」麥，象形字，小麥本字，又作「秣」。
《說文》：「麥，芒穀。秋種厚埋，故謂之麥。」「秣，齊謂麥來也。从禾，來
聲。」《段注》：「來之本義訓麥，然則加禾旁作『秣』，俗字而已，蓋齊字也。」

《周頌·思文》：「貽我來牟。」《周頌·臣工》：「於皇來牟。」牟，大麥。牟，為「麰」字之省。《說文》：「麰，來麰，麥也。从麥，牟聲。」來通麥。來，來母之部；麥，明母職部。來、明鄰紐，之、職對轉。麥從夊，夊為行走之義。蓋「麥」字本即來去之「來」字，「來」本「麥」字。來、麥詞義因通借各失本義。唐玄度《九經字樣·夊部》：「麥，音脈，芒穀也。來麰之麥，自天而來，故從來。其下從夊，行來之貌也。」「自天而來」是強作解釋。考古研究認為，中國的小麥源於西亞，中國在公元前五千年左右的龍山文化時期已開始種植小麥。夏代有一定量的種植，周代已廣泛種植小麥。《夏小正》：「九月：樹麥。」《禮記·月令》：「仲秋之月……乃勸種麥。」《王風·丘中有麻》：「丘中有麥。」《魏風·碩鼠》：「碩鼠碩鼠，無食我麥。」《豳風·七月》：「禾麻菽麥。」《大雅·生民》：「麻麥幪幪。」《魯頌·閟宮》：「黍稷重穋，稙稚菽麥。」《管子·地員》：「黑埴，宜稻麥。」春秋時期黍、稷、菽、麥皆有早種和晚種的品種。《左傳·隱公三年》：「四月，鄭祭足帥師取溫之麥。」楊伯俊《注》：「四月，夏正之四月，麥已熟，故鄭人帥師割取之。趙翼《陔餘叢考》卷二所謂『是鄭用夏正也』。」《左傳·成公十年》：「六月丙午，晉侯欲麥，使甸人獻麥。」楊伯俊《注》：「晉侯欲麥，即嘗新。」六月，周曆六月，夏曆四月。《管子·輕重己》：「以春日至始，數九十二日，謂之夏至，而麥熟。」許穆夫人在春天麥熟前到達衛國。《鄭箋》：「麥芃芃者，言未收刈。」此時衛國黃河以西的土地已被狄人所佔領，但見黃河以東的麥子長勢良好。在許穆夫人看來，衛國是一個有良田沃野值得拯救的國家。

〔21〕控于大邦：控馬而告於大國。控于，即控告於。控，控馬，勒緊韁繩使車馬停住。控馬而告，即急停車而告，亦即急告。《左傳·襄公八年》：「（鄭）乃及楚平。使王子伯駢告于晉，曰：……敝邑之眾，夫婦男女，不遑啟處，以相救也。罃焉傾覆，無所控告。」控通鞚。控、鞚皆溪母東部字。鞚，馬勒，帶有嚼子的馬籠頭。《玉篇·革部》：「鞚，馬勒也。」《集韻·送韻》同上。《文選》鮑照《擬古詩》：「飛鞚越平陸。」李善《注》引《埤蒼》：「鞚，馬勒鞚。」一說，控即赴。《韓說》：「控，赴也。」《韓說》：「控，赴也。」《列女傳·仁智傳·許穆夫人》：「如使邊境有寇戎之事，維是四方之故，赴告大國。」大邦，大國。春秋時稱諸侯國為「邦」。許穆夫人建議衛國立即到大國去求援。

〔22〕誰因誰極：即「極誰因誰」，誰是赴告人，誰又是大國中可藉以成事的對象？誰因，即因誰，把誰作為進見大國國君的中介人。因，由。通過、憑藉之義。

《左傳‧僖公十七年》：「雍巫有寵於衛共姬，因寺人貂以薦羞於公。」《孟子‧公孫丑下》：「時子因陳子而以告孟子。」《史記‧廉頗藺相如列傳》：「廉頗聞之，肉袒負荊，因賓客至藺相如門謝罪。」誰極，即派誰去。極，通及，至、到。此指派人到大國赴告求援。《毛傳》：「極，至也。」許穆夫人之所以急切地回到衛國弔問，是因為她要向其兄衛戴公獻上一道「求齊救衛」的計策。她已經思考了派誰赴告大國、在大國中找誰作為中介人引赴告者見國君的問題，並向衛人提出了自己的建議。

〔23〕大夫君子：指許國的大夫和貴族成員。

〔24〕無我有尤：即「無有尤我」，不要再反對我的主張了。無，通毋，不要。有，又、再。尤，通訧，怪罪。即反對。

〔25〕百爾所思：即「爾所百思」，你們的千思百慮。爾，你們。指許大夫。《鄭箋》：「爾，女（汝）。女，眾大夫君子也。」百，指很多。許國的大夫們為了阻止許穆夫人到衛國去慰問，大概也曾提出過許多折衷的方案，故說「百爾所思」。程俊英《詩經譯注》：「百爾所思，即爾百所思，指主意眾多。」一說，「百」指眾許大夫。《孔疏》：「汝百眾大夫君子縱有所思念於衛，不如我所思之篤厚也。」

〔26〕不如我所之：比不上我親自到衛國走了這一趟。不如，不若，比不上。「不如」是周代常語。《唐風‧杕杜》：「不如我同父。」《無衣》：「豈曰無衣七兮？不如子之衣，安且吉兮！」《小雅‧棠棣》：「雖有兄弟，不如友生。」《小雅‧苕之華》：「知我如此，不如無生。」《孟子‧公孫丑下》：「天時不如地利。」之，往，到。指前往衛國。

【詩旨說解】

　　《載馳》是許穆夫人慰問衛國時所唱的樂歌歌詞。衛懿公時，衛國遭受了狄人的入侵，衛人被迫放棄朝歌城，東渡黃河，暫居於河東的曹邑。在衛國國難當頭之時，許穆夫人聞訊從許國乘車急馳慰問母國，衛國人為她舉行了歡迎宴會。為了表達對祖國的一腔熱愛之情，許穆夫人親自創作了《載馳》這首樂歌，在衛國歡迎她的宴會上演唱。這首樂歌表現了許穆夫人激情洋溢的愛國情懷。

　　許穆夫人是衛戴公的小妹妹，她嫁給了許穆公，故典籍稱其為「許穆夫人」。她約生於衛惠公十年（公元前 690 年）左右。衛宣公姬晉死後，宣公與宣姜所生的少子姬朔即位，是為惠公。衛惠公即位時年齡還很小，齊國為保

住宣姜的地位，就逼迫衛宣公之子衛昭伯姬頑跟他的寡後母衛宣姜結為夫妻。昭伯頑和宣姜婚後生下了齊子、戴公、文公、宋桓夫人、許穆夫人五個子女。衛戴公、衛文公是許穆夫人的兩個哥哥，齊子和宋桓夫人是她的兩個姐姐，衛惠公是許穆夫人的叔父，惠公之子衛懿公是許穆夫人的堂兄。

　　衛懿公「好鶴」，淫樂奢侈，國政荒疏腐敗。狄人看到衛國是一個可以攻取的對象，於是便大膽地對它進犯。衛懿公率領衛軍抵抗，慘敗於滎澤一役。衛懿公被狄人殺死，衛都朝歌城也被狄人佔領了，國人分散。宋桓公聞訊馳援衛國，掩護殘存的衛國貴族倉促渡過了黃河，暫住在衛國東部的曹邑，立衛戴公。許穆夫人在許國知道了衛國遭受狄人侵略的消息之後，迅速擬訂了一個拯救衛國的計劃。她決定急速赴曹邑慰問。許國的大夫們為避免戰禍，欲使許國保持中立，當他們發覺許穆夫人北上之後，便一路追趕過去，企圖阻攔許穆夫人北上。許穆夫人對此義憤填膺。她到達衛國後，作了《載馳》這篇樂歌，在衛國歡迎她的宴會上演唱它，並趁機向衛戴公陳述其拯救衛國的計策。此時，許穆夫人大約三十歲左右。

　　許穆夫人遠見卓識，是中國歷史上一位超凡的女性。在衛國遭受強敵入侵、行將滅國的危難時刻，她火速馳曹慰問，並建議其兄衛戴公急速向衛國的姻親國齊國求援。這一行動充分展示了她的膽略、智慧和風采。果然，衛國很快就得到了齊桓公的支持。齊桓公令公子無虧帥車三百乘、甲士三千人戍曹，衛國殘部才在黃河以東衛國的半壁國土上立住了腳。衛戴公執政不足一年就死去了。宋國貴族從齊國迎衛公子姬辟疆回到了衛國，被立為新君，是為衛文公。兩年後，在齊桓公的幫助下，衛國在楚丘建立了新都。

衛　風

　　衞，西周初封國。周武王克商，封其弟姬封於殷都朝歌之東。周武王病逝，周公旦攝政當國。周公平息了紂子武庚的叛亂，將紂都朝歌城一帶及「殷民七族」封賜給了康叔姬封。姬封建立了衛國，定都於朝歌城，其長子伯懋父遷居於衛，代父行政。沬、妹、郼、衞、衣、殷皆是古地名，這些字音義相通。衞，郼的借字。衞，匣母月部；郼，影母微部。匣、影鄰紐，月、微旁對轉。殷、衣、郼通假。殷，影母文部；衣、郼，影母微部。微、文對轉。殷、沬、妹通假。沬、妹，明母物部。影、明通轉，文、物對轉。郼，殷朝方國名。殷即沬、郼，武丁、紂居之，後人稱其朝代為「殷」。沬邑之西有朝歌山（古時的一處婚戀場所），紂喜淫樂，改沬邑名為「朝歌」，並於都城外另設沬邑。《尚書‧周書‧酒誥》：「明大命于妹邦。」妹邦，即郼地。《括地志》「衛州汲縣」下：「紂都朝歌在衛州東北七十三里，朝歌故城是也。本妹邑，殷王武丁始都之。」《廣韻‧微韻》：「郼，殷國名也。」《呂氏春秋‧慎大覽‧慎大》：「親郼如夏。」高誘曰：「郼讀如衣，今兗州人謂殷氏皆曰衣。言桀民親殷如夏氏也。」《尚書‧周書‧康誥》：「殪戎殷」，《禮記‧中庸》作「壹戎衣」。《呂氏春秋‧審分覽‧慎勢》：「湯其無郼，武其無岐，賢雖十全，不能成功。」高誘《注》：「郼、岐，湯、武之本國。」湯的發祥地在北亳（今山東曹縣南湯陵附近），不在郼。西周初，周人為了表示與殷朝切割，凡著於文字皆稱封在郼地的康侯之國為「衞」，而不稱為「郼」。

　　衛國佔有殷故土，處於中原腹地，交通便利。自衛康伯至衞武公，衛國列侯為周王朝征戰平亂和參政議政，勵精圖治。衞武公之後，衛國的國力日

衰，內亂不息。到衛懿公時，衛國的國政腐敗不堪。衛懿公九年（公元前 660 年），衛都被狄人所攻佔，衛懿公被狄人殺死，其殘部在宋國軍隊的接應掩護下東渡黃河，暫居於河東曹地。衛文公二年（公元前 658 年），齊桓公幫助衛國營建楚丘城（其地在今河南省滑縣東），建立新都，衛國復興。衛成文公六年（公元前 629 年），衛人遷都帝丘（今河南省濮陽市南），衛國又逐漸興盛起來。衛元君二十一年（公元前 232 年），秦遷衛於野王（今河南省沁陽）。秦二世元年（公元前 209 年），秦廢衛君角，滅衛，衛絕祀。

　　衛國是一個比較重視音樂和歌舞的國度。衛國的貴族喜歡新樂。師涓是衛靈公時的大樂師，他善於創作流行樂曲。東晉王嘉《拾遺記‧周靈王》：「師涓出於衛靈公之世，能寫列代之樂，善造新曲以代古聲，故有四時之樂，……奏於靈公。衛靈公情湎心惑，忘於政事。」此說蓋有所據。

　　《衛風》共十篇詩文，其內容皆與婚戀有關。

淇奧

　　　瞻彼淇奧〔1〕，綠竹猗猗〔2〕。
　　　有匪君子〔3〕，如切如磋〔4〕，如琢如磨〔5〕。
　　　瑟兮僩兮〔6〕，赫兮咺兮〔7〕。
　　　有匪君子，終不可諼兮〔8〕！

　　　瞻彼淇奧，綠竹青青〔9〕。
　　　有匪君子，充耳琇瑩〔10〕，會弁如星〔11〕。
　　　瑟兮僩兮，赫兮咺兮。
　　　有匪君子，終不可諼兮！

　　　瞻彼淇奧，綠竹如簀〔12〕。
　　　有匪君子，如金如錫〔13〕，如圭如璧〔14〕。
　　　寬兮綽兮〔15〕，猗重較兮〔16〕。
　　　善戲謔兮〔17〕，不為虐兮〔18〕！

【注釋】

〔1〕瞻彼淇奧：看那淇水的轉彎處。瞻，看。彼，那邊。淇奧，淇水彎曲處。淇，河流名，發源於山西省陵川縣棋子山。奧，通澳、隩，深而曲的崖岸角落。奧、澳、隩皆影母覺部字。《齊詩》作「澳」，又作「隩」；《魯詩》作「隩」。

《毛傳》：「奧，隈也。」《爾雅・釋丘》：「厓內為隩，外為隈。」段校《說
文》：「隩，水隈崖也。从阜，奧聲。」「澳，隈厓也。其內曰澳，其外曰鞠。」
《禮記・大學》引《詩》：「瞻彼淇澳。」《禮記釋文》：「淇澳，本亦作奧；本
又作隩。」

〔2〕綠竹猗猗：菉草和萹蓄長得多麼美。綠、竹，兩種草名。綠，本義為布帛的
青黃之色。《說文》：「綠，帛青黃色也。」綠通菉。綠、菉皆來母屋部字。菉，
一種草，一名「王芻」，一名「藎」，一名「鴟腳莎」，生長於山坡或溼地，古
時用它的汁製作黃色的顏料。《魯詩》作「菉」。《毛傳》：「綠，王芻也。」《爾
雅・釋草》：「菉，王芻。」《說文》：「菉，王芻也。从艸，彔聲。《詩》曰：
『菉竹猗猗。』」《禮記・大學》引《詩》：「菉竹猗猗。」朱駿聲《說文通訓
定聲・需部》：「綠，假借為菉。」《小雅・采綠》：「終朝采綠。」《鄭箋》：「綠，
王芻也，易得之菜（草）也。」竹，本義為竹子。竹通藩。竹，端母覺部；
藩，定母沃部。端、定旁紐，覺、沃旁轉。藩，一種草。《韓詩》作「藩」。
《毛傳》：「竹，萹竹也。」《文選》張衡《西京賦》李善《注》引《韓詩》：
「綠　如簀。」《說文》：「藩，水萹茿。从艸从水，毒聲。讀若督。」《爾雅・
釋草》：「竹，萹蓄。」郭璞《注》：「似小藜，赤莖節，好生道旁，可食，又
殺蟲。」邢昺《疏》引陶弘景《本草》注：「處處有，布地而生，節間白，華
葉細綠，人謂之『萹竹』。煮汁與小兒飲，療蛔蟲。」一說，「綠竹」是一種
草名。陸璣《毛詩草木疏》：「有草似竹，高五六尺，淇水側人謂之『綠竹』
也。」一說，「綠竹」即綠色的竹子。朱熹《集傳》、聞一多《詩經通義・乙》、
高亨《詩經今注》皆釋「綠竹」為綠色的竹子。以下文「綠竹青青」證之，
其說誤。若「綠竹」為綠色的竹子，則「綠竹青青」不合語法。猗猗，即旖
旎、旖旎，曲美嫩柔好看的樣子。猗，本義為閹割過的犬。《說文》：「猗，犗
犬也。从犬，奇聲。」猗通旖。猗、旖皆影母歌部字。旖，旗幟隨風飄動，
柔美好看的樣子。引申為曲折、曲美之義。《說文》：「旖，旗旖施也。从㫃，
奇聲。」《檜風・隰有萇楚》：「隰有萇楚，猗儺其枝。」《豳風・七月》：「猗
彼女桑。」「猗猗」形容淇水旁菉草和水萹茿在春風中柔美好看的樣子。《毛
傳》：「猗猗，美盛貌。」毛釋義雖不確，亦可。

〔3〕有匪君子：即「彼有君子」，那邊的君子呀。有匪，「匪有」的倒裝。匪，通彼，
那邊。指淇河的曲隩處。匪，幫母微部；彼，幫母歌部。微、歌旁轉。在淇水
旁求偶的女子唱情歌給對岸的貴族男子聽，故說「匪」。君子，貴族男子。此

指前往淇水邊參加民間婚戀活動的某貴族男子。一說，「匪」是「斐」的借字。《魯詩》《齊詩》作「斐」。《毛傳》：「匪，文章貌。」段玉裁《毛詩故訓傳定本》傳文注：「謂『匪』即『斐』之假借。」《釋文》：「匪，本又作斐。」《禮記‧大學》引《詩》：「有斐君子。」

〔4〕如切如磋：像經過了切磋的骨器一樣美。如，似、像。切、磋本是治骨器的工藝程序。《毛傳》：「治骨曰切，象曰磋，玉曰琢，石曰磨。」《爾雅‧釋器》：「金謂之鏤，木謂之刻，骨謂之切，象謂之磋，玉謂之琢，石謂之磨。」磋，三家《詩》作「瑳」。瑳通磋，瑳、磋皆清母歌部字。此句歌詞的「切」「磋」為名詞，指切、磋好了的骨、象牙飾品。其實，這是借貴族男子身上精美的骨、象牙飾品，讚美貴族男子的儀表精緻溫雅。

〔5〕如琢如磨：又像經過了厝摩的玉器一樣美。琢，用剛硬工具鏨鑿玉塊，使其成器形。這是治玉的一種方法。《爾雅‧釋器》：「雕謂之琢。」《說文》：「琢，治玉也。」《段注》：「按，琢珥字謂鏨鑿之事。理字謂分析之事。《考工記》記刮磨五工。《玉人》記玉之用。栩人、雕人，闕。栩人蓋理之，如栩之疏髮。雕人蓋琢之，如鳥之啄物。」琢，《韓詩》作「錯」。錯，鍍金或用金屬塗飾、鑲嵌。《說文》：「錯，金涂也。」《段注》：「涂，俗作『塗』，又或作『搽』。謂以金措其上也。」「錯」字本非治玉之義。錯通厝。錯、厝皆清母鐸部字。《說文》：「厝，厲石也。從厂，昔聲。《詩》曰：『佗山之石，可以為厝。』」厝，今本《毛詩》作「錯」。《小雅‧鶴鳴》：「它山之石，可以為錯。」厝，本義為金剛石之類的用以治玉的石頭，其動詞為搓摩之義。磨，本義為磨治石器。《爾雅‧釋器》：「玉謂之琢，石謂之磨。」磨通摩。磨、摩皆明母歌部字。摩，研摩，治玉、石的一種方法。《釋文》：「磨，本又作摩。」《說文》：「摩，研也。」《段注》：「凡《毛詩》《爾雅》『如琢如摩』、《周禮》『刮摩』字多從手。俗從石作『磨』，不可通。」琢（厝）、摩皆是治玉器的工序。取《韓詩》義，此句歌詞的「琢（厝）」「磨」，指經琢（厝）、摩而成的玉器。玉器是貴族的飾品。古有「君子比德於玉」的說法。《秦風‧小戎》：「言念君子，溫其如玉。」《魏風‧汾沮洳》：「彼其之子，美如玉。美如玉，殊異乎公族。」此情歌以精美的骨、玉飾品，比喻「君子」溫雅的性格和溫潤的儀表。

〔6〕瑟兮僩兮：你佩帶的玉飾鮮豔光潔呀。瑟，本義為一種絃樂器。瑟通璱。瑟、璱皆山母質部字。璱，玉鮮豔光潔的樣子。參見《邶風‧旄丘》注〔12〕。僩，本義為壯勇威武的樣子。《說文》：「僩，武貌。」僩通爛。僩，匣母元部；爛，

來母元部。匣、來通轉。聞一多《詩經通義・乙》：「瑟與瑟同。玉英華相帶也。玉英華即玉之光彩。僩讀為爛。《說文》『爛』，重文作燗。今字作爛。《楚辭・雲中君》注：『爛，光也。』《後漢書・延篤傳》：『煥爛兮其溢目也。』《注》：『煥爛，文章貌。』」爛，又作「爛」「燗」。《鄭風・女曰雞鳴》：「明星有爛。」此句歌詞是求偶的女子誇讚「君子」腰間所佩帶的玉飾有光彩。

〔7〕赫兮咺兮：你是多麼有氣派呀。赫，從二赤，本義為大紅色。引申為顯耀、顯赫、顯盛之義。段校《說文》：「赫，大赤貌。從二赤。」《大雅・生民》：「以赫厥靈。」《小雅・正月》：「赫赫周宗。」《商頌・殷武》：「赫赫厥聲。」咺，通顯、烜、宣、喧、愃，顯赫之義。咺、顯、烜、喧，曉母元部；愃、宣，心母元部。曉、心通轉。《毛傳》：「咺，威儀容止宣著也。」《韓說》：「宣，顯也。」宣著，即顯著。咺，《齊詩》作「喧」，《魯詩》作「烜」，《韓詩》作「宣」「愃」。一說，咺通愃，心寬體胖的樣子。段校《說文》：「愃，寬閒心腹貌，從心，宣聲。《詩》曰：『赫兮愃兮。』」如釋「赫」為面色紅潤、「咺」為心寬體胖，亦通。這句歌詞是說「君子」有氣派。

〔8〕終不可諼兮：讓我永遠不能忘記你呀！終，始終。不可，不能。諼，本義欺詐。《說文》：「諼，詐也。」諼通萱。諼、萱皆曉母元部字。萱，萱草，俗名「忘憂草」。由忘憂草引申出忘記之義。《毛傳》：「諼，忘也。」《爾雅》：「諼，忘也。」《衛風・伯兮》：「焉得諼草？」萱通愃、愃、諠。愃，曉母元部。《玉篇・心部》：「愃，忘也。」諠亦通愃。諠，曉母元部。馮登府《三家詩異文疏證補遺・韓詩・考槃》：「『永矢不愃。』毛作『弗諼』，漢潁川《薛君碑》董斯張引。」《禮記・大學》引《詩》作「終不可諠兮」。《集韻・元部》以「諼」「諠」為異體字。萱又作「薆」「蕙」。參見《衛風・伯兮》注〔13〕。

〔9〕綠竹青青：菉草和水萹蓄一片青綠。青青，顏色青綠的樣子。《鄭風・子衿》：「青青子衿。」「青青子佩。」《齊風・著》：「充耳以青乎爾。」《小雅・苕之華》：「苕之華，其葉青青。」《楚辭・九章・橘頌》：「青黃雜糅。」一說，青青，讀為「菁菁」，茂盛的樣子。《毛傳》：「青青，茂盛貌。」《釋文》：「青，本或作菁。」《後漢書・五行志》：「青青者，暴盛之貌也。」朱熹《集傳》：「青青，堅剛茂盛之貌。」《詩經》中的「青青」是形容色彩的詞，凡將「青青」釋為茂盛，皆誤。參見〈唐風・有杕之杜〉注〔10〕。

〔10〕充耳琇瑩：你的耳朵兩邊懸垂著晶瑩的琇石。充耳，懸垂於冠冕兩邊至耳旁的飾物。《毛傳》：「充耳謂之瑱。」琇瑩，美石。《毛傳》：「琇瑩，美石也。」琇，

美石。《說文》:「琇,石之似玉者。天子玉瑱,諸侯以石。」《小雅・都人士》:「充耳琇實。」參見《邶風・旄丘》注〔14〕。瑩,石如玉,有光彩。《齊風・著》:「尚之以瓊瑩乎而。」

〔11〕會弁如星:你的皮帽子上綴著的玉石,就像天上的星星一般美麗。會弁,貴族男子所戴的一種合縫上綴有飾物的鹿皮帽子。會,通璯,帽縫上的玉飾。會、璯皆匣母月部字。《鄭箋》:「會,謂弁之縫中飾之以玉,皪皪而處,狀似星也。」《釋文》:「『會弁』,本又作璯。」《集韻・太韻》:「璯,玉飾冠縫。」一說,「會」為括髮器。《毛傳》:「所以會髮。」《說文》:「膾,骨擿之可會髮者。从骨,會聲。《詩》曰:『膾弁如星。』」《韓詩》作「膾」。王先謙《集疏》:「《傳》『所』上脫『會』字。毛讀『會』為『膾』也。」膾是括髮器。以會通膾,與下文「如星」不合。此說誤。弁,鹿皮帽,貴族男性成員所戴。《毛傳》:「弁,皮弁。」《周禮・夏官・序官》「弁師」下鄭玄《注》:「弁者,古冠之大稱。」《廣韻・線韻》:「弁,周冠名。」《齊風・甫田》:「婉兮孌兮,總角丱兮。未幾見兮,突而弁兮。」如星,像星星一樣閃閃發光。如,通而。參見《邶風・柏舟》注〔4〕。星,指象星星一樣閃光的飾物。皮弁上有玉飾,觀之如星羅列其上。《左傳・僖公二十八年》:「楚子玉自為瓊弁玉纓。」杜預《注》:「弁以鹿子皮為之。瓊,玉之別名,次之以飾弁及纓。《詩》云:『會弁如星。』」《周禮・夏官・弁師》:「王之皮弁,會五彩玉璂,象邸,玉笄。」鄭玄《注》:「皮弁之縫中,每貫結五采玉十二以為飾,謂之綦。《詩》云『會弁如星』,又曰『其弁伊綦』是也。邸,下柢也,以象骨為之。」「君子」的鹿皮帽以彩玉為飾,彩玉在帽子上閃閃若星。此句是說貴族男子的帽子異常好看。

〔12〕綠竹如簣:河邊的菉草和萹蓄稠密地積聚在一起。簣,積義。禾為積,竹為簣。《毛傳》:「簣,積也。」段玉裁《毛詩故訓傳定本》傳文注:「此謂假借。」《韓說》:「簣,積也。綠蓐盛如積也。」陳奐《傳疏》:「張衡《西京賦》:『芳草如積。』《文選》注引《韓詩》『綠蓐如簣。』簣,積也。」

〔13〕如金如錫:你有像銅和錫那樣的優良質量。金,金屬。上古漢文獻中「金」多指青銅、黃銅。上古銅、錫製品都很貴重。《毛傳》:「金、錫煉而精。」這句歌詞以銅、錫作比喻,讚美貴族男子的品質高貴。

〔14〕如圭如璧:你又有像圭和璧那樣溫潤高雅的儀表。圭、璧與銅和錫一樣珍貴,但比銅、錫的外表多了一些溫潤的色調。《毛傳》:「圭、璧性有質。」這句歌

詞誇讚貴族男子外表溫雅，有才德，與《大雅・棫樸》「追琢其章，金玉其相」的說法一致。

〔15〕寬兮綽兮：你有一副寬厚仁和的模樣。寬，寬容。在周朝，「寬」是一種道德心性，即為人寬容、寬厚。《毛傳》：「寬能容眾。」《尚書・虞書・堯典》：「（帝曰：）敬敷五教，在寬。」《尚書・商書・仲虺之誥》：「克寬克仁，彰信兆民。」孔、荀也將「寬」列為「五德」之一。《論語・陽貨》：「子張問仁於孔子。孔子曰：『能行五者於天下，為仁矣。』請問之。曰：『恭、寬、信、敏、惠。恭則不侮，寬則得眾，信則人任焉，敏則有功，惠則足以使人。』」《荀子・致士》：「寬裕而多容。」綽，寬緩。指性情寬裕舒緩。《毛傳》：「綽，緩也。」《說文》：「繛，緩也。」繛，同綽。緩，同緩。人性舒緩不急躁，亦為寬德。《小雅・角弓》：「綽綽有裕。」《毛傳》：「綽綽，寬也。」《孟子・公孫丑下》：「豈不綽綽然有餘裕哉？」《楚辭・大招》：「滂心綽態，姣麗施只！」

〔16〕猗重較兮：你依靠著大車的重較呀。猗，通倚。猗、倚皆影母歌部字。三家《詩》作「倚」，《阜詩》作「依」。《說文》：「倚，依也。」《釋文》：「猗，倚也。」重較，即金較，車較象兩角上曲，有金飾。重，輕重之重。《釋文》：「重，直恭反。」因車較上有金屬飾物，故名之為「重較」。又因車較有點像人的耳朵形，又名「重耳」「䡺」。較，古代的乘輿車箱兩側上邊的橫木，高於軾，供人手牽或倚靠。較通角。較，見母沃部；角，見母屋部。沃、屋旁轉。戴侗《六書故・工事三》：「較，借為較競之較，與角同。」毛晃、毛居正《增修互注禮部韻略・去聲・效韻》：「較，角也。」車較兩端如角，故謂之「較」。《後漢書・輿服志》：「金簿繆龍，為輿輢較。文虎伏軾，龍首銜軛。」《說文》：「䡺，乘輿金耳也。」《段注》：「金耳者，金飾車耳也。《西京賦》：『戴翠帽，倚金較。』薛《注》：『金較，黃金以飾較也。』崔豹《古今注》曰：『車耳，重較也。』《史記・禮書》『彌龍』，徐廣曰：『乘輿車「金薄繆龍」為輿倚較。繆者，交錯之形。』車耳刻交錯之龍，飾以金，惟乘輿為然。與文虎伏軾、龍首衡（銜）軛畫為三事。《史記》之『彌』即許之『䡺』。『䡺』者本字，『彌』者同音假借字。淺人不得其解，乃妄改而不可通矣。」重較之車為上層貴族成員所用。故《毛傳》說：「重較，卿士之車。」20 世紀 30 年代考古發掘河南浚縣辛村西周衛國貴族墓地，墓地的車馬坑中出土了金較。1978 年，江蘇省淮陰市高莊戰國墓出土了一套金簿繆龍形金較。一說，「重」為重疊之重。西晉崔豹《古今注・輿服》：「重耳，古重較也。文官青耳，武官赤耳。或曰重較在軍車藩上，

重起如牛角，故云『重較』耳。」《康熙字典》「較」字下引《古今注》：「車較，重耳也。在車輦上重起，如兩角然。」阮元《考工記車製圖解》云：「至其直立軫上，上曲如兩角之木，則謂之較；重出式（軾）上，故名重較。崔豹《古今注》曰：『車較，重耳也，在車輿上，重起如兩角然（角、較通假）。』此固謂車耳重出式（軾）上，如兩角之觭勢也。」《周禮‧考工記‧輿人》：「以其隧之半為之較崇。」孫詒讓《周禮正義》：「較在輢上，則象耳之上聳。是則車耳者，較輢之通名也。其較上更設曲銅鉤，向外反出，則是在較耳上重累為之，斯謂之重較、重耳矣。」歌者說，貴族男子乘坐著高級別的馬車參加淇水邊的婚戀活動，倚在車較上，儀態安閒。

〔17〕善戲謔兮：你又喜歡開點兒玩笑呀。善，通擅，擅長於、喜歡。參見《鄘風‧載馳》注〔15〕。戲謔，開玩笑，或做出些逗笑的動作。戲，本義為一種兵械，可耍弄。《說文》：「戲，一曰兵也。」《段注》：「一說謂兵械之名也。引申之為戲豫、為戲謔，以兵杖可玩弄也。」戲通嬉。戲，曉母歌部；嬉，曉母之部。歌、之旁通轉。嬉，遊戲，玩耍。《史記‧孔子世家》：「孔子為兒嬉戲，常陳俎豆，設禮容。」嬉、戲連文，詞義無差。謔，用語言或動作取笑作樂。《漢書‧地理志》引《詩》：「伊其相謔。」顏師古《注》：「謔，戲言也。」戲言，調笑之言。《爾雅‧釋詁》：「謔浪笑敖，戲謔也。」郭璞《注》：「謂調戲也。」《說文》：「謔，戲也。」男女「戲謔」是上古婚戀活動中通行的行為。《邶風‧終風》：「謔浪笑敖。」《鄭風‧溱洧》：「維士與女，伊其相謔，贈之以勺藥。」

〔18〕不為虐兮：但又不傷害人呀！虐，傷害，殘暴。《說文》：「虐，殘也。」「不為虐」指開玩笑逗樂而不過分。《毛傳》：「寬緩弘大，雖則戲謔，不為虐矣。」《鄭箋》：「君子之德，有張有弛，故不常矜莊，而時戲謔。」這句歌詞仍是對乘車到淇水邊參加求偶活動的貴族男子的讚譽之辭，稱讚他寬厚仁慈，性情溫雅，善於交友。

【詩旨說解】

《淇奧》是婚戀情歌歌詞。一個女子到淇水邊參加婚戀集會，在集會現場見到了一位態度溫雅、衣飾華美的貴族男子，就唱一支情歌給他聽，希冀獲得他的青睞。

「瞻彼淇奧，綠竹猗猗」，這是一句起興語。這首情歌的開頭，點出了青年男女婚戀集會的時間和地點。時間是「綠竹猗猗」的春天，地點是淇水的

拐角處。「如切如磋，如琢如磨」「充耳琇瑩，會弁如星」「如金如錫，如圭如璧」「瑟兮僩兮，赫兮咺兮」，這些全是誇讚貴族男子服飾華麗，身份高貴，氣度非凡的說辭。「寬兮綽兮」「善戲謔兮，不為虐兮」，這些話誇讚貴族男子性情好，有仁愛精神，善於交友。「終不可諼兮」，是女子直言其求偶之意。

考槃

考槃在澗〔1〕，碩人之寬〔2〕。
獨寐寤言〔3〕，永矢弗諼〔4〕！

考槃在阿〔5〕，碩人之薖〔6〕。
獨寐寤歌〔7〕，永矢弗過〔8〕！

考槃在陸〔9〕，碩人之軸〔10〕。
獨寐寤宿〔11〕，永矢弗告〔12〕！

【注釋】

〔1〕考槃在澗：你在山谷裏盤桓。考槃，即鉤槃，迴旋曲折。人轉著彎兒順著山間流水行遊，即槃桓。槃，三家《詩》作「盤」。聞一多《詩經通義·乙》：「考槃，古語有迴旋屈折之誼者。或曰『鉤般』。《爾雅·釋水》『鉤槃』郭《注》：『水曲如鉤，流般桓也。』或曰『過辨』。《釋水》又曰：『過辨，回川。』以『回川』釋『過辨』，是『過辨』亦迴旋屈曲之水。蓋『過』讀為『渦』，『辨』讀為『盤』。」澗，兩山所夾，中間有水。澗，《韓詩》作「干」。《毛傳》：「山夾水曰澗。」《說文》：「澗，山夾水也。」此歌詞的「澗」指山谷地帶。一說，「考槃」是成樂之義。《毛傳》：「考，成也。槃，樂也。」《鄭箋》：「有窮處，成樂在於此澗者，形貌大人，而寬然有虛乏之色。」《孔疏》：「賢者志欲終處於此澗，而不仕君朝。」鄭玄、孔穎達說謂君子不仕衛君之朝，隱於山中自以為樂。

〔2〕碩人之寬：你行走的樣子真好看。碩人，高大豐實的人，即美人。周代以壯碩豐腴為美。《碩人》：「碩人其頎，衣錦褧衣。」《唐風·椒聊》：「彼其之子，碩大無朋。」《陳風·澤陂》：「有美一人，碩大且儼。」《小雅·車舝》：「辰彼碩女。」之，是。寬，通嫻、婉，體態美好。寬，溪母元部；嫻、婉，影母元部。溪、影鄰紐。嫻，體態好的樣子。《說文》：「嫻，體德好也。从女，官聲。」婉，體態美好。參見《鄭風·野有蔓草》注〔4〕。此句是誇讚那個在山中行走的女子體態美好。

〔3〕獨寐寤言：即「寤寐獨言」，我要一天到晚用唱歌來表達我對你的愛情。獨，單獨，一個人。這是歌者自謂。寐寤，「寤寐」的倒文。寤寐，醒著時和睡眠時，即白天和黑夜的時間相加在一起。《鄭箋》：「寤，覺。」言，本義為說話。此指婚戀對歌。「言」是歌的組成部分。求偶者追求漂亮的對象時，一定要說「寤寐求之」「寤寐思服」「寤寐無為，輾轉伏枕」「獨寐寤言，永矢弗諼」這類的話語，以表示其極力追求之意。

〔4〕永矢弗諼：即「矢永弗諼」，我發誓永遠不忘記你！永，長久。《鄭箋》：「永，長。」此為誇張之辭。矢，通誓。參見《鄘風·柏舟》注〔5〕。《鄭箋》：「矢，誓。」《爾雅·釋言》：「矢，誓也。」弗，不。諼，通萱、蕿，忘記。《鄭箋》：「諼，忘也。」《爾雅·釋訓》：「蕿、諼，忘也。」王先謙《集疏》說《隸續·平輿令薛君碑》引《詩》作「永矢不愃」。愃，通蕿。參見《淇奧》注〔8〕、《伯兮》注〔13〕。「永矢弗諼」是歌者對他所追求的女子表示十分愛慕之辭。以下「永矢弗過」「永矢弗告」與此句所表達的意思相同。

〔5〕阿：本義為大而曲的土山。此指陵皋的頂部。《毛傳》：「曲陵曰阿。」《韓說》：「曲京曰阿。」《說文》：「阿，大陵也。一曰曲皀也。」「陵，大皀也。」在衛國西部，太行山餘脈與平地交接，此地具阿、澗、平陸地形。

〔6〕碩人之薖：你行走的樣子真優美。薖，草名。《說文》：「薖，艸也。」薖通媻、㛂。薖、㛂，溪母歌部；媻，影母歌部。溪、影鄰紐。媻，身體曲美之義。《說文》：「媻，媻姍也。」《段注》：「『媻姍也』三字句。今本刪『媻』字，非也。『媻姍』與旖施音義皆同，俗作『婀娜』。」媻姍，即婀娜，女子體形曲美好看的樣子。薖，《韓詩》作「㛂」。《韓說》：「㛂，美貌。」《廣韻·戈韻》：「㛂，美也。」《集韻·戈韻》：「㛂，美貌。」㛂通媧、娃。媧，見母歌部；娃，影母支部。溪、見旁紐，與影母鄰紐，支、歌旁通轉。《方言》第二：「娃，美也。」《廣雅·釋詁》：「娃，好也。」《玉篇·女部》：「娃，美貌。」《廣韻·佳韻》：「娃，美女貌。」

〔7〕獨寐寤歌：與「獨寐寤言」句義同。歌，唱歌。

〔8〕永矢弗過：我發誓一定不再去找其他的人。過，訪問。此指談戀愛。《召南·江有汜》：「江有沱，之子歸，不我過！不我過，其嘯也歌。」歌者說，他發誓今生不再找其他的人談戀愛了。

〔9〕陸：山中的平地。《韓說》：「陸，高平無水。」《爾雅·釋地》：「高平曰陸。」《說文》：「陸，高平地。」《小雅·天保》：「如山如阜，如岡如陵。」《毛傳》：「高平曰陸。大陸曰阜。大阜曰陵。」

〔10〕軸：本義為車軸。《說文》：「軸，所以持輪者也。从車，由聲。」《段注》：「『所以』者，三字今補。軸所以持輪，引申為凡機樞之偁。」軸通頔。軸，定母覺部；頔，定母錫部。覺、錫旁轉。《廣雅·釋詁》：「頔，好也。」《玉篇·頁部》：「頔，好也。」《廣韻·錫韻》：「頔，好貌。」此句歌詞與「碩人之寬」「碩人之薖」都是誇讚那個在山中行走的女子體態美好。

〔11〕獨寐寤宿：與「獨寐寤言」的意思相同。宿，本義為人在屋內睡覺休息。參見《邶風·泉水》注〔7〕。宿通嘯。宿，心母覺部；嘯，心母幽部。覺、幽對轉。嘯，本是人用口發音的一種方法，又有歌的屬性。聞一多《風詩類鈔·乙》：「宿與言、歌之事不侔，且『獨寐寤宿』之語亦不成文義。宿當讀為嘯。宿、嘯音近義可通。」《召南·江有汜》：「其嘯也歌。」《小雅·白華》：「嘯歌傷懷。」參見《召南·江有汜》注〔10〕。「言」「歌」「宿」對應成文，「言」「宿」也是歌的成分，全部理解為歌即可。

〔12〕永矢弗告：我發誓一定不把找對象的事告訴父母。弗告，即不告訴其父母。告，告訴。不把找對象的事告訴其父母，以免受到父母的干預。

【詩旨說解】

　　《考槃》是婚戀情歌歌詞。一個男子到山中婚戀集會場合求偶，在途中見到一個長相俊美的女子正在山野裏盤桓，便唱了這首誇讚性的情歌來招引她。青年男女在野外婚戀時，總要有一方先示好，用誇讚的語言招引對方。這是春秋時期人們習用的婚戀技巧。

　　「考槃在澗，碩人之寬」「考槃在阿，碩人之薖」「考槃在陸，碩人之軸」，這些皆是男子誇讚女子體態美的話語。「獨寐寤言」「獨寐寤歌」「獨寐寤宿」「永矢弗諼」「永矢弗過」「永矢弗告」，這些皆是男子對女子表示深愛和極力追求的話語。

　　《國風》中有許多反映男女在山野裏求偶的詩篇，如《草蟲》《山有扶蘇》《唐風·揚之水》《采苓》《終南》《候人》等。《考槃》中的「獨寐寤言」「獨寐寤歌」「獨寐寤宿」，與《關雎》的「寤寐求之」、《澤陂》的「寤寐無為，涕泗滂沱」說法近似，都是男子慣用的情歌語言。

　　《考槃》歷來被解釋為反映賢人隱居生活的詩篇。《孔叢子‧記義》：「孔子讀《詩》……喟然而歎曰：『吾……於《考槃》見遁世之士而不悶也。』」這大約是戰國學者的論《詩》之語。《毛詩》序：「《考槃》，刺莊公也。不能繼先公之業，使賢者退而窮處。」三家《詩》及鄭玄、孔穎達同其說。此類說法皆誤。

碩人

碩人其頎〔1〕，衣錦褧衣〔2〕。
齊侯之子〔3〕，衞侯之妻〔4〕，東宮之妹〔5〕，
邢侯之姨〔6〕，譚公維私〔7〕！

手如柔荑〔8〕，膚如凝脂〔9〕，
領如蝤蠐〔10〕，齒如瓠犀〔11〕，螓首蛾眉〔12〕。
巧笑倩兮〔13〕！美目盼兮〔14〕！

碩人敖敖〔15〕，說于農郊〔16〕。
四牡有驕〔17〕，朱幩鑣鑣〔18〕，翟茀以朝〔19〕。
大夫夙退〔20〕，無使君勞〔21〕！

河水洋洋〔22〕，北流活活〔23〕。
施罛濊濊〔24〕，鱣鮪發發〔25〕，葭菼揭揭〔26〕。
庶姜孼孼〔27〕，庶士有朅〔28〕！

【注釋】

〔1〕碩人其頎：這位美人身材高大。碩人，身體高大豐滿之人。碩，骨肉充實豐滿。《鄭箋》：「碩，大也。」周代以人壯碩為美。「碩人」即美人。《詩經》中凡稱「碩」皆指貴族成員。參見《邶風‧簡兮》注〔5〕。其，語助詞。頎，身體頎長。《毛傳》：「頎，長貌。」《鄭箋》：「言莊姜儀表長麗俊好，頎頎然。」段玉裁《說文解字注》引《說文》：「頎，頭佳貌。」《段注》：「此本義也。引申為長貌。《衞風》：『碩人其頎。』《齊風》：『頎若長兮。』《傳》皆曰：『頎，長貌。』」《廣韻‧微韻》：「頎，長貌。」《集韻‧微韻》：「頎，《說文》：『頭佳貌。』一曰長貌。」

〔2〕衣錦褧衣：身上穿著錦衣和薄薄的罩衣。衣，名詞用為動詞，身上穿著。錦褧衣，錦衣和褧衣的合稱。錦衣，用錦製作的上衣，有花紋。《毛傳》：「錦，文

衣也。」褧衣，絲織的單層罩衣，行路時罩在錦衣外面以蔽塵。褧，《魯詩》
《齊詩》作「絅」。《鄭箋》：「褧，禪也。蓋以禪穀為之。」褧，通絅。褧、絅
皆溪母耕部字。絅，本義為薄帛。褧，《韓詩》作「檾」。檾，麻。《說文》：「檾，
枲屬。」古代的罩衣最早是用麻製的，後來貴族用絲製，故「檾」又作「絅」。
《說文》：「褧，檾衣也。《詩》曰：『衣錦褧衣。』」《段注》：「『檾衣也。』『衣』
字舊無，今補。檾者，枲屬。績檾為衣，是為褧也。許意如是。若鄭箋《衛風》
云：『褧，禪也。』不言禪用何物。《鄭風》箋云：『褧，禪也。蓋以禪穀為之。』
與許說異。穀者，細絹也。以絲而非以枲矣。鄭說本《玉藻》。《玉藻》《中庸》
作絅，《禮經》作顈，皆假借字也。」《禮記・玉藻》：「禪為絅。」鄭玄《注》：
「有衣裳而無裏。」郭沫若《兩周金文辭大系圖錄考釋・趙曹鼎其一》：「《詩・
碩人》『衣錦褧衣』，《列女傳》引作『絅衣』，《說文》『檾』字下引作『檾衣』；
《禮記・中庸》『衣錦尚絅』，《尚書大傳》作『尚顈』。」罩上褧衣，裏面錦衣
的花紋似露非露，有中庸之美。《禮記・中庸》：「《詩》曰『衣錦尚絅』，惡其
文之著也。」《鄭風・丰》：「衣錦褧衣，裳錦褧裳。叔兮伯兮，駕，予與行！」

〔3〕齊侯之子：她是齊莊公的女兒。齊侯，指齊莊公。之，助詞，的。子，兒女。

〔4〕衛侯之妻：她是衛國國君的妻子。衛侯，衛莊公。

〔5〕東宮之妹：她是齊國東宮太子姜得臣的妹妹！東宮，太子居住的宮室。《毛
　　傳》：「東宮，齊大（太）子也。」《魯說》：「東宮，世子也。」《左傳・隱公三
　　年》：「衛莊公娶于齊東宮得臣之妹，曰莊姜。」齊莊公的太子名得臣。妹，《韓
　　說》：「女弟曰妹。」《毛傳》：「女子後生曰妹。」《爾雅・釋親》：「男子謂女子
　　先生為姊，後生為妹。」此歌詞所贊齊莊公的女兒，是太子得臣的同母妹子。
　　她嫁給了衛莊公，史稱「衛莊姜」。

〔6〕邢侯之姨：她是邢國國君的小姨子。邢侯，邢國國君。邢國是周初所封的姬姓
　　國，其地在今河北省邢臺市一帶。姨，妻子的姊妹。《毛傳》：「妻之姊妹曰姨。」
　　《魯說》：「妻之姊妹同出為姨。」《爾雅・釋親》：「妻之姊妹同出為姨。」郭
　　璞《注》：「同出謂俱已嫁。《詩》曰：『邢侯之姨。』」

〔7〕譚公維私：譚國國君是她姐姐的丈夫！譚公，譚國國君。譚，周朝諸侯國名，
　　嬴姓。譚國故地在今濟南市龍山鎮一帶。公元前 684 年，譚國為齊國所滅。
　　《春秋・莊公十年》：「冬十月，齊師滅譚。譚子奔莒。」譚，本作「鄲」。《說
　　文》：「鄲，國也。齊桓公之所滅。」《段注》：「今濟南府府東南七十里有故譚
　　城……鄲、譚古今字也。」維，乃，是。私，古時稱姊妹的丈夫為「私」。《毛

傳》：「姊妹之夫曰私。」《魯說》：「女子謂姊妹之夫為私。」《爾雅‧釋親》：
「女子謂姊妹之夫為私。」郭璞《注》：「《詩》曰：『譚公維私。』」《釋名‧釋
親屬》：「姊妹互相謂夫曰私。」邢侯、衛莊公及譚公都娶了齊莊公的女兒。

〔8〕手如柔荑：她的手像茅根一樣白嫩。如，似。柔荑，柔軟的茅荑。荑，茅初生
的芽。這裡代指茅根。白茅的根白嫩而有節，像手指。一說，「柔荑」指茅芽
的紅苞皮裏裏著的嫩白的穰。《魯說》：「《詩》曰『手如柔荑』者，茅始熟中穰
也，既白且滑。」此說非是。

〔9〕膚如凝脂：她的皮膚像脂肪一樣白。凝脂，經熬製而凝聚的動物脂肪，呈白
色。《禮記‧內則》：「脂膏以膏之。」孔穎達《疏》：「凝者為脂，釋者為膏。」
這句歌詞說齊國東宮得臣之妹的皮膚白嫩。《毛傳》：「如脂之凝。」

〔10〕領如蝤蠐：她的頸部像蝤蠐一樣白。領，頸，脖項。《毛傳》：「領，頸也。」
《說文》：「領，項也。」蝤蠐，天牛的幼蟲，身體白而長，生存於樹木內。《毛
傳》：「蝤蠐，蠍蟲也。」蠍，或「蝎」之訛。《爾雅‧釋蟲》：「蝤蠐，蠍。」
郝懿行《義疏》：「蝤蠐，白色。」蠍通蝎。蠍、蝎皆匣母月部字。蝎蟲，白蟲。
《廣雅‧釋器》：「蝎，白也。」《玉篇‧白部》：「蝎，皓蝎也。亦與皎同。」
「皓，皓蝎，白也。」《廣韻‧曷韻》：「蝎，白色。」這句歌詞形容齊國東宮
得臣之妹的頸項白嫩。

〔11〕齒如瓠犀：她的牙齒像瓠子一樣地整齊潔白。瓠犀，葫蘆子。瓠，葫蘆。《說
文》：「瓠，匏也。從瓜，夸聲。」《邶風‧匏有苦葉》：「匏有苦葉。」《論語‧
陽貨》：「吾豈匏瓜也哉？」犀，本義為犀牛。犀通栖。犀、棲皆心母脂部字。
栖，又作「棲」，本義為鳥晚栖在巢內。此句的「犀」指栖於葫蘆裏的子實。
犀，《魯詩》作「棲」。《毛傳》：「瓠犀，瓠瓣。」《說文》：「瓣，瓜中實也。」
《段注》：「瓜中之實曰瓣，實中之可食者當曰人（仁），如桃杏之人（仁）。」
朱駿聲《說文通訓定聲‧履部》：「犀，假借為棲。詩《碩人》：『齒如瓠犀。』
按，瓠瓣，栖於瓠中者也。」葫蘆子白，狀如人齒。這句樂詞形容齊國東宮得
臣之妹的牙齒潔白而又整齊。

〔12〕螓首蛾眉：她的髮型像蟬首，眉毛像蛾鬚！螓首，蟬頭型的髮式。這種髮型有
的用編髮作為飾品。螓，又名「蜻」。《鄭箋》：「螓，謂蜻蜻也。」蜻似蟬而小，
頭方而寬，亦名「蚻」。一說，額部方而寬為「螓首」。《毛傳》：「螓首，顙廣
而方。」《說文》：「顙，額也。」蛾眉，眉毛像蛾鬚。蛾鬚形狀的眉是一種化
妝款式。「蛾」與「螓」對舉，皆為昆蟲。《阜詩》作「蛾」。《楚辭‧離騷》：

「眾女嫉余之蛾眉兮。」一說，「蠑」是「頯」的借字，「蛾」是「娥」的借字。
三家《詩》作「頯」，作「娥」。頯，好。《說文》：「頯，好貌。从頁，爭聲。
《詩》所謂『頯首』。」段玉裁《毛詩故訓傳定本》傳文注：「凡『娥眉』古書
或作蛾，假借字耳。娥者，美好輕揚之意。」娥，美，好。娥眉，美眉。「美
首美眉」非暢順的讚語。此說不可取。

〔13〕巧笑倩兮：她一笑便露出潔白的牙齒來了。巧笑，女子好看的笑容。巧笑猶
笑。娸，通妖，美。娸、妖皆影母宵部字。《說文》：「娸，巧也。一曰女子笑
貌。」《三蒼》：「妖，妍也。」《說文》：「妍，技也。」《段注》：「技者，巧也。
《釋名》曰：『妍，研也。』研精於事宜則無蚩繆也。」巧笑猶精於笑，工於
笑。倩，本義是對男子的美稱。段校《說文》：「倩，人美字也。从人，青聲。
東齊婿謂之倩。」倩通粲。倩，清母耕部；粲，清母元部。耕、元旁通轉。粲，
本義為精白米。古人常以「粲」字形容潔白的牙齒。此歌詞的「倩」字謂齊國
東宮得臣之妹的牙齒潔白有光。倩，又作「蒨」。《釋文》：「倩，本亦作蒨。」
倩、粲、瑳、玼、齜字義相同，都是形容女子笑而露齒齒色潔白的樣子。《衞
風·竹竿》：「巧笑之瑳，佩玉之儺。」《說文》：「瑳，玉色鮮白。」郭璞《遊
仙詩》：「靈妃顧我笑，粲然啟玉齒。」聞一多《詩經通義·乙》：「荀粲，字奉
倩。粲，鮮明貌。名、字相配，『倩』義當與『粲』義近，亦鮮潔之貌也。『巧
笑倩兮』即『巧笑之瑳』，皆謂笑而見齒，」一說，「倩」為人面部的酒窩。《毛
傳》：「倩，好口輔。」口輔，嘴邊。指口兩旁的酒窩。

〔14〕美目盼兮：她的雙眼黑白分明！盼，從目從分，眼睛黑白分明之義。《毛傳》：
「盼，白黑分。」《說文》「盼」字《段注》：「『白黑分也。』玄應書引如此。」
《韓說》：「盼，黑色也。」美人之目，眼珠黑亮如水，眼球白部無斑疵。陳奐
《傳疏》、王先謙《集疏》皆說，《魯詩》「美目盼兮」之下，還有「素以為絢
兮」五字。

〔15〕碩人敖敖：這位齊國美人遠道而來。敖敖，同遊敖、敖遊。《說文》：「敖，出
遊也。」《邶風·柏舟》：「以敖以遊。」《齊風·載驅》：「魯道有蕩，齊子遊敖。」
這句樂詞是說齊國東宮得臣之妹自齊至衞，旅途遙遠且人已疲憊。

〔16〕說于農郊：在衞都東郊停車休息。說，「脫」的假借字，解下套在車上的馬，
停車休息。參見《鄘風·定之方中》注〔18〕。《魯詩》作「稅」。高亨《詩經
今注·碩人》：「說，停車卸馬。」《史記·李斯傳》：「吾未知所稅駕也！」司
馬貞《索隱》：「稅駕，猶解駕，言休息也。」《文選》司馬相如《上林賦》張

揖《注》引《詩》作「稅于農郊」。農郊，衛都的東郊。衛君娶齊國之女，齊在衛東，停車休息當在東郊。《禮記・祭統》：「天子親耕於南郊，以共齊盛；王后蠶於北郊，以共純服。諸侯耕於東郊，亦以共齊盛；夫人蠶於北郊，以共冕服。」齊，又作「齍」「齋」「粢」，通作「粢」，祭祀用的穀物。王先謙《集疏》：「古者迎春耕藉、布農命皆在東郊，故東郊謂之農郊。齊在衛東，夫人入境稅於此，以待郊迎。」王先謙據《禮記》為說。一說，「農郊」為近郊。《毛傳》：「農郊，近郊。」朱熹《集傳》：「農郊，近郊也。」齊國的送親隊伍抵達衛都東郊，停下了車馬。衛君在東郊舉行迎親之禮。按照衛國的慣例，上層貴族迎親，要在黃河岸邊的高臺上舉行迎親儀式。

〔17〕四牡有驕：為「碩人」拉車的四匹公馬高大健壯。四牡，一乘四匹公馬。牡，本義為公牛。又泛指雄性畜獸。《說文》：「牡，畜父也。」此樂詞的「牡」字指公馬。有驕，即驕驕。驕，馬高大健壯。《毛傳》：「驕，壯貌。」《說文》：「驕，馬高六尺為驕。」

〔18〕朱幩鑣鑣：馬跑起來車上繫著的紅綢子紛紛飄動。朱幩，車較或車軾上所飾的紅綢布條。林義光《詩經通解》：「幩，毛云『飾也』。按《詩》之『朱幩』不言所飾，而金文則屢言『𡩉較』及『𡩉軾』『朱鞹䩵』，皆惟國君之車有之。𡩉為幩之古文。然則『朱幩』者，較與軾䩵之朱飾也。」朱，「株」字的初文。郭沫若《金文叢考・金文餘釋之餘・釋朱》：「『朱』乃『株』之初文。」朱通赭。朱，照母侯部；赭，照母魚部。侯、魚旁轉。赭，赭紅色。《說文》：「赭，赤土也。」《廣雅・釋器》：「赭，赤也。」《管子・地數》：「上有赤者，下有鐵。」《文選・子虛賦》：「其土則丹、青、赭、堊。」幩，綢子一類的飾物。《玉篇・巾部》：「幩，飾也。」一說，「朱幩」是鑣上的飾物。《毛傳》：「幩，飾也。人君以朱纏鑣扇汗，且以為飾。」朱熹《集傳》：「幩，鑣飾也。」《說文》：「幩，馬纏鑣扇汗也。從巾，賁聲。《詩》曰：『朱幩鑣鑣。』」鑣鑣，即瀌瀌、飄飄。鑣，通瀌、飄。鑣、瀌，幫母宵部；飄，滂母宵部。幫、滂旁紐。《小雅・角弓》：「雨雪瀌瀌。」《文選・西京賦》：「雨雪飄飄。」「初若飄飄，後遂霏霏。」薛綜《注》：「飄飄、霏霏，雪下貌。」飄，輕飄。慧琳《一切經音義》卷第六十五「飄然」下：「輕飄也。」一說，「鑣鑣」是形容幩飾眾多的樣子。《毛傳》：「鑣鑣，盛貌。」段玉裁《毛詩故訓傳定本》校訂經、傳皆作「儦儦」，傳文注：「依《玉篇》作儦儦。」朱熹《集傳》：「鑣鑣，盛也。」

〔19〕翟茀以朝：即「翟茀來朝」，乘著裝有精製的竹簾子的車輛來朝見衛君。翟茀，
即簟茀，坐乘之車的簾子。簟，竹席。《說文》：「簟，竹席也。」《小雅・斯干》：
「上莞下簟，乃安斯寢。」茀，通蔽、茀，車簾子。蔽，遮蔽之義。參見《召
南・甘棠》注〔1〕。茀，三家《詩》作「蔽」。車上的竹簾子，有遮蔽作用，
故稱為「茀」。《齊風・載驅》：「簟茀朱鞹。」《毛傳》：「簟，方文席也。車之
蔽曰茀。」出嫁到魯國的齊女所乘坐的車輛為「簟茀」，出嫁到衛國的齊女所
乘坐的車輛亦應為「簟茀」。翟、簟音近。翟，定母錫部；簟，定母侵部。簟，
衛人發為「翟」音，齊人發為周秦正音。周王朝的卿大夫和諸侯所乘的車輛亦
用「簟茀」。《小雅・采芑》：「簟茀魚服。」《鄭箋》：「茀之言蔽也。車之蔽飾，
象席文也。」《大雅・韓奕》：「簟茀錯衡。」《鄭箋》：「簟茀，漆簟以為車蔽，
今之藩也。」《孔疏》：「茀者，車之蔽。簟者，席之名。言簟茀，正是用席為
蔽。而知漆簟以為車蔽者，以《巾車》云『王之喪車五乘』皆有蔽。」一說，
「翟茀」是畫有山雞圖案的車簾子。高亨《詩經今注》：「車席加油漆，畫上野
雞，叫做翟茀。」一說，「翟茀」是用山雞羽毛作裝飾的車簾子。《毛傳》：「翟，
翟車也。夫人以翟羽飾車。茀，蔽也。」《孔疏》：「車之所以有翟者，夫人以
翟羽飾車。茀，車蔽也。婦人乘車不露見，車之前後設障以自隱蔽，謂之茀，
因以翟羽為之飾。《巾車》注引《詩》乃云『此翟茀，蓋厭翟也。厭翟，次其
羽，使相迫也。重翟、厭翟，謂蔽』，是也。」毛亨不言如何用翟羽飾車簾。
孔穎達據鄭玄《周禮》注，申說車簾子上飾以「重翟」或「厭翟」。重翟，把
野雞尾毛重疊起來。厭翟，即壓翟，把每根野雞尾毛半邊相壓。以朝，即來朝。
以通來。以，喻母之部；來，來母之部。喻、來準雙聲。朝，從日在草中，從
月，會早晨日未出天空尚有月之義，本義為早晨。羅振玉《增訂殷虛書契考釋・
文字第五》：「𦱃，此朝暮之朝字，日已出草中，而月猶未沒，是朝也。古金文
省從𣶃，後世篆文从倝，舟聲，形失而義晦矣。」《說文》：「朝，旦也。从倝，
舟聲。」朝，又為朝會的處所。天子、諸侯處理政事的場所稱「朝」。朝會在
早晨舉行，故朝會的場所稱「朝」，前往參加朝會亦稱「朝」。《字彙・辰集・
月部》：「朝，晨朝也。人君視政，均貴於早。聲轉為朝也。」《爾雅・釋言》：
「陪，朝也。」《爾雅釋文》：「臣見君曰朝。」《檜風・羔裘》：「羔裘逍遙，狐
裘以朝。」《小雅・采菽》：「君子來朝，何錫予之。」《孟子・公孫丑下》：「孟
子將朝王。」《公羊傳・桓公九年》：「諸侯相見曰朝。」齊國東宮得臣之妹乘
坐著有精緻簾子的大車嫁到衛國，衛人作樂歌尊其國君，故說「翟茀以朝」。

〔20〕大夫夙退：請大夫們早早退下。大夫，指跟隨衛莊公到東郊迎娶的衛國大夫們。
夙，早。

〔21〕無使君勞：不要讓國君過度勞累！無，毋。君，指衛莊公。這句歌詞的意思是
說，衛莊公與新娶的夫人已相見了，郊迎儀式要趕快收場，莫讓國君多勞累，
要讓他們趕快享受新婚的幸福和快樂。

〔22〕河水洋洋：黃河水翻著浪花。河，黃河。洋洋，同湯湯、蕩蕩。洋，喻母陽部；
湯，審母陽部；蕩，定母陽部。喻、審旁紐，且與定母準旁紐。一說，「洋洋」
是水盛大的樣子。《毛傳》：「洋洋，盛大也。」朱熹《集傳》：「洋洋，盛大貌。」

〔23〕北流活活：嘩嘩地向北流淌著。北流，向北流。《魯說》：「衛地濱於淇水，在
北流河之西。」春秋時期，黃河在衛都朝歌的東南一分為二，一支向北流，另
一支向東北流，故有「北流」之說。活活，水流聲，猶今言「嘩嘩」。《毛傳》：
「活活，流也。」「流也」蓋為「流聲也」之誤。《說文》：「活，水流聲。從水，
聲。」衛都朝歌在「北流河」之西，衛國迎親的隊伍和齊國送親的隊伍自齊
國至衛國，須經過兩道黃河。

〔24〕施罛濊濊：撒網入水聲濊濊。施罛，下網。罛，「罛」字的異體字，漁網。《魯
詩》作「罛」。《毛傳》：「罛，魚罛。」《爾雅·釋器》：「魚罛謂之罛。」郭璞
《注》：「最大罛也。」《說文》：「罛，魚罛也。從网，瓜聲。《詩》曰：『施罛濊
濊。』」濊濊，象聲詞，撒網入水聲。《毛傳》：「濊，施之水中。」朱熹《集傳》：
「濊濊，罛入水聲也。」撒網入水，必有聲響。一說，濊濊，阻礙水流的樣子。
段校《說文》：「濊，礙流也。從水，歲聲，《詩》曰：『施罛濊濊。』」《齊詩》
作「濊濊」。一說，濊濊，水流動的樣子。《韓詩》作「汥汥」。《韓說》：「流貌。」

〔25〕鱣鮪發發：拉網出水魚兒啪啪地亂跳。鱣，大鯉魚。《毛傳》：「鱣，鯉也。」
《爾雅·釋魚》：「鯉，鱣。」郭璞《注》：「鯉，今赤鯉魚。鱣，大魚。似鱏而
短，鼻口在頷下，體有邪行甲，無鱗，肉黃，大者長二三丈，今江東呼為黃魚。」
按，「鱣」是解釋「鯉」的文字。郭璞未明《爾雅》行文體例，誤將鯉、鱣分
釋為二物。鱣，通丹，紅色魚。鱣、丹皆端母元部字。說鱣「長二三丈」，蓋
源自《淮南子》高誘注「長丈餘」的說法，近似神話，不可信。《說文》：「鯉，
鱣也。」鮪，似鱣魚而小，紅尾巴。《毛傳》：「鮪，鮥也。」《爾雅·釋魚》：
「鮥，鮛鮪。」郭璞《注》：「鮪，鱣屬也。大者名王鮪，小者名鮛鮪。」《說
文》：「鮥，叔鮪也。」《段注》：「叔鮪者，鮪之小者也。」鱣、鮪為同類魚，
即《詩》所謂「河之鯉」。周代崇尚紅色，以鱣、鮪為吉魚。鱣指大鯉魚，鮪

指小鯉魚。發發，猶今言「啪啪」。拉網出水後魚兒亂蹦亂跳，尾巴擊打發出
「啪啪」的聲響。發發，《魯詩》作「潑潑」，《韓詩》作「鱍鱍」，《齊詩》作
「鈸鈸」。《釋文》引馬融曰：「魚著網，尾發發然。」《毛傳》：「發發，盛貌。」
這句歌詞說在黃河裏撒網打魚，得到的魚很多，魚兒活蹦亂跳。《詩經》中習
以「魚」影射婚姻之事。迎親途中在河裏打一次魚，是上古一種婚禮風俗。打
魚者大概是送親方。《齊風・敝笱》：「敝笱在梁，其魚魴鰥。齊子歸止，其從
如雲。」齊國的送親樂歌說到用笱捕魚之事，齊國人按照傳統風俗在送親途中
搞了一個以笱捕魚的小型儀式。參見《齊風・敝笱》注〔1〕及說解。準此，
「鱣鮪發發」是雙關語，它既是對齊國人按婚禮程序在黃河裏捕魚情景的一種
描述，又是對齊侯嫁女媵妾多的一種稱讚。

〔26〕葭菼揭揭：黃河邊生長著高高的蘆和荻。葭，初生的蘆葦。《毛傳》：「葭，蘆。」
　　　《說文》：「葭，葦之未秀者。」菼，初生的荻葦。《毛傳》：「菼，薍也。」《說
　　　文》：「菿，萑之初生。一曰薍。一曰鵻。从艸，剡聲。菼，菿或從炎。」揭揭，
　　　高高的樣子。《毛傳》：「揭揭，長也。」參見《鄘風・干旄》注〔1〕。以上「河
　　　水洋洋」至「葭菼揭揭」描述了齊國人按送親之禮在黃河裏打魚的情景。黃河
　　　裏「葭菼揭揭」，表明衛君郊迎齊國貴族女子的季節大約是在夏曆的四、五月間。

〔27〕庶姜孽孽：齊國眾姜姓隨媵頭上戴著高聳的條狀飾物多麼好看。庶姜，齊國隨
　　　從東宮得臣之妹出嫁到衛國的眾姜姓女子。庶，眾。《鄭箋》：「庶姜，謂姪娣。」
　　　孽孽，形容頭上所戴孽條狀飾物盛美的樣子。《毛傳》：「孽孽，盛飾。」《爾
　　　雅・釋訓》：「孽孽，戴也。」邢昺《疏》：「《衛風・碩人》云：『庶姜孽孽。』
　　　此皆頭戴物，婦人盛飾貌。」孽，通櫱。孽、櫱皆疑母月部字。櫱，同「枿」，
　　　斬而復生的新枝條。《爾雅・釋詁》：「枿，餘也。」《文選》張衡《東京賦》：
　　　「山無槎枿。」呂向《注》：「斜斫曰槎。斬而復生曰枿。」孽，《韓詩》作「巘」。
　　　《韓說》云：「長貌。」巘通櫱。巘，疑母元部。元、月對轉。

〔28〕庶士有朅：齊國送嫁的眾卿士和隨嫁的男性媵臣多麼勇武矯健！庶士，眾男士。
　　　指齊國送嫁的卿士和隨嫁的男性媵臣。《毛傳》：「庶士，齊大夫送女者。」僅
　　　齊大夫尚不足以稱「庶士」，一定還有男性媵臣。有朅，即朅朅，威武高大的
　　　樣子。《毛傳》：「朅，武壯貌。」《韓詩》作「桀」。《韓說》：「桀，健也。」朅、
　　　桀、偈皆通健。朅，溪母月部；桀、偈，群母月部；健，群母元部。溪、群旁
　　　紐，月、元對轉。偈，訓為人高大壯健勇武之貌。健，人的體格健壯有力。《廣
　　　雅・釋詁》：「偈，健也。」《玉篇・人部》：「偈，武貌。」《廣韻・薛韻》：「偈，

武也。」偈又通仡。仡，疑母物部。群、疑旁紐，月、物旁轉。《說文》：「仡，
勇壯也。从人，气聲。《周書》曰：『仡仡勇夫。』」段玉裁《毛詩故訓傳定本》
傳文注：「此謂朅即仡之假借。《說文》：『仡仡，勇壯也。』」

【詩旨說解】

　　《碩人》是衛國國君婚禮郊迎樂歌的歌詞。齊莊公之女、齊太子東宮得
臣之妹嫁給了衛莊公作夫人，史稱「衛莊姜」。她從齊國出嫁到衛國，衛國人
在衛國的東郊舉行婚禮迎新儀式，唱樂歌讚美衛莊公和衛莊姜的大婚。

　　第一章：稱讚齊國東宮得臣之妹身材高大，衣著華麗，身份高貴。

　　第二章：稱讚東宮得臣之妹貌美出眾。

　　第三章：稱讚齊國送嫁的隊伍車馬盛美；提醒在東郊參加迎親儀式的衛
國卿大夫們，盡早結束郊迎儀式，讓國君回去享受快樂的新婚生活。

　　第四章：描述了齊國送親隊伍過黃河時撒網捕魚的情景，並誇讚齊國送
嫁的男士們勇武矯健、眾隨媵行動有秩秩有序。

　　這篇婚禮樂歌歌詞的創作者，當是主持婚禮的衛國卿大夫、寺人或大樂
師。按照職責分工。他們負責國君婚禮郊迎作樂的事宜，應當承擔創作婚禮
郊迎樂歌歌詞的任務。基於禮儀禮節的需要，歌詞中的讚美之辭都非常得體。
衛莊姜是歷史上有名的美人，樂歌中讚美莊姜的言辭並非全是虛言。

　　《左傳·隱公三年》：「衛莊公娶于齊東宮得臣之妹，曰莊姜，美而無子，
衛人所為賦《碩人》也。」《左傳》說莊姜「美而無子」，因而「衛人所為賦
《碩人》也」。此條記述把《碩人》創作時間後移了許多年。「衛人所為賦《碩
人》也」一句大概是戰國學者的讀《左》剳記，混入了《左傳》原文。

　　一說，《碩人》是諷刺詩。藍菊蓀《詩經國風今譯》：「詩上所能看出的只
是莊姜出身的豪貴；態度的嬌矜；服飾的妖豔；行為的淫蕩；車駕的鋪張。這
是刺而不是『閔』與『美』。」

氓

氓之蚩蚩〔1〕，抱布貿絲〔2〕。
匪來貿絲〔3〕，來即我謀〔4〕。
送子涉淇〔5〕，至于頓丘〔6〕。
匪我愆期〔7〕，子無良媒〔8〕。
將子無怒〔9〕，秋以為期〔10〕。

乘彼垝垣〔11〕，以望復關〔12〕。
不見復關，泣涕漣漣〔13〕。
既見復關，載笑載言〔14〕。
爾卜爾筮〔15〕，體無咎言〔16〕。
以爾車來〔17〕，以我賄遷〔18〕。

桑之未落〔19〕，其葉沃若〔20〕。
于嗟鳩兮〔21〕，無食桑葚〔22〕！
于嗟女兮〔23〕，無與士耽〔24〕！
士之耽兮，猶可說也〔25〕。
女之耽兮，不可說也。

桑之落矣，其黃而隕〔26〕。
自我徂爾〔27〕，三歲食貧〔28〕。
淇水湯湯〔29〕，漸車帷裳〔30〕。
女也不爽〔31〕，士貳其行〔32〕。
士也罔極〔33〕，二三其德〔34〕。

三歲為婦〔35〕，靡室勞矣〔36〕。
夙興夜寐〔37〕，靡有朝矣〔38〕。
言既遂矣〔39〕，至于暴矣〔40〕。
兄弟不知〔41〕，咥其笑矣〔42〕。
靜言思之〔43〕，躬自悼矣〔44〕。

及爾偕老〔45〕，老使我怨〔46〕。
淇則有岸〔47〕，隰則有泮〔48〕。
總角之宴〔49〕，言笑晏晏〔50〕，
信誓旦旦〔51〕，不思其反〔52〕。
反是不思〔53〕，亦已焉哉〔54〕！

【注釋】

〔1〕氓之蚩蚩：一個小青年帶著嗤嗤的笑容。氓，本指流動的農民。又指遷徙流動
的社會下層人。《毛傳》：「氓，民也。」《說文》：「氓，民也。从民，亡聲，讀
若盲。」氓，從民從亡。民，刺目之象，本義為目盲的奴隸。通指下層農業勞

動者。亡，人逃亡或流動之義。春秋時期，一些諸侯國為壯大國力，競相調整政策吸引農業勞動力，使農民的流動性增大。戰國時期，這種情況更加突出。《孟子·滕文公上》：「遠方之人聞君行仁政，願受一廛而為氓。」《公孫丑上》：「耕者助而不稅，則天下之農皆悅而願耕於其野矣。廛無夫里之布，則天下之民皆悅而願為之氓矣。」氓，又作「甿」。《唐石經》作「甿」。《周禮·地官·遂人》：「凡治野，以下劑致甿，以田里安甿，以樂昏（婚）擾甿，以土宜教甿稼穡，以興鋤利甿，以時器勸甿，以強予任甿，以土均平政。」甿，指郊野的農民。此說唱詞稱「抱布貿絲」談婚的青年人為「氓」，是一種帶有嘲諷意味的稱呼。這個青年人並不是一個種田人，而是一個小商人。他家道中落，流動經商。一說，「氓」是美貌之人。《韓說》：「氓，美貌。」此說無據。蚩蚩，同嗤嗤，笑嘻嘻的樣子。《倉頡篇》：「蚩，笑也。」《韓詩》作「嗤」。《玉篇·口部》：「嗤，笑貌。」《文選》阮籍《詠懷詩》之十一、《文選》古詩十九首之十五李善《注》皆引《說文》：「嗤，笑也。」一說，「蚩蚩」是敦厚的樣子。《毛傳》：「蚩蚩，敦厚貌。」一說，「蚩蚩」是人心情和悅的樣子。《韓說》：「蚩，亦作嗤。云志意和悅也。」

〔2〕抱布貿絲：抱著布匹前來交換蠶絲。抱，本作「捊」，引聚之義。段校《說文》：「捊，引堅（聚）也。从手，孚聲。抱，捊或从包。」《玉篇·手部》：「捊，《說文》曰：『引聚也。』」抱、褒古今字。抱、褒皆並母幽部字。褒，懷裏抱小孩或東西。指用雙手攬物於懷中。《說文》：「褒，裹也。」《段注》：「《論語》：『子生三年，然後免於父母之褒。』馬融釋以『裹抱』。即『裹褒』也。今字『抱』行而『褒』廢矣。」《集韻·晧韻》：「褒，或作抱。」《大雅·抑》：「借曰未知，亦既抱子。」《莊子·天地》：「抱甕而出灌。」《戰國策·韓策二·韓傀相韓》：「聶政直入，上階刺韓傀。韓傀走而抱哀侯，聶政刺之，兼中哀侯，左右大亂。」布，麻、葛類織品，幅大。《說文》：「布，枲織也。从巾，父聲。」《段注》：「其草曰枲、曰萉。析其皮曰林、曰枲；屋下治之曰麻；緝而績之曰線、曰縷、曰纑；織而成之曰布。……古者無今之木綿布，但有麻布及葛布而已。」此說唱詞所說的「布」，是一種準貨幣，用麻布來充當，有標準的長度、寬度和質量。班固也說周朝用布作為貨幣。《漢書·食貨志》：「凡貨，金、錢、布、帛之用，夏、殷以前其詳靡記云。太公為周立九府圜法：黃金方寸，而重一斤；錢圜函方，輕重以銖；布帛廣二尺二寸為幅，長四丈為匹。」睡虎地秦墓竹簡《金布律》規定「一布」為「袤八尺，福（幅）廣二尺五寸。布惡，其

廣袤不如式者，不行」。布這種「貨幣」，如同原貨，只不過有一定的標準罷了。達不到標準的「布」，不能進行交易。朱駿聲《說文通訓定聲・豫部》「布」字下：「古以布為幣，後製貨泉以名之。」一說，「布」為銅幣。布，「鎛」字的音轉詞。先秦一種像鎛形的青銅貨幣稱為「布」。鎛，本為鏟形農具，鑄幣肖其形。《毛傳》：「布，幣也。」《鄭箋》：「幣者，所以貿物也。」《齊說》：「以緡易絲。」緡為貫錢之絲繩，代指錢。一說，「布」兼指布貨幣和金屬貨幣。《說文》「布」字《段注》曰：「《外府》注曰：『布，泉也。其藏曰泉，其行曰布。』泉者，今之錢也。《衛風》：『抱布貿絲。』《傳》曰：『布，幣也。』《箋》云：『幣者所以貿買物也。』此『幣』為凡貨之稱，布帛金錢皆是也。」貿，交易財物，以物易物或以金錢購買物品。《說文》：「貿，易財也。」絲，桑蠶絲線。《說文》：「絲，蠶所吐也。」《鄭箋》：「季春始蠶，孟夏賣絲。」此說唱詞中的一個「抱」字，說明「氓」所抱的不會是銅貨幣，而是麻布貨幣。銅布需盛入袋中以肩背負之，不須抱。一說，「抱布貿絲」是以物易物。《鹽鐵論・錯幣》：「古者市朝而無刀、幣，各以其所有易所無，抱布貿絲而已。」《論衡・量知》：「抱布貿絲，交易有亡，各得所願。」

〔3〕匪來貿絲：他不是真的來買絲。匪，通非。《鄭箋》：「匪，非。」

〔4〕來即我謀：他是來找我商量婚姻大事的。即，就，見面。《鄭箋》：「即，就也。」我，此說唱詞中女主人公的自稱。謀，商量。《鄭箋》：「此民非來買絲，但來就我欲與我謀為室家也。」《邶風・泉水》：「孌彼諸姬，聊與之謀。」《大雅・板》：「我即爾謀，聽我囂囂。」「氓」與一個女子婚戀，這次徑直來找她商量結婚之事。他抱「布」而來，並非真的買絲，可能是要把「布」作為禮物送給女方，一者可藉以試探女子對婚姻的態度，二者可讓女子憑藉收到的「布」，向其家長說明她與「氓」成婚的理由。

〔5〕送子涉淇：送你到淇水岸邊，看著你渡過了淇水。子，你。指「氓」。這位「氓」可能是一個破落的貴族子弟。一說，「子」是男子的通稱。《鄭箋》：「子者，男子之通稱。」涉，渡過。淇，淇水。「氓」來談婚事，談得成功了，女子親自送他到淇水邊的渡口上。男子向女子求婚後，女子親自送男子一程，是女子同意成婚的一種表示。《鄭風・丰》：「子之丰兮，俟我乎巷。悔予不送兮！」《丰》中的女主人公因為沒有送別前來求婚的男子，兩人的婚事就告吹了。

〔6〕至于頓丘：很快就到達了頓丘城。至于，到達。頓丘，地名，又稱「敦丘」。《毛傳》：「丘一成為頓丘。」《爾雅・釋丘》：「丘一成為敦丘。」郭璞《注》：

「成猶重也。《周禮》曰：『為壇三成。』今江東呼地高堆者為敦。」邢昺《疏》：「孫炎云：『形如覆敦。敦，器似盂。』」《釋丘》又云：「如覆敦者，敦丘。」邢昺《疏》：「丘形如覆敦者，名敦丘。」頓，通敦。頓，端母文部；敦，端母微部。文、微對轉。敦，古代的食器，下有三足或圈足，似盂。盂，形狀似深碗，斂口。因丘的形狀像敦，故名為「敦丘」。此說唱詞中的「頓丘」，即古頓丘。酈道元《水經注·淇水注》：「淇水又東屈而西轉，逕頓丘北。故闞駰云：『頓丘在淇水南。』」據歷史地理學者史念海先生考證，古頓丘遺址在今河南省淇縣東北、浚縣西北屯子鎮一帶，丘北有頓丘故城遺址。頓丘城在淇水之東，古黃河之西。春秋時期頓丘城是一個較大的貿易集散地。「氓」的家可能在頓丘城。與「氓」談婚論嫁的女子可能是朝歌城的居民。

〔7〕匪我愆期：不是我有意推遲婚期。愆期，有意地推遲婚期。愆，從衍從心，會意字，指因內心的原因錯過了機會。《毛傳》：「愆，過也。」《說文》：「愆，過也。」《大雅·假樂》：「不愆不忘，率由舊章。」期，選定、約定的日子。《說文》：「期，會也。」《段注》：「會者，合也。期者，要約之意。所以為會合也。」《易·歸妹》：「歸妹愆期。」

〔8〕子無良媒：是因為你沒有找合適的媒人前來說親。良媒，好媒人。良，善，好。《鄭箋》：「良，善也。」媒，媒人。段校《說文》：「媒，謀也。謀合二姓者也。」《豳風·伐柯》：「取妻如何？匪媒不得。」《鄭箋》：「媒者，能通二姓之言，定人室家之道。」女子先前已與「氓」私訂了婚約，但她接著就後悔了。她要求「氓」找個媒人說親，派車輛風風光光地前來娶她。這是女子向「氓」解釋她「愆期」的理由。

〔9〕將子無怒：請你不要生氣。將，通請。將，清母陽部；請，清母耕部。陽、耕旁轉。《鄭箋》：「將，請也。」《說文》「將」字《段注》：「將讀七羊反，故釋為請也。」《鄭風·將仲子》：「將仲子兮，無踰我里。」《毛傳》：「將，請也。」《鄭風·大叔于田》：「將叔無狃。」《王風·丘中有麻》：「將其來食。」《小雅·正月》：「將伯助予。」《毛傳》：「將，請。」無怒，不要生氣。無，毋，不要。怒，生氣。《說文》：「怒，恚也。從心，奴聲。」《淮南子·本經訓》：「人之性，有侵犯則怒，怒則血氣充，血氣充則氣激。」

〔10〕秋以為期：即「以秋為期」，咱們倆結婚的日期就定在今年的秋天吧。秋，秋天。指深秋。按春秋時期的習俗，深秋及冬天是民間結婚的時間。以為，把……作為。期，約定的結婚時間。《陳風·東門之楊》：「昏以為期。」《小雅·采綠》：

「五日為期，六日不詹。」春秋時期民間的婚姻並不是按照貴族婚姻納采、問名、納吉、納徵、請期、親迎的禮制程序來進行的。「氓」來與女子商量，定於秋天成婚，這相當於後世的納采和問名。他們的婚姻並未請媒人說合，女子自作主張，痛快地答應了「氓」的結婚請求。

〔11〕乘彼垝垣：登上一段矮牆。乘，甲骨文字象人雙腳登在樹木上之形，會登在物上之意，本為登上之義。徐中舒《甲骨文字典》「乘」字下：「據甲骨文，人在木上即為升、為登。」乘通升、升、登。乘，神母蒸部；升、升，審母蒸部；登，端母蒸部。神、審旁紐，與端母準旁紐。《豳風‧七月》：「亟其乘屋。」《毛傳》：「乘，升也。」《釋名‧釋姿容》：「乘，升也。登亦如之也。」《廣韻‧蒸韻》：「乘，登也。」垝垣，壞牆。《毛傳》：「垝，毀也。」《爾雅‧釋詁》：「垝，毀也。」垣，牆。《小雅‧鴻雁》：「之子于垣，百堵皆作。」《大雅‧板》：「价人維藩，大師維垣。」「氓」與女子約定見面訂婚的時間到了，女子心情迫切，於是便登上一段圮毀的土牆遠望。《鄭箋》：「前既與民（氓）以秋為期，期至，故登毀垣，鄉（向）其所近而望之。」

〔12〕以望復關：藉以觀望「氓」是否來了。復關，「氓」的代稱。《鄭箋》：「故因『復關』以託號民（氓）。」鄭玄以「復關」為「氓」的代稱。在此說唱詞中，「復關」為一移動目標，「望」之在遠處，「見」之在眼前；女子未見到「復關」時「泣涕漣漣」，見到「復關」後「載笑載言」，故「復關」應是一個人物。「復關」的本義蓋是人從關外回到關內來。復，返也。關，指某一關塞、關口。《周禮‧地官‧序官》「司關」下鄭玄《注》云：「關，界上之門。」「氓」有「抱布貿絲」的行為，可能是一個經常往來於邦國之間的經商者。春秋時期民間或將往來於邦國之間的經商返回者稱為「復關」。此說唱詞中「復關」是「不見」「既見」的賓格詞。在《詩經》中，「既見」共出現二十八次，其賓格在《氓》之外的詩篇中皆是人物；「未見」出現十一次，其賓格皆是人物；「不見」出現十四次，其賓格在《氓》之外的詩篇中皆是人物。由此判斷，「復關」應該是「氓」的代稱。《焦氏易林‧乾之家人》：「三女求夫，伺候山隅，不見復關，長思歎憂。」焦贛也把「復關」說為女性求婚的對象。一說，「復關」為關名。《毛傳》：「復關，君子所近也。」毛享蓋以「復關」為衛國關名。一說，「復關」為地名。《鄭箋》：「前既與民（氓）秋以為期，期至，故登毀垣，鄉（向）其所近而望之。」《孔疏》：「復關者，非人之名號，而婦人望之，故知君子所近之地。」另，宋王應麟《詩地理考》引《太平寰

宇記》說，澶州臨河縣（其地今屬河南濮陽市）有復關城。一說「復關」為
重關。王先謙《集疏》：「『復關』猶《易》言『重門』。……男子所居在『復
關』，故望之。」一說，「復關」為返回的車輛。高亨《詩經今注》：「復關，
回車。關，車廂。」朱東潤《中國歷代文學作品選》：「關，車廂；復關，指
返回的車子。」

〔13〕漣漣：淚連續下流的樣子。《魯說》：「漣漣，流貌也。」《韓說》：「漣漣，淚下
貌。」《易・屯卦》：「泣血漣如。」《楚辭・九歎・憂苦》：「涕流交集兮，泣下
漣漣。」「氓」回頓丘後多日不返，女子憂心如焚，泣涕漣漣。一說，「漣」是
「連」之誤。段玉裁《毛詩故訓傳定本》經文「漣漣」下注曰：「漣，當作『連』
字之誤也。」泣涕連連，指多次哭泣。此解甚好。

〔14〕載笑載言：又笑又說。載，通是。參見《周南・葛覃》注〔8〕。女子見到「氓」
返回朝歌城來訂婚，心中十分高興，激動不已，跟他又說又笑。載，又通則，
即，就。參見《邶風・凱風》注〔12〕。《鄭箋》：「則笑則言，喜之甚。」

〔15〕爾卜爾筮：對於咱們的婚姻大事，你也請人算了卦。爾，你。指「氓」。《鄭箋》：
「爾，女（汝）也。」卜，以灼燒龜甲，使龜甲表面形成裂紋來判斷吉凶。筮，
用蓍草成卦來判斷吉凶。《毛傳》：「龜曰卜，蓍曰筮。」《周禮・春官・序官・
太卜》鄭玄《注》：「問龜曰卜。」《禮記・曲禮上》：「龜為卜，筴為筮。」筴，
「策」字的異體字，即籌策。《說文》：「筮，《易》卦用蓍也。」卜與筮一般大
事連用，小事不連用或偶有連用，卜不吉則筮。《尚書・周書・洪範》記箕子
告訴周武王說：「稽疑：擇建立卜筮人，乃命卜筮。曰雨，曰霽，曰蒙，曰驛，
曰克，曰貞，曰悔，凡七。卜五，佔用二，衍忒。立時人作卜筮。三人占，則
從二人之言。汝則有大疑，謀及乃心，謀及卿士，謀及庶人，謀及卜筮。汝則
從，龜從，筮從，卿士從，庶民從，是之謂大同。身其康強，子孫其逢。吉。
汝則從，龜從，筮從，卿士逆，庶民逆，吉。卿士從，龜從，筮從，汝則逆，
庶民逆，吉。庶民從，龜從，筮從，汝則逆，卿士逆，吉。汝則從，龜從，筮
逆，卿士逆，庶民逆，作內吉，作外凶。龜筮共違于人，用靜吉，用作凶。」
《鄘風・定之方中》：「卜云其吉，終然允臧。」《左傳・僖公二十五年》：「秦
伯師于河上，將納王。狐偃言於晉侯曰：『求諸侯，莫如勤王。諸侯信之，且
大義也。繼文之業而信宣於諸侯，今為可矣。』使卜偃卜之，曰：『吉！遇黃
帝戰于阪泉之兆。』公曰：『吾不堪也。』對曰：『周禮未改。今之王，古之帝
也。』公曰：『筮之。』」一說，卜、筮不能連用。《禮記・曲禮上》：「卜筮不

相襲。」鄭玄《注》:「卜不吉則又筮,筮不吉則又卜,是瀆龜策也。」春秋時期國君娶妻之前要先「卜妻」,看其宜娶否,有時卜筮並用。《左傳·僖公四年》:「初,晉獻公欲以驪姬為夫人,卜之,不吉;筮之,吉。公曰:『從筮。』卜人曰:『筮短龜長,不如從長。』」此為「卜妻」之一例。民間測吉凶一般不用龜卜而用筮占。「爾卜爾筮」不過是習慣的說法而已。「氓」的父母蓋已亡故,他在得到了婚戀對象的有關信息後,請筮者用《易》在考廟裏測算婚姻可否,然後將筮占的結果告於先父母。這是「告廟」的程序。《小雅·杕杜》「卜筮偕止」也是習慣說法。

〔16〕體無咎言:用筮法得到的卦體解開來全都是吉利的占辭。體,卦體。《毛傳》:「體,兆卦之體。」若不用龜卜,則無「兆」。此句說唱詞的「體」,是就《易》卦象而言,指六爻的具體排列。無咎言,沒有不吉利的占詞。咎,不吉。無咎,吉。指占詞吉利。《鄭箋》:「兆卦之繇,無凶咎之辭,言其皆吉。」繇,通籀,兆、卦的占詞。繇、籀,皆定母幽部字。朱駿聲《說文通訓定聲·孚部》:「繇,假借又為籀。」籀,讀書。讀兆、卦的占辭,亦稱為「籀」。「氓」對待這次婚姻十分慎重,他為此請人算了卦,告了廟,然後親自將「可以成婚」的好結果告訴了女方。這相當於納吉訂盟。

〔17〕以爾車來:把你的車子趕過來。以,把。爾,你的。車,男方的婚娶之車。貴族婚娶用車馬。

〔18〕以我賄遷:把我的嫁妝拉走吧。賄,本義為金錢和財物。《毛傳》:「賄,財。」《說文》:「財,人所寶也。」此指陪嫁的物品。遷,遷移。此謂用車拉走陪嫁的物品。《毛傳》:「遷,徙也。」女子有一定的陪嫁品,須用車拉到夫家去,可見她家也非一般的貧民家庭,她可能是朝歌城中某個商人的女兒。以上說唱詞表達了女子願意嫁給「氓」的爽快心情。

〔19〕桑之未落:桑樹的葉子未隕落時。桑,桑樹。落,指葉落。

〔20〕其葉沃若:它的葉子柔嫩可愛。沃若,即沃然,植物充分受水肥滋潤枝葉茂盛的樣子。沃,澆。《說文》:「沃,溉灌也。从水,芺聲。」《段注》:「自上澆下曰沃。」若,通然。若,日母鐸部;然,日母元部。鐸、元通轉。《毛傳》:「沃若,猶沃沃然。」朱熹《集傳》:「沃若,潤澤貌。」春天的桑樹葉綠油油的,讓人喜愛。此說唱詞用桑樹的茂盛,來比喻初婚時男子對女方愛情的濃厚。

〔21〕于嗟鳩兮：哎呀，小斑鳩呀。于嗟，同吁嗟，歎詞。于，《韓詩》作「吁」。鳩，斑鳩。《毛傳》：「鳩，鶻鳩也，食桑甚過則醉，而傷其性。」陸璣《毛詩草木疏》：「鶻鳩，一名斑鳩，似鶉鳩而大。」

〔22〕無食桑葚：不要貪吃那桑樹上的桑葚果。無，毋，不要。食，吃。桑葚，桑樹的果實，熟後呈黑色、紫色或白色，食之酸而甜。

〔23〕女：女子。

〔24〕無與士耽：不要跟男士過分地沉迷在愛情之中。無，毋。士，青年男子。在春秋時期，士是貴族的底層，其中一部分人分化為貧民。耽，本義為耳朵大而下垂的樣子。《說文》：「耽，耳大垂也。」耽通媅。耽、媅皆端母侵部字。媅，歡樂。指沉浸於中。《毛傳》：「耽，樂也。」段玉裁《毛詩故訓傳定本》傳文注：「此謂『耽』即『媅』之假借。」《說文》：「媅，樂也。」《段注》：「《衛風》：『無與士耽。』《傳》曰：『耽，樂也。』《小雅》：『和樂且湛。』《傳》曰：『湛，樂之久也。』耽、湛，皆假借字。媅，其真字也。」媅、甚古今字。甚，從甘從匹，本義為男女異常歡樂。《說文》：「甚，尤安樂也。從甘，從匹耦也。」徐灝《注箋》：「甚、媅古今字，女部。媅，樂也。通作耽、湛。」《小雅·鹿鳴》：「和樂且湛。」一說，耽、湛，為過度歡樂之義。《尚書·周書·無逸》：「惟耽樂之從。」孔安國《傳》：「過樂謂之耽。」

〔25〕猶可說也：還可以解脫出來。猶，還。說，通脫，擺脫，解脫。說，審母月部；脫，透母月部。審、透準旁紐。《鄭箋》：「說，解也。」

〔26〕其黃而隕：葉子發黃紛紛下落。隕，下落。《毛傳》：「隕，惰（墮）也。」《爾雅·釋詁》：「隕，落也。」《說文》：「隕，從高下也。」這句歌詞用秋天桑樹落葉比喻男子愛情的衰微。

〔27〕自我徂爾：自從我嫁到你家之後。自，從，方位介詞。徂，往，到。《鄭箋》：「徂，往也。」《爾雅·釋詁》：「徂，往也。」《方言》第一：「徂，往也。……逝，秦晉語也。徂，齊語也。適，宋語也。往，凡語也。」徂同退。《說文》：「退，往也。從辵，且聲。退，齊語。」衛國與齊國是鄰國，其語言相染。爾，你。此為「爾家」之省。

〔28〕三歲食貧：一連三年生活中都缺少食物。三歲，三年。《爾雅·釋天》：「夏曰歲。商曰祀。周曰年。」此說不確。《詩經》中既稱「年」又稱「歲」。《王風·采葛》：「一日不見，如三歲兮！」《魏風·碩鼠》：「三歲貫女。」《唐風·蟋蟀》：「蟋蟀在堂，歲聿其莫。」《曹風·鳲鳩》：「正是國人，胡不萬年？」《豳風·

東山》：「自我不見，于今三年。」《小雅・信南山》：「壽考萬年。」《豳風・七月》：「無衣無褐，何以卒歲？」《小雅・采薇》：「曰歸曰歸，歲亦莫止。」參見《唐風・蟋蟀》注〔2〕。食貧，缺乏食物。食，食物。貧，貧乏。這句說唱詞說女子與「氓」結婚後的三年裏生活一直過得很艱難。

〔29〕淇水湯湯：淇水嘩嘩地翻動著波浪。湯湯，同蕩蕩、洋洋，水激蕩的樣子。《齊風・載驅》：「汶水湯湯。」《小雅・沔水》：「沔彼流水，其流湯湯。」《小雅・鼓鍾》：「鼓鍾將將，淮水湯湯。」《大雅・江漢》：「江漢湯湯。」湯，從水從易，易聲，本為沸水上揚之義。《說文》：「湯，熱水也。从水，易聲。」熱水即沸水、開水，動盪、上揚之水。湯通蕩。湯，審母陽部；蕩，定母陽部。定、審準旁紐。蕩，水流淌湧動不停。《尚書・虞書・堯典》：「湯湯洪水方割（害），蕩蕩懷山襄（上）陵，浩浩滔天。」湯又通洋。洋，喻母陽部。審、喻旁紐。洋，與蕩同義。《衛風・碩人》：「河水洋洋，北流活活。」《陳風・衡門》：「泌之洋洋。」《史記・孔子世家》：「（孔子）臨河而歎曰：『美哉水，洋洋乎！』」一說，「湯湯」是水盛大的樣子。《毛傳》：「湯湯，水盛貌。」秋天淇水正盛，水流蕩蕩。但淇水是一條不大的河流，水面不寬廣。

〔30〕漸車帷裳：打濕了婚車上的帷幔。漸，打濕。《廣雅・釋詁》：「漸，濕也。」一說，漸為浸泡之義。《廣雅・釋詁》又說：「漸，漬也。」《楚辭・九歎・怨思》：「漸稿本於洿瀆。」洪興祖《楚辭補注》：「漸，浸也。」《釋文》：「漸，漬也；濕也。」陸德明二義皆存。帷裳的下緣高於車輪，帷裳只能被打濕，不會被浸泡。車，「氓」的婚娶之車。王先謙《集疏》：「愚案：車，即『復關』之車，上文所云『爾車』也。此婦更追溯來迎之時，秋水尚盛，已渡淇徑往，帷裳皆濕，可謂冒險，而我不以此自阻也。」帷裳，車的帷幔。《鄭箋》：「帷裳，童容也。」童，通幢。童、幢皆定母東部字。幢，車蓋上的飾物。《孔疏》：「幨裳，一名童容。故《巾車》云：『重翟、厭翟、安車皆有容蓋。』鄭司農云：『容謂襜車。山東謂之裳幃，或曰童容。』以幃障車之傍，如裳以為容飾。故或謂之幃裳，或謂之童容。其上有蓋，四傍垂而下，謂之襜。故《雜記》曰：『其輤有裧。』《注》云：『裧謂鱉甲邊緣。』是也。然則童容與襜別。司農云：『謂襜車者，以有童容。上必有襜，故謂之為襜車也。』此唯婦人之車飾為然。故《士昏禮》云：『婦車亦如之，有襜。』是也。幃裳在傍，渡水則濕。」襜，通襝，垂於車蓋邊緣的短帷。襜，穿母談部；襝，喻母談部。穿、喻旁紐。襜在外，帷在內；襜懸在上，而帷裳垂在下，二者有別。貴族婦女的一種乘車有

帷裳，「氓」婚娶之車亦如之。故《毛傳》說：「帷裳，婦人之車也。」女子乘坐有帷裳的車嫁往「氓」家時，正值深秋，淇水盛大。這意味著女子勇敢地嫁給了「氓」。

〔31〕女也不爽：為婦三年，女子並沒有辦錯什麼事情。女，女子。爽，本義為窗戶、籬笆透明。從焱，象孔隙之形；從大，指孔隙大，明亮。《說文》：「爽，明也。从焱从大。」《段注》：「從焱、大，其孔焱焱。」《廣韻·紙韻》：「焱，焱爾，布（希）明白（貌）。象形也。」《集韻·紙韻》：「焱，希明貌。」爽通喪。爽，山母陽部；喪，心母陽部。山、心準雙聲。朱駿聲《說文通訓定聲·壯部》：「爽，假借為喪。」喪，本義為亡失。引申為行為舉措有過失之義。《說文》：「喪，亡也。」《易·坤卦》：「東北喪朋。」《漢書·五行志》「皆喪心也」顏師古《注》：「喪，言失之也。」此句說唱詞的「爽」借為「喪」，指行為失其正常，有過錯。《毛傳》：「爽，差也。」《鄭箋》：「我心於女（汝），故無差貳（貳），而『復關』之行有二意。」《爾雅·釋言》：「爽，差也。爽，忒也。」郭璞《注》：「皆謂用心差錯，不專一。」邢昺《疏》：「爽謂差錯，又為忒變。」《方言》第十三：「爽，過也。」《小雅·蓼蕭》：「其德不爽。」《毛傳》：「爽，差也。」《左傳·昭公十五年》：「率義不爽，好惡不愆。」

〔32〕士貳其行：「氓」卻突然改變了自己的正常行為。士，男子。指「氓」。貳，「貳」的訛字。傳抄之誤。貳，「忒」的通假字。貳、忒皆透母職部字。忒，更改。《說文》：「忒，更也。」王引之《經義述聞·毛詩上》「士貳其行」條下：「貳當為　之訛。貳音他得切，即『忒』之借字也。《洪範》『衍忒』，《史記·宋微子世家》作『衍貳』。《管子·正篇》『如四時之不貳』，即《易》之『四時不忒』也。《爾雅》：『爽，差也。』『爽，忒也。』鄭注《豫卦》《象傳》曰：『忒，差也。』是『爽』與『忒』同訓為『差』。『女也不爽，士貳其行』，言女也不差，士則差其行耳。《爾雅》說此詩曰：『晏晏旦旦，悔爽忒也。』郭《注》曰：『傷見絕棄，恨士失也。』然則『悔爽忒』者，正謂恨士之爽忒其行。據《爾雅》所釋，《詩》之作　明矣。」陳喬樅《魯詩遺說考》：「『貳』為『忒』之假借。《毛詩》作貳，三家皆當作忒。據《爾雅》『悔爽忒』之語，足證《魯詩》是作『士忒其行』矣。」行，本義為道路。道路供人行走，故「行」借指人的行為。《爾雅·釋宮》：「行，道也。」《說文》「行」字《段注》：「引申為巡行、行列、行事、德行。」參見《邶風·雄雉》注〔13〕。《周禮·地官·師氏》：

「敏德，以為行本。」鄭玄《注》：「德行，內外之稱。在心為德，施之為行。」
女子指責「氓」變了心。

〔33〕士也罔極：「氓」呀你沒有準則，說話不算數。士，指「氓」。罔極，無極，不
中不正，沒有準則。指人的行為反覆無常。罔，從网，亡聲，本義捕魚、獸之
網。罔同网。《周易・繫辭》：「作結繩而為罔罟，以佃以漁。」《周易釋文》：
「取獸曰罔，取魚曰罟。」《說文》：「网，庖犧所結繩以漁。從冂，下象网交
文。凡网之屬皆從网。罔，网或从亡。」罔通亡、沒。罔、亡皆明母陽部字；
沒，明母物部。陽、物旁通轉。沒，沒有。極，房子最頂端的橫木。引申為標
準、準則之義。《說文》：「極，棟也。」「棟，極也。」《段注》：「極者，謂屋
至高之處。《繫辭》曰：『上棟下宇。』五架之屋，正中曰棟。《釋名》曰：『棟，
中也。居屋之中。』」古又稱北極星為「極」。《鄘風・定之方中》：「揆之以日，
作于楚室。」《毛傳》：「南視定，北準極，以正南北。」此句說唱詞的「極」
字謂中正行為。《毛傳》：「極，中也。」中，即正。「士也罔極」是春秋時的習
慣說法。《魏風・園有桃》：「不知我者，謂我士也罔極。」《大雅・民勞》：「無
縱詭隨，以謹罔極。」《鄭箋》：「罔，無。極，中。無中，所行不得中正。」

〔34〕二三其德：德行和操守不專一。二三，不專一。德，德性、德行。《古文尚書・
咸有一德》：「德惟一，動罔不吉；德二三，動罔不凶。」「二三其德」亦是春
秋時的習慣說法。《小雅・白華》：「之子無良，二三其德。」「氓」對其髮妻的
感情時好時壞，變化無常。他們結婚剛剛三年，「氓」就棄其髮妻，移愛於別
的女子。

〔35〕三歲為婦：我嫁你為婦三年以來。三歲，三年。一說，「三年」是多年，非實
指。從上文的「三歲食貧」看，「三歲」似為實數。婦，從女從帚，指室內灑
掃之人，本義為已婚女子。《說文》：「婦，服也。從女持帚灑埽也。」《禮記・
曲禮》：「士曰婦人，庶人曰妻。」一說，女人有公婆才稱為「婦」。《鄭箋》：
「有舅姑曰婦。」此說不確。此說唱詞未涉及主人公公婆事，蓋「氓」的父母
已亡故了。

〔36〕靡室勞矣：從未積壓過家務活。靡，通沒，無，沒有。參見《邶風・旄丘》注
〔11〕。室勞，家務活。《鄭箋》：「靡，無也。無居室之勞，言不以婦事見困苦。」
「氓」的髮妻很能幹，做事利索，從不讓家中有積累的活計。

〔37〕夙興夜寐：每天早起晚睡。夙，早晨天還不亮的時間。參見《召南・采蘩》注
〔8〕。興，甲骨文字象四人用手共同抬舉一長方形物體（疑似棺木）之形，本

義為數人一同抬舉起重物。引申為起來之義。《說文》：「興，起也。从舁从同，同力也。」從舁，舁即四人之手。從同，「同」是長方形物體之象形與「口」字的合體，「口」代表抬重物時的口令之聲。此句說唱詞的「興」為起牀之義。《鄭風・女曰雞鳴》：「子興視夜。」《秦風・小戎》：「再寢再興。」《小雅・斯干》：「乃寢乃興。」夜，從夕，亦聲，本義為夜間。參見《召南・采蘩》注〔8〕。此句說唱詞的「夜」指深夜。寐，睡覺。

〔38〕靡有朝矣：沒有一天不是如此。靡有朝，非一朝。這等於說非一天，即天天如此。《鄭箋》：「無有朝者，常早起夜臥，非一朝然。言己亦不解（懈）惰。」

〔39〕言既遂矣：咱們的生活剛剛安定下來。言，語助詞。既遂，既安，生活已安定下來。遂，通綏。遂，邪母物部；綏，心母微部。邪、心旁紐，物、微對轉。綏，車上的抓繩，用以登車及行車時站穩身體。《說文》：「綏，車中把也。」《段注》：「周生烈曰：『正立執綏，所以為安。』按，引申為凡安之稱。」《玉篇・糸部》：「綏，安也。」綏通妥，安。妥，透母歌部。心、透鄰紐，微、歌旁轉。《爾雅・釋詁》：「妥，安也。」「安，定也。」段校《說文》：「妥，安也。从爪、女。妥與安同意。」

〔40〕至于暴矣：你的脾氣就變得暴躁無常。至于，達到，變成。暴，本義為烈日曬物。《說文》：「暴，晞也。」《孟子・滕文公上》：「秋陽以暴之。」暴，通虣，常指人性情暴烈、發怒、發脾氣。參見《邶風・終風》注〔1〕。《玉臺新詠・古詩為焦仲卿妻作》：「性情暴如雷。」暴，又引申為殘暴之義。《尚書・周書・泰誓》：「敢行暴虐。」孔安國《傳》：「敢行酷暴，虐殺無辜。」《孟子・離婁上》說，暴君「暴其民甚，則身弒國亡」。《史記・陳涉世家》：「伐無道，誅暴秦。」暴又作「欺凌」解。《莊子・盜跖》：「以強凌弱，以眾暴寡。」此時「氓」對髮妻雖有遺棄之心，尚不至於殘害她，只是脾氣變得越來越壞了。《鄭箋》：「謂三歲之後，見遇浸薄，乃至見酷暴。」酷暴，謂脾氣惡劣。

〔41〕兄弟不知：我娘家的兄弟不瞭解我的處境。兄弟，指女主人公的親兄弟。不知，不瞭解。《鄭箋》：「兄弟在家，不知我之見酷暴。」

〔42〕咥其笑矣：他們都譏笑我。咥，譏笑的樣子。《毛傳》：「咥咥然笑。」《說文》：「咥，大笑也。从口，至聲。《詩》曰：『咥其笑矣。』」「氓」的髮妻因遭到「氓」的冷落，一氣之下回娘家去了。她娘家的兄弟們不瞭解實情，對她的遭遇報以譏笑。參見《邶風・柏舟》注〔11〕。

〔43〕靜言思之：安下身來好好地想一想所發生的這些事情。靜言，即婧然，副詞，
　　　安定思慮的樣子。參見《邶風·柏舟》注〔22〕。《鄭箋》：「靜，安。」

〔44〕躬自悼矣：讓我心中愁思不已。躬，自己的身體，與「身」同義。《鄭箋》：「躬，
　　　身也。」悼，思。《毛傳》：「悼，傷也。」《鄭箋》：「我安思君子之遇己無終，
　　　則身自哀傷。」傷通慯。參見《周南·卷耳》注〔12〕。段校《說文》：「慯，
　　　恚也。」「恚，愁也。」愁，憂慮。參見《邶風·終風》注〔4〕。

〔45〕及爾偕老：我當年跟你發過「與你一同白頭到老」的誓言。及，與。《鄭箋》：
　　　「及，與也。」爾，你。偕老，一同生活到年老壽終。偕，俱、同。《說文》：
　　　「偕，一曰俱也。」《魏風·陟岵》：「夙夜必偕。」《毛傳》：「偕，俱也。」老，
　　　年老。指到終老之年。《鄭風·女曰雞鳴》：「宜言飲酒，與子偕老。」「及爾偕
　　　老」是女子對「氓」發過的愛情誓言。

〔46〕老使我怨：但假如與你一同生活到老，不知我會怨恨你到什麼程度。怨，怨恨。
　　　《鄭箋》：「我欲與汝俱至於老，老乎汝反薄我，使我怨也。」《說文》：「怨，
　　　恚也。」「恚，恨也。」「恨，怨也。」

〔47〕淇則有岸：淇河水再寬也有岸。則，猶、還，也。裴學海《古書虛字集釋》卷
　　　八：「則，猶『猶』也，尚也。」

〔48〕隰則有泮：隰水再寬也有邊。隰，古水名，又名「漯河」，黃河的支流，流經
　　　衛地。周振甫《詩經譯注》注：「隰（xí 席）：水名，即漯河。」漯，正讀為
　　　「踏」。泮，通阪。泮，滂母元部；阪，並母元部。滂、并旁紐。阪，河岸的
　　　斜坡。《毛傳》：「泮，陂也。」陂，與阪同義。《說文》：「陂，阪也。」一說，
　　　泮通畔。《鄭箋》：「泮，讀為畔。畔，涯也。」高亨《詩經今注》：「泮（pàn 判）
　　　通畔，邊也。」畔，本義為田界。引申為邊界之義。《說文》：「畔，田界也。」
　　　《段注》：「田界者，田之竟處也。……引申為凡界之偁。」淇水、隰水都有岸，
　　　從此岸很快就能渡到彼岸去，而「氓」的髮妻遭遇遺棄之後的苦日子，卻像掉
　　　進了無邊的苦海。

〔49〕總角之宴：想起我們的孩童時代。總角，古代兒童的髮型，把頭髮紮成兩角的
　　　樣子。總，通作「緫」，束、紮之義。把一綹絲線的一頭束紮起來稱為「緫」。
　　　角，本義為動物的角。此謂頭髮束紮成角狀。《毛傳》：「總角，結髮也。」此
　　　說唱詞的「總角」代指孩童時代。宴，與下文「宴宴」意義重複，推測此字是
　　　「卵」字之誤。宴，與卵音近。宴，影母元部；卵，見母元部。影、見鄰紐。
　　　《釋文》：「宴如字。本或作卵者，非。」陸德明所見《毛詩》經文「宴」字有

作「丱」者，但他認為「宴」為正字，「丱」非正字。孔穎達《正義》亦認為「丱」非正字。馬瑞辰《通釋》：「作『丱』者是也。丱即『丫』字之渻，為總角貌。丱與晏古音正合。《箋》『宴然』亦當為『丱然』之訛。作『宴』者，因下『晏晏』而誤也。《釋文》《正義》轉以作『丱』為非，失之。」王先謙《集疏》贊同馬瑞辰的說法。丱，字象羊角之形，本義為羊角。《說文》：「丫（丱），羊角也。」古人用「丱」字形容兒童束髮成兩角的樣子。《齊風·甫田》：「婉兮孌兮，總角丱兮。」《毛傳》：「總角，聚兩髦也。丱，幼穉也。」朱熹《集傳》：「丱，兩角貌。」

〔50〕言笑晏晏：又說又笑天真無邪地在一起嬉戲玩耍。言笑，又說又笑。晏晏，通安安。晏、安皆影母元部字。晏晏、安安，歡樂的樣子。《毛傳》：「晏晏，和柔也。」和柔，溫和地說話、嬉鬧。「氓」與髮妻孩童時代曾在一起天真無邪地玩耍。那時，「氓」不是個沒有德行的孩子。

〔51〕信誓旦旦：看著他那時常常坦誠地發誓的樣子。信誓，即申誓，重複發誓言。信通申。信，心母真部；申，審母真部。心、審準雙聲。旦旦，即坦坦，坦誠的樣子。旦，本義為天明。《說文》：「旦，明也。」旦通坦。旦，端母元部；坦，透母元部。端、透旁紐。坦，坦誠之義。旦，《魯詩》作「悬」。《魯說》：「晏晏悬悬，悔爽忒也。」《鄭箋》：「我以其信，相誓旦旦爾。言其懇惻款誠。」《說文》「怛」字又作「悬」，下引《詩》：「信誓悬悬。」悬，同怛，本義為坦誠，與「勞心怛怛」之「怛」義迥別。悬通坦。悬，透母元部。坦，本義為平坦。《廣雅·釋訓》：「坦坦，平也。」《易·履卦》：「履道坦坦。」坦，引申為心意坦誠、心地坦蕩之義。《論語·述而》：「君子坦蕩蕩，小人長戚戚。」

〔52〕不思其反：我壓根兒沒有去想違背誓言的事情會發生在他的身上。不思，沒有去想。反，違反。此指違背誓言。

〔53〕反是不思：同「不思其反」。

〔54〕亦已焉哉：那就算了吧！亦，通也。亦，喻母鐸部；也，喻母歌部。鐸、歌通轉。已，停止。指「氓」的髮妻從思想上接受了她與「氓」的婚姻關係結束的現實，不再有怨言。《孔疏》：「君子不思前言之事，則我亦已焉哉，無可奈何。」焉哉，感歎詞。《北風·北門》：「已焉哉！天實為之，謂之何哉！」此說唱詞中的女主人公與「氓」的婚姻是她自主決定的，她也只好獨自承受遭遺棄的苦果。

【詩旨說解】

　　《氓》是一篇講棄婦故事的說唱詞。它敘述了一個女子從談婚、結婚到被遺棄的婚姻歷程。這篇說唱詞中的女主人公與男主人公氓小時候曾經是青梅竹馬的小夥伴，不知何故，男女雙方忽然分開，兩地生活了。轉眼之間，他們都到了談婚論嫁的年齡，少年時的交往促成了他們長大後的婚戀。後來他們自由戀愛了，並且為愛情發過山盟海誓。他們的婚姻並未經過媒人撮合。氓為了能與青梅竹馬的女子成婚，使用心計「抱布貿絲」，還專門請人算了卦，並且告了廟。他們二人結婚之後，也曾有過一段恩愛纏綿的日子。氓的家境貧寒，但女子並不計較。在婚後的三年裏，女子忍飢挨餓，吃苦受累地勞作。但是，這樣的生活僅僅維持了三年，氓就「二三其德」了。他經常無端地找茬發脾氣，女子有苦無處訴，只好看著她娘家兄弟們的白眼過生活。對於這椿失敗的婚姻，女主人公再三反思，最後表示「亦已焉哉」。一場男女自由結合的婚姻，就這樣無奈地結束了。

　　這篇說唱詞，字裏行間充滿了對女主人公的褒揚和對氓的貶責。氓的模樣雖然長得比較好看些，但家境並不富裕，生活較貧困。該說唱詞中的女主人公氓的髮妻則是一個敢作敢為、信守諾言而又吃苦能幹的女子。由於青梅竹馬的原因，她選擇了氓這個有點兒斯文又有點兒心計的窮小子作為婚姻對象，並且不顧來自家庭和社會的壓力，自作主張與他結了婚。在婚後的生活中，她深深地愛著氓。為了盡快擺脫窮困，創造溫馨的家庭生活，她苦幹巧幹，出力流汗在所不惜。她飽嘗了婚後持家的艱辛，最終得到的卻是一杯難咽的生活「苦酒」。氓骨子裏隱藏著劣根，剛剛結婚三年，他就變得暴怒無常，進而另尋新歡。

　　這篇說唱詞，反映了春秋晚期的社會婚姻情況。「氓之蚩蚩，抱布貿絲。匪來貿絲，來即我謀。送子涉淇，至于頓丘」「信誓旦旦」，這些描述反映了當時男女自由擇偶的婚戀風俗。氓與髮妻的訂婚程序很簡易，他們沒有找媒人撮合。男方用一匹麻布作為聘禮，就搞定了這椿婚姻。婚娶的程序也很簡單，男方用筮占的方法確定娶該女子為妻，然後把筮占的結果告訴女子，女子便欣然答應讓氓用車把她的嫁妝和她本人接走就完事了。婚後，女子在持家生活方面勤勞肯幹，但由於氓的「二三其德」，他們還是離異了。

　　《氓》頗像民間藝人的一個說唱底本。說唱者以第一人稱的面目出現，用一個女子的口吻，唱出了一段讓人心酸的棄婦故事。這篇說唱詞道出了氓始亂

終棄的可恨，也道出了一個自主擇偶的女子遭丈夫遺棄的不幸和無奈。從保護弱者的意義上來說，這篇說唱詞具有一定的進步意義。「反是不思，亦已焉哉」這句說唱詞，反映了女主人公對她的自主婚姻失敗的自責和對她的不幸命運的妥協。由此可以看出，作者的思想傾向，乃在於暴露自主婚姻的惡果，進而否定自由結合的婚姻方式，肯定「父母之命，媒妁之言」的婚姻方式。

朱熹《集傳》評論《氓》說：「此淫婦為人所棄，而自敘其事以道其悔恨之意也。」朱熹不知古時有自由婚戀的風習，他看到《氓》中的女主人公不經媒人介紹自主成婚，就說《氓》裏的女主人公是「淫婦」，暴露出一副道學家的面目。

竹竿

籊籊竹竿〔1〕，以釣于淇〔2〕。
豈不爾思〔3〕？遠莫致之〔4〕。

泉源在左〔5〕，淇水在右〔6〕。
女子有行〔7〕，遠兄弟父母〔8〕。

淇水在右，泉源在左。
巧笑之瑳〔9〕，佩玉之儺〔10〕！

淇水滺滺〔11〕，檜楫松舟〔12〕。
駕言出遊〔13〕，以寫我憂〔14〕。

【注釋】

〔1〕籊籊竹竿：手拿一根長竹竿。籊籊，竹竿細而長的樣子。籊，會意字，從竹從翟，彎曲而美的竹竿。竹，竹竿。翟，又做「鸐」，山雉。此指細長而彎曲的野雞尾毛。段校《說文》：「翟，山雉也。」《爾雅·釋鳥》：「鸐，山雉。」郭璞《注》：「長尾者。」釣魚的竹竿釣魚起竿時彎曲得像長尾山雞的尾羽一樣，弧線優美。《毛傳》：「籊籊，長而殺也。」殺，細。竹竿由粗漸變為細。陳奐《傳疏》：「殺者，纖小之稱。」

〔2〕以釣于淇：垂釣來到淇水岸邊。以，用，用它。指用竹竿。釣，釣魚。于，通往，到，在。淇，淇水。衛國的一條主要河流。

〔3〕豈不爾思：即「豈不思爾」，怎麼能不想念你？豈，通何，怎能。參見《召南·行露》注〔2〕。爾，你。

〔4〕遠莫致之：想遞音信路太遠。遠，路程遙遠。莫，無。表示沒有條件或沒有辦法。致之，送音信。致，送達。之，指示代詞。指音信。

〔5〕泉源在左：肥泉就在左邊。泉源，衛國的名泉，又叫「肥泉」。左，左邊。淇水畔、肥泉邊是青年男女談情說愛的好地方。男子來淇水邊釣魚，不免要想起在肥泉旁邊的婚戀往事。

〔6〕淇水在右：淇水就在右邊。右，右邊。男子從其住地出發往北行走，肥泉正在他的左邊，淇水正在他的右邊。他在淇水旁觸景生情，想起了往日的婚戀女友。

〔7〕女子有行：那個女子已經出嫁了。女子，指衛國貴族某女。她曾與來淇水釣魚的這個男子在淇水、肥泉旁邊談情說愛。行，遠行。此指出嫁。

〔8〕遠父母兄弟：遠離了她的父母和兄弟。遠，動詞，遠離。衛國貴族之女已經遠嫁。

〔9〕巧笑之瑳：她微笑時牙齒多麼白。巧笑，即　笑、妖笑，女子笑而美的樣子。巧通妖。巧，溪母幽部；妖，影母宵部。溪、影鄰紐，幽、宵旁轉。妖，女子工於笑、笑而美的樣子。《說文》：「妖，巧也。一曰女子笑貌。」慧琳《一切經音義》卷四十一「妖媚」下引《考聲》：「婦人巧作姿態也。」慧琳《一切經音義》卷六十一「妖妍」下引《說文》：「巧態美貌也。」瑳，通玼，齒白。參見《碩人》注〔13〕。女子一笑而露出皓齒來。《毛傳》：「瑳，巧笑貌。」這句歌詞是男子誇讚他原來的婚戀女友笑貌美。

〔10〕佩玉之儺：她佩玉玲瓏身姿多麼美！佩玉，腰間所佩帶的玉飾品。貴族女子身上有佩玉，乘車、行走時「將將」作響，令人難忘其音容。《鄭風·有女同車》：「佩玉將將……德音不忘！」《秦風·終南》：「佩玉將將，壽考不亡（忘）！」儺，女子身姿優美。《毛傳》：「儺，行有節度。」《說文》：「儺，行人節也。從人，難聲。《詩》曰：『佩玉之儺。』」《段注》：「『行有節也。』《衛風·竹竿》曰：『佩玉之儺。』《傳》曰：『儺，行有節度。』按，此字之本義也。其毆疫字本作『難』。自假『儺』為毆疫字，而儺之本義廢矣。其《曹風》之『猗儺』，則《說文》之『旖施（旎）』也。」按，《段注》中的「曹」字為「檜」字之誤。《檜風·隰有萇楚》：「猗儺其枝。」儺通那。儺、那皆泥母歌部字。《商頌》：「猗與那與。」《小雅·桑扈》：「受福不那。」《說文》「魓」字下引《詩》作「受福不儺」。猗儺、猗那，後作「婀娜」「阿那」。這句歌詞是男子誇讚他原來的婚戀女友身姿美。

〔11〕滺滺：水流長遠的樣子。滺，又作「淑」，古作「汝」，水流長遠之義。《毛傳》：「滺滺，流貌。」段玉裁《毛詩故訓傳定本》校訂經、傳皆作「淑淑」。滺通攸。滺、攸皆喻母幽部字。攸，篆體从水，亻、攴中間的「丨」作「氺」，攴表示一長竿，本為水流遠長之義。段校《說文》：「攸，行水也。从攴，从人、水省。汝，秦刻石嶧山，石文『攸』字如此。」滺、淑皆後起字。李富孫《詩經異文釋》卷三：「『淇水滺滺，檜楫松舟。』《釋文》滺作淑，云『本亦作滺』……《文選》江淹《雜詩》注引作『悠悠』；《事類賦》廿四，《御覽》六十四、九百五十三同；《五經文字》滺（滺）作『攸攸』；《車攻》『悠悠旆旌』，《左·昭十二年傳》疏、《文選·魏都賦》注並引作『攸攸』。……段氏曰：古當作『攸攸』，後人誤改為『淑』，又誤改為『滺』，皆未識《說文》『攸』字本義也。」

〔12〕檜楫松舟：我看見淇水上停著一隻松木舟，還配有兩個檜木的槳。檜楫，檜木的船槳。檜，柏科，又名「圓柏」，木質呈桃紅色，有香氣。《毛傳》：「檜，柏葉松身。」《爾雅·釋木》：「檜，柏葉松身。」楫，又作「檝」，船槳。《毛傳》：「楫，所以棹舟也。」棹，船槳。其動詞為「劃」義。李富孫《詩經異文釋》卷三：「楫，本又作檝。……《廣韻》檝同楫。」「檜楫松舟」是貴族所乘用的船隻。

〔13〕駕言出遊：我很想駕著船兒去遠遊。駕，從馬從加，加亦聲，將軛等駕具加於馬身上，本義為備車。借為備船之義。《說文》：「駕，馬在軛中。」《段注》：「駕之言以車加於馬也。」舿，備舟。《類篇·舟部》：「舿，具舟也。」《集韻·禡韻》同上。「舿」字後出。言，通焉，語助詞。出遊，外出遊玩散心。《邶風·柏舟》：「汎彼柏舟，……以敖以遊。」

〔14〕以寫我憂：我要借它排遣掉我心中無限的憂愁。寫，通瀉。寫、瀉皆心母魚部字。瀉，傾瀉。引申為排遣、消解之義。《玉篇·水部》：「瀉，傾也。」《周禮·地官·稻人》：「以澮寫水。」瀉同泄。泄，排泄。《集韻·禡韻》：「瀉，泄也。」《邶風·泉水》：「駕言出遊，以寫我憂。」《小雅·蓼蕭》：「既見君子，我心寫兮。」《大雅·民勞》：「俾民憂泄。」《毛傳》：「泄，去也。」《鄭箋》：「泄，猶出也，發也。」憂，憂愁，煩惱。

【詩旨說解】

《竹竿》是情歌歌詞。一個貴族男子肩扛著一根釣魚竿由其住地向北行，到淇河邊釣魚。他是不是為了辦自己的婚事而釣魚？不得而知。當他行走到

淇河岸邊時，心中想起了他曾經深深地愛著的一個已出嫁到遠方的姑娘，情不自禁地唱出一支歌來。

　　淇水、肥泉旁邊，是衛國青年人婚戀的場所。男子這次到淇水上釣魚，觸景生情，很自然地便想起了那個曾與他戀愛過的姑娘。他們曾經在野外婚戀，這個女子美麗的笑貌和綽約的姿容，始終留在他的心上。他很想託人給她通個音信，但這個願望一直也沒有能夠實現。望著遠去的淇水，他想駕舟遨遊，宣洩自己心中的鬱悶。

　　這篇歌詞反映了一個貴族男子堅定的愛情觀。

芄蘭

芄蘭之支〔1〕，童子佩觿〔2〕。
雖則佩觿〔3〕，能不我知〔4〕？
容兮遂兮〔5〕，垂帶悸兮〔6〕！

芄蘭之葉，童子佩韘〔7〕。
雖則佩韘，能不我甲〔8〕？
容兮遂兮，垂帶悸兮！

【注釋】

〔1〕芄蘭之支：芄蘭的莢實多麼美！芄蘭，草本植物，蔓生，其果實似觿。《毛傳》：「芄蘭，草也。」《鄭箋》：「芄蘭柔弱，恒蔓於地，有所依緣則起。」《爾雅·釋草》：「雚，芄蘭。」郭璞《注》：「芄蘭，蔓生，斷之有白汁，可啖。」陸璣《毛詩草木疏》：「芄蘭，一名蘿摩，幽州人謂之雀瓢。」支，芄蘭的莢實。《魯詩》作「枝」。《說文》「芄」字下引《詩》：「芄蘭之枝。」宋呂祖謙《家塾讀詩記》卷六引董逌曰：「《石經》作『枝』。《說文》同。」《說苑·修文》引《詩》亦作「芄蘭之枝」。支、枝皆通芰。支、枝，照母支部；芰，群母支部。照、群通轉。芰，菱角。「芰」與「菱」字義無別。《說文》：「芰，菱也。」「菱，芰也。从艸，凌聲。楚謂之芰，秦謂之薢茩。」《段注》：「《周禮》加籩之實有菱，《注》：『菱，芰也。』《子虛賦》應劭《注》同。」《離騷》：「製芰荷以為衣兮，集芙蓉以為裳。」芰荷與菱荷同義。《國語·楚語·屈建祭父不薦芰》：「屈到嗜芰。有疾，召其宗老而屬之，曰：『祭我必以芰。』」韋昭《注》：「芰，菱也。」一說，芰與菱有別。《酉陽雜俎·廣動植之四·草》：

「芰，今人但言菱芰，諸解草木書亦不分別。唯王安貧《武陵記》言四角、三角曰芰，兩角曰菱。」支，通芰，指芃蘭所結的錐形果實。芃蘭之實蓋為今之地梢瓜，草本植物的果子，在野外地裏常見，其嫩時可食。它可作為青年人野外婚戀的媒物。

〔2〕童子佩觿：那個少年男子腰間佩帶著一支像芃蘭的莢實一樣的觿。童子，即僮子，未成年的男子。童，本義為有罪的男性奴隸。《說文》：「童，男有辠曰奴，奴曰童。女曰妾。」童通僮。童、僮皆定母東部字。《說文》：「僮，未冠也。」朱駿聲《說文通訓定聲·豐部》：「僮，十九以下八歲以上也。」《玉篇·人部》「僮」字下引詩：「狂僮之狂也且。」《禮記·玉藻》「童子之節也」鄭玄《注》：「童子，未冠之稱也。」《論衡·偶會》：「僮謠之語當驗。」佩觿，腰間佩帶著觿。觿，用骨、玉製成的解衣帶結、繩結的小錐子，用作腰上的佩飾。古時成年人佩帶觿。佩觿是男子成年的標誌，佩帶了觿就可以參加婚戀活動了。《毛傳》：「觿，所以解結。成人之佩也。」《說文》：「觿，佩角，銳耑（端）可以解結。從角，雟聲。《詩》曰：『童子佩觿。』」

〔3〕雖則佩觿：他已經佩帶了觿。雖則，雖是，已經。佩，佩帶。

〔4〕能不我知：難道他不跟我婚戀相配？能，通寧。能，泥母之部；寧，泥母耕部。之、耕旁對轉。寧，副詞，難道，豈。《邶風·日月》：「寧不我顧。」《鄭風·子衿》：「縱我不往，子寧不來？」不我知，「不知我」的倒裝結構，賓詞前置。知，成婚姻對象。《魯說》：「知，匹也。」《檜風·隰有萇楚》：「樂子之無知。」知通特、值。知，端母支部；特、值，定母職部。端、定旁紐，支、職旁對轉。特，值，相當。指婚戀相配。《鄘風·柏舟》：「髧彼兩髦，實維我特。」

〔5〕容兮遂兮：他腰間還佩帶著容刀和金燧呀。容，「容刀」的略語。《大雅·公劉》：「何以舟之，維玉及瑤，鞞琫容刀。」《毛傳》：「舟，帶也。」《鄭箋》：「民亦愛公劉之如是，故進玉瑤、容刀之佩。」朱熹《集傳》：「容刀，容飾之刀也。」《釋名·釋兵》：「佩刀，在佩旁之刀也。或曰容刀。有刀形而無刃，備儀容而已。」按，容刀雖小，亦是實用器具，未必無刃。遂，通燧。遂、燧皆邪母物部字。燧，金燧。《禮記·內則》：「子事父母，⋯⋯左佩紛帨、刀、礪、小觿、金燧；右佩玦、捍、管、遰、大觿、木燧。」鄭玄《注》：「金燧，可取火於日。」「木燧，鑽火也。」孔穎達《疏》：「燧音遂，火鏡。」《疏》又引皇侃云：「晴則以金燧取火於日，陰則以木燧鑽火也。」金燧，又稱「陽燧」，銅製的凹面反射聚光器。用它聚合日光生火。木燧，鑽木取火的工具，多在陰天時使用。

一說，「容」謂容儀，「遂」謂佩玉垂於紳帶的樣子。《毛傳》：「容儀可觀，佩玉遂遂然垂其紳帶，悸悸然有節度。」

〔6〕垂帶悸兮：在衣帶上垂掛著，排列得很好看呀！垂帶，即垂於帶。帶，腰間的革帶，以繫掛佩飾。《禮記・玉藻》「革帶」下鄭玄《注》：「凡佩繫於革帶。」《說文》「紳」字《段注》：「古有革帶以繫佩韍，而後加之大帶。紳則大帶之垂者也。」《左傳・桓公二年》「帶、裳、幅、舄」杜預《注》：「帶，革帶也。」悸，「悸悸」的略語。悸通秩。悸，群母質部；秩，定母質部。群、定通轉。秩秩，有序的樣子。悸悸，即秩秩，形容革帶上的飾物秩秩有序的樣子。《荀子・仲尼》：「貴賤長少，秩秩焉。」楊倞《注》：「秩秩，順序之貌。」《小雅・賓之初筵》：「賓之初筵，左右秩秩。」秩秩，參加筵會者行坐秩秩然有序。「垂帶悸兮」與上文「容兮遂兮」有明顯的邏輯關係，謂容刀、金燧等飾物在革帶上「秩秩」地下垂著。《毛傳》：「佩玉遂遂然垂其紳帶，悸悸然有節度。」歌者誇讚「童子」的革帶上所佩容刀、金燧等飾物秩秩然有序，一副好看的樣子。

〔7〕韘：又稱「玦」或「決」，用獸骨或玉製成的射箭勾弦的用具，俗稱「扳指」。《毛傳》：「韘，玦也。能射御則佩韘。」《說文》：「韘，射決也。所以拘弦。以象骨韋繫著右巨指。從韋，枼聲。《詩》曰：『童子佩韘。』弽，韘或從弓。」古代射箭時把韘套在右手的大拇指上，用以勾弦放箭。貴族成年男子才佩韘。佩韘不同於實用的韘，有的佩韘製作成薄片形狀。歌者說「童子」腰間的佩韘像莞蘭的葉片一樣美。

〔8〕能不我甲：難道他不跟我一起嬉戲玩樂？不我甲，即不我狎、不狎我，不跟我一起玩樂。甲，通狎。甲，見母盍部；狎，匣母盍部。見、匣旁紐。《毛傳》：「甲，狎也。」《韓詩》作「狎」。《魯說》：「甲，狎也。」狎，本義為訓犬，即以食物逗犬。引申為挑逗、戲弄之義。《爾雅・釋言》：「甲，狎也。」郭璞《注》：「謂習狎。」《說文》：「狎，犬可習也。」《段注》：「引申為凡相習之偁。古假『甲』為之。《衛風傳》曰：『甲，狎也。』此言假借也。」《荀子・正論》「今俳優、侏儒、狎徒詈侮而不鬥者」楊倞《注》：「狎，戲也。」此歌詞的「甲」字為嬉逗玩樂之義。男女青年人在婚戀場合相互嬉逗，是古代的一種風俗行為。《淇奧》：「善戲謔兮，不為虐兮！」《鄭風・溱洧》：「士與女，伊其相謔，贈之以勺藥。」

【詩旨說解】

　　《芄蘭》是婚戀情歌歌詞。在野外婚戀集會場所，一個女子看到了一個面目稚嫩的青年小夥子，腰間佩帶著觿和韘，走起路來一派瀟灑的模樣。她心裏衝動了，就大膽地唱出了一支情歌，來挑逗這個男子。

　　此歌詞包含「誇」與「邀」兩層意思。「芄蘭之支，童子佩觿」「芄蘭之葉，童子佩韘」「容兮遂兮，垂帶悸兮」，這都是誇讚「童子」的說辭。女子說小夥子所佩帶的觿很像芄蘭結出的尖尖果實、所佩帶的韘很像芄蘭的葉子。這表面上是誇讚觿、韘美，實質上是誇讚「童子」俊美。女子稱她所遇見的男子為「童子」，其實也是「誇讚」之辭。「雖則佩觿，能不我知」「雖則佩韘，能不我甲」是女子邀請「童子」跟她婚戀的說辭。

　　《毛詩》序：「《芄蘭》，刺（衛）惠公也。驕而無禮，大夫刺之。」此說無據，不足信。

河廣

誰謂河廣〔1〕？一葦杭之〔2〕。
誰謂宋遠〔3〕？跂予望之〔4〕。

誰謂河廣？曾不容刀〔5〕。
誰謂宋遠？曾不崇朝〔6〕。

【注釋】

〔1〕誰謂河廣：誰說黃河寬廣無邊。謂，說。參見《召南‧行露》注〔4〕。廣，寬。

〔2〕一葦杭之：用一根葦稈換著氣就能渡過去。一葦，一根葦稈。葦，指空心的葦子。用一根空心葦稈做成換氣的管子，可以潛渡過河。這是一種原始的渡河方法。一說，「一葦」是一束葦。《孔疏》：「言『一葦』者，謂一束也，可以浮之水上而渡，若桴筏然，非一根葦也。」此說甚荒唐。杭，本義為用一木渡水。此為渡水之義。《毛傳》：「杭，渡也。」杭，《魯詩》作「斻」。杭，通航、斻。杭、航、斻皆匣母陽部字。《太平御覽》卷七百七十舟部「航」字下引《詩》：「誰謂河廣？一葦航之。」徐中舒《甲骨文字典‧方部》有「𣃚」字，象一人持竿在舟上渡水之形，為「航」本字。字典隸定為「斻」。《說文》：「斻，方舟也。」《段注》：「『舟』字蓋衍。《衛風》：『一葦杭之。』毛曰：『杭，渡也。』」

『杭』即『斻』字。《詩》謂一葦可以為之舟也。舟所以渡，故謂渡為斻。」
《正字通‧木部》：「杭，與斻、航同。」

〔3〕誰謂宋遠：誰說宋國離得很遠？宋，宋國。宋國是衛國的鄰國，宋、衛接壤。
《左傳‧僖公二十八年》記載，晉文公伐曹、衛，「分曹、衛之田以畀宋人」。
《史記‧衛康叔世家》也說，衛成公三年（公元前 632 年）「晉文公重耳伐衛，
分其地予宋」。

〔4〕跂予望之：我踮起腳跟就能望到它。跂，本義為多長出來的腳趾。《說文》：
「跂，足多指也。」跂通企。跂，群母支部；企，溪母支部。群、溪旁紐。跂，
《齊詩》作「企」。馬瑞辰《通釋》：「此詩『跂』即『企』之假借。」企，踮
起腳跟遠望。《說文》：「企，舉踵也。」予，象兩隻手授受之形，本義為給予。
參見《邶風‧干旄》注〔10〕。予通而。予，喻母魚部；而，日母之部。喻、
日旁紐，魚、之旁轉。《荀子‧勸學》：「吾嘗跂而望矣。」《大戴記‧勸學》：
「吾嘗跂而望之。」望，望見。之，代詞，指衛國。此句歌詞說宋國離得很近。
《鄭箋》：「誰謂宋國遠與？我跂足則可以望見之。亦喻近也。」

〔5〕曾不容刀：連一條小船都容不下。曾，乃，而。《說文》「曾」字《段注》：「曾
之言乃也。……蓋曾字古訓乃。」王引之《經義述聞‧毛詩中》「寧訓為乃」
條下：「曾亦乃也。《論語‧先進篇》：『吾以子為異之問，曾由與求之問。』是
也。」王引之《經傳釋詞》卷八：「曾，乃也，則也。《詩‧河廣》：『曾不容刀。』
『曾不崇朝。』《論語‧八佾》曰：『曾謂太山不如林放乎？』皆是也。」不容，
容不下。刀，通舠，小船。刀、舠皆端母宵部字。《鄭箋》：「船曰刀。」《玉篇‧
舟部》：「舠，小船。」《釋文》：「刀，小船也。字書作舠，《說文》作𦪶，並音
刀。」《太平御覽》七七〇卷舟部「舠」字下引《詩》曰：「誰謂河廣，曾不容
舠。」一說，「刀」或是「舟」之訛字。朱駿聲《說文通訓定聲‧孚部》「舠」
字下：「按《河廣》之『刀』是『舟』之訛字。」「刀」與下文「朝」皆宵部字，
「舟」為幽部字，與「朝」字韻稍遠。這句歌詞極言黃河狹窄易渡過，擋不住
人。《鄭箋》：「不容刀，亦喻狹小。」

〔6〕曾不崇朝：用不了一個早晨的時間就能走到宋國。崇朝，即終朝，整個早
晨，即從天剛亮到早飯的一段時間。崇通終。參見《邶風‧蝃蝀》注〔6〕。
《鄭箋》：「崇，終也。行不終朝，亦喻近。」此句歌詞是說宋國與衛國近
在咫尺。

【詩旨說解】

　　《河廣》是婚戀情歌歌詞。此歌詞上章、下章皆是女子所唱。「誰謂河廣？一葦杭之」「誰謂河廣？曾不容刀」，這兩句歌詞都是說黃河的水面很窄，容易渡過去。這是衛國的女子鼓勵宋國的男子主動過黃河找她婚戀的說辭。春秋時期過河可以乘船，也可以游泳，一般不用葦稈子作換氣的器具潛水渡河。《周南・漢廣》：「漢之廣矣，不可泳思。江之永矣，不可方思。」《邶風・匏有苦葉》：「招招舟子，人涉卬否。」《邶風・谷風》：「就其深矣，方之舟之。就其淺矣，泳之游之。」這些都是春秋時期男女婚戀乘船過河相會的例子。「誰謂宋遠？跂予望之」「誰謂宋遠？曾不崇朝」，這些是衛國的女子表示她願意嫁到宋國去的說辭。衛國的女子用這樣的語言刺激宋國的男子，促使其勇敢地過河來追求她。

　　上古風俗，青年男女在河流旁進行婚戀活動，隔水對唱情歌求偶。《詩經》中的《周南・關雎》《周南・漢廣》《周南・汝墳》《邶風・匏有苦葉》《鄘風・柏舟》《鄭風・褰裳》《鄭風・溱洧》《魏風・汾沮洳》《唐風・揚之水》《陳風・澤陂》及《衞風・淇奧》《衞風・有狐》等十幾篇婚戀情歌，皆述及青年男女在河流旁進行婚戀活動之事。春秋時期，衛國的女子與宋國的男子也在黃河邊上進行婚戀活動，對唱情歌。

　　《毛詩》序：「《河廣》，宋襄公母歸于衞，思而不止，故作是詩也。」崔述《讀風偶識》：「余玩此篇詞意，似宋女嫁於衞，思歸宗國，而以義自閑之詩。」清陳奐《詩毛氏傳疏》：「此詩宋襄公母所作也。……當時衛有狄人之難，宋襄公母歸在衛，其見宗國顛覆，君滅國破，憂思不已，故篇內皆敘其望宋渡河救衛，辭甚急也。未幾而宋桓公逆諸河，立戴公而處曹。則此詩之作自在逆河之前。《河廣》作而宋立戴公矣。」以上諸家不顧《河廣》詩文的語言事實，一味地附會歷史，皆是謬說。

伯兮

伯兮朅兮〔1〕，邦之桀兮〔2〕！
伯也執殳〔3〕，為王前驅〔4〕。

自伯之東〔5〕，首如飛蓬〔6〕。
豈無膏沐〔7〕？誰適為容〔8〕！

其雨其雨〔9〕，杲杲出日〔10〕。
願言思伯〔11〕，甘心首疾〔12〕。

焉得諼草〔13〕，言樹之背〔14〕？
願言思伯，使我心痗〔15〕。

【注釋】

〔1〕伯兮朅兮：大哥你壯健又勇武呀。伯，哥。《儀禮・士冠禮》：「『曰伯某甫。』
　　仲、叔、季，唯其所當。」鄭玄《注》：「伯、仲、叔、季，長幼之稱。」女子
　　稱自己的丈夫或者情人為「伯」，猶如今稱「大哥」。朅，本義為離開。《說文》：
　　「朅，去也。」《段注》：「感人文章多云『朅來』，猶往來也。」朅通偈。偈，
　　高大健壯。參見《衛風・碩人》注〔28〕。《毛傳》：「朅，武貌。」《韓詩》作
　　「偈」。

〔2〕邦之桀兮：你是衛國的大英雄呀！邦，諸侯國。此指衛國。桀，象兩腳趾在樹
　　木上之形，本為高高居上之義。引申為高義。《說文》：「桀，磔也。从舛在木
　　上也。」徐灝《注箋》：「磔當作傑，字之誤也。桀、傑古今字……是桀與傑同
　　从二人在木上，取高出人上之意。」林義光《文源》卷六：「《爾雅》：『雞棲于
　　杙為桀。』象兩足在木上形。」雞棲居高處，故「桀」又指棲雞的木架。《王
　　風・君子于役》：「雞棲于桀。」此歌詞的「桀」字指才能傑出的人。《毛傳》：
　　「桀，特立也。」《鄭箋》：「桀，英桀。言賢也。」《韓詩》作「桀」，亦作「傑」。
　　《韓說》：「桀，偝也。」偝，高大的樣子。《說文》：「偝，長貌。」《禮記・月
　　令・孟秋》：「選士厲兵，簡練桀俊。」《呂氏春秋・孟秋紀・孟秋》：「選士厲
　　兵，簡練桀俊。」高誘《注》：「才過萬人曰桀，千人曰俊。」《漢書・高帝紀》：
　　「夫運籌帷幄之中，決勝千里之外，吾不如子房；填（鎮）國家，撫百姓，給
　　餉饋，不絕糧道，吾不如蕭何；連百萬之眾，戰必勝，攻必取，吾不如韓信。
　　三者皆人傑，吾能用之，此吾所以取天下者也。」

〔3〕伯也執殳：大哥手持丈二殳。也，語助詞。參見《鄭風・遵大路》注〔4〕。殳，
　　古代兵器，長一丈二尺，有刺無刃。《毛傳》：「殳長丈二而無刃。」《周禮・考
　　工記・廬人》：「殳長尋有四尺。」春秋時期的殳，前端一般裝有銅刺和銅箍，
　　既可刺殺也可砸擊。前鋒戰車上插殳，由身高力大的勇士執殳以擊敵。《左傳・
　　昭公二十一年》：「十一月癸未，公子城以晉師至。曹翰胡會晉荀吳、齊苑何忌、
　　衛公子朝救宋。丙戌，與華氏戰于赭丘。鄭翩願為『鸛』，其御願為『鵝』。子

祿御公子城，莊菫為右。干犨御呂封人華豹，張丐為右。相遇，城還。華豹曰：『城也！』城怒而反之，將注，豹則關矣。曰：『平公之靈，尚輔相余。』豹射，出其間。將注，則又關矣。曰：『不狎，鄙！』摢矢。城射之，殪。張丐抽殳而下，射之，折股。扶伏而擊之，折軫。又射之，死。」殳，又是徒兵及守衛人員的一種武器。《曹風‧候人》：「彼候人兮，何戈與祋（殳）。」

〔4〕為王前驅：作了王師的先鋒。王，周王。此代指王師。一說，這是衛國人私下裏稱本國國君為「王」。程俊英《詩經譯注》譯為「為著國王打先鋒」。前驅，先驅，在大軍最前頭的戰車。衛國出兵勤王，且作了王師的先鋒。《楚辭‧離騷》：「前望舒使先驅兮，後飛廉使奔屬。」春秋時期大諸侯國常假借周王的名義擅征伐之權。《春秋‧桓公十年》：「冬，十有二月，丙午，齊侯、衛侯、鄭伯來戰于郎。《左傳‧桓公十年》：「冬，齊、衛、鄭來戰于郎。」《春秋‧桓公十七年》：「秋八月，……及宋人、衛人伐邾。」《春秋‧僖公十八年》：「十有八年春，王正月，宋公、曹伯、衛人、邾人伐齊。」《春秋‧成公二年》：「二年春，齊侯伐我北鄙。夏四月丙戌，衛孫良夫帥師及齊師戰于新築，衛師敗績。……六月癸酉，季孫行父、臧孫許、叔孫僑如、公孫嬰齊帥師會晉郤克、衛孫良夫、曹公子首及齊侯戰于鞌，齊師敗績。」郎、邾、齊三地皆在衛國以東。楊伯峻《春秋左傳辭典》說：「新築，疑在齊、衛交界處。」上述幾次戰役都是發生在衛國之東，且皆有衛國軍隊參戰。今不能確知此樂歌所說「為王前驅」是在何時，赴往何地。

〔5〕自伯之東：自從大哥你前往東方之後。自，從，時間介詞，表示時間的起點。《廣雅‧釋詁》：「自，從也。」《大雅‧甫田》：「自古有年。」《魯頌‧有駜》：「自今以始，歲其有。」之東，前往東方。之，往。《說文》：「之，出也。」《段注》：「引申之義為往。《釋詁》曰：『之，往。』是也。」

〔6〕首如飛蓬：我的頭髮散亂，狀如飛蓬。首，人頭。如飛蓬，像飛蓬一樣亂糟糟的。如，似。蓬，又稱「蓬蒿」，多年生草本植物，開白花，籽實成熟後毛茸茸乍成球狀，毛白而輕，隨風四處飄散，故又稱「飛蓬」。《召南‧騶虞》：「彼茁者蓬。」《說文》：「蓬，蒿也。」這句歌詞是歌者自言其面目不整的狀貌。

〔7〕豈無膏沐：我難道沒有潤面的油膏和洗頭的香液？豈，何，怎，難道。膏，本義稀釋的油脂。《說文》：「膏，肥也。」《段注》：「按，肥當作脂。」《禮記‧內則》「膏用薌」鄭玄《注》：「釋者曰膏。」《禮記‧內則》：「脂膏以膏之。」孔穎達《疏》：「凝者為脂，釋者為膏。」膏，或專指從無角動物身上取出來的

脂肪。《大戴禮記・易本命》：「無角者膏。」此歌詞的「膏」字指婦女專用的潤面油脂，一般用油脂及香料等調和而成。馬瑞辰《通釋》：「澤面為膏。」一說，「膏」為潤髮劑。朱熹《集傳》：「膏，所以澤髮者。」高亨《詩經今注》：「膏，潤髮的油。」沐，洗頭髮。朱熹《集傳》：「沐，滌首去垢也。」《說文》：「沐，濯髮也。」《史記・屈原賈生列傳》：「新沐者必彈冠，新浴者必振衣。」此歌詞「沐」與「膏」對文，「沐」當指洗頭的香液。

〔8〕誰適為容：哪個人願意到鏡臺前去梳妝打扮！誰適，即誰去。誰，疑問代詞，哪個人。適，去，往，到。指到梳妝的鏡臺前。《小雅・巷伯》：「彼譖人者，誰適與謀？」先秦女人雙手對鏡理妝時，銅鏡一定要有支承它的物什，類似後世的梳粧檯。為容，修飾容貌。女為悅己者容。所愛的人不在身邊，誰還有心情去妝扮？

〔9〕其雨其雨：口裏念叨著：「下雨吧！下雨吧！」其雨，下雨吧。其，祈願詞。表示希望很快就下雨。朱熹《集傳》：「其者，冀其將然之辭。」雨，動詞，下雨。殷商甲骨文中多見「其雨」一詞，均為算卦的命辭或占詞，「其」字表示疑問或推測。衞國是商朝故地，衞詩中尚留有商人語言的痕跡。

〔10〕杲杲出曰：卻看見天上出來一輪光芒四射的太陽。杲杲，光明的樣子。杲，字象日出於樹木上之形，會天空太陽明亮之義。引申為光明之義。《說文》：「杲，明也。」劉勰《文心雕龍・物色》：「杲杲為日出之容。」杲與杳是反義詞。杳，從日在木下，會日落天色幽暗之意。《管子・內業》：「杲乎如登於天，杳乎如入於淵。」女子期盼其丈夫（或情人）歸來，卻不見其歸來，這正如久旱祈雨而第二天卻逢日出一般，讓她心裏非常失望。《毛傳》：「杲杲然日復出矣。」《鄭箋》：「人言『其雨其雨』，而杲杲然日復出，猶我言『伯且來，伯且來』，則復不來。」阮籍《詠懷》詩之二：「膏沐為誰施？其雨怨朝陽。」阮詩化用了《伯兮》的詩句。

〔11〕願言思伯：我深切地思念我的大哥。願言，即願焉，心中思念湧動的樣子。願，思念多。參見《邶風・終風》注〔12〕。《鄭箋》：「願，念也。我念思伯，心不能已。」思伯，思念大哥。

〔12〕甘心首疾：直想得我心苦頭也痛。甘心，即苦心。甘，反訓苦。《爾雅・釋草》：「蕇，大苦。」郭璞《注》：「今甘草也。」首疾，「疾首」的異構詞。此歌詞因協韻而將「疾首」顛倒為「首疾」。首，人頭。疾，本義為病痛。《說文》：「疾，病也。」此句歌詞的「疾」用為動詞，痛。《左傳・成公十三年》：「斯

是用痛心疾首。」杜預《注》:「疾,猶痛也。」「甘心首疾」與「痛心疾首」的說法近似。《小雅・小弁》:「心之憂矣,疢如疾首。」

〔13〕焉得諼草:到哪裏能夠找到忘憂之草?焉,通安、曷、何,哪裏。焉、安,影母元部;曷,匣母月部;何,匣母歌部。影、匣鄰紐,元、月、歌對轉。《列子・湯問》:「且焉置土石?」諼草,又稱「蕿草」「萱草」「蕙草」,今稱「忘憂草」,俗名「金針草」「黃花菜」。其花可食。諼,《魯詩》作「蕿」。《魯說》:「蕿、諼,忘也。」《韓詩》作「諠」。《韓說》:「諠草,忘憂也。」《毛傳》:「諼草,令人善忘。」《說文》:「蕙,令人忘憂之艸也。从艸,憲聲。《詩》曰:『安得蕙艸?』蕿,或从煖。萱,或从宣。」《段注》:「《詩》曰『安得蕙艸』,《衛風》文。今《詩》作『焉得諼草』。」《釋文》:「諼草,本又作萱。」

〔14〕言樹之背:把它插在後背上。言,語助詞。樹,立。插於腰間大帶,使之立於脊背之後。背,人的後脊背。大概上古有一種巫術,巫在某人後背的腰帶內側插上萱草,做法使其解除大憂愁。後來,這種巫術變成了民間的一種風俗。萱草非常備之物,故說「焉得」。一說,背,通北,指北堂。《毛傳》:「背,北堂。」萱草為何非要種植在北堂附近?其說難通。

〔15〕痏:病。指憂思成病。《毛傳》:「痏,病也。」《爾雅・釋詁》:「痏,病也。」《小雅・十月之交》:「悠悠我里,亦孔之痏。」《毛傳》:「痏,病也。」

【詩旨說解】

　　《伯兮》是室內消愁遣懷的樂歌歌詞。一個貴族婦女因思念其出外征戰的丈夫或者情人,自己編唱一首室內消愁遣懷的歌曲,排解她的鬱悶之情和相思之意。歌者未婚或已婚難以確定。歌詞中的「伯」,是衛國的一位英雄人物。伯奉命東征,為王師打先鋒,到東方去討伐不臣之國,或者去平息戰事。自從伯東征之後,這個衛女便無心整理容顏,不施脂,不傅粉,不洗不梳,整日裏「首如飛蓬」。她所思念的人遠在東方,幾次傳聞他將回來,但每次所傳的消息都讓她空歡喜一場。這讓她思伯思念得心苦頭也痛,日久她患了「幻覺症」。「焉得諼草?言樹之背」,這大概是她想請巫師用巫術祛除她的「幻覺症」吧?

有狐

有狐綏綏〔1〕,在彼淇梁〔2〕。
心之憂矣〔3〕,之子無裳〔4〕。

有狐綏綏，在彼淇厲〔5〕。
心之憂矣，之子無帶〔6〕。

有狐綏綏，在彼淇側〔7〕。
心之憂矣，之子無服〔8〕。

【注釋】

〔1〕有狐綏綏：有隻雄狐狸款款地行走。狐，狐狸。此指雄狐。雄狐，比喻貴族男
子求偶者。《齊詩·南山》：「南山崔崔，雄狐綏綏。」綏綏，舒緩行走的樣子。
綏，本義為乘車上的把繩，用以登車。綏通夊。綏、夊皆心母微部字。夊夊，
緩緩而行的樣子。《齊詩》作「夊夊」。《說文》：「夊，行遲曳夊夊。」《段注》：
「行遲者，如有所拖曳然。」《玉篇·夊部》：「夊，行遲貌。《詩》云：『雄狐
夊夊。』今作綏。」一說，「綏綏」是獨行的樣子。《毛傳》：「綏綏，匹行貌。」
匹行，一隻狐狸單獨行走。匹，單獨，一隻。《公羊傳·僖公三十三年》「匹馬
只輪」何休《解詁》：「匹馬，一馬也。」貴族大夫穿狐裘衣。說到狐，容易使
人聯想到身穿狐裘的貴族男子。《秦風·終南》：「君子至止，錦衣狐裘。」歌
者以在漁壩、水砅上捉魚的狐，影射在淇水岸邊求偶的男子。

〔2〕在彼淇梁：在淇河的魚壩上。淇，淇水。梁，河中用以捕魚的擋水堰。參見《邶
風·谷風》注〔20〕。《毛傳》：「石絕水曰梁。」狐狸在魚梁上行走，是為了捕
捉到水中的魚。

〔3〕心之憂矣：我很擔心呀。之，是。憂，擔心。

〔4〕之子無裳：你沒有衣服穿。之子，是子，這個男子。之，是，這。子，男子。
指在淇水岸邊求偶的男子。《毛傳》：「之子，無室家者。」《鄭箋》：「之子，是
子也。」無裳，沒有衣服。裳，下衣。《毛傳》：「在下曰裳，所以配衣也。」
此歌詞因協韻而使用「裳」字，非僅指下衣，而是代指全身的衣服。歌者假定
在河岸上行走的男子無妻，無人為其製衣，故說他「無裳」。「無裳」即無妻之
義。馬瑞辰《通釋》：「無裳，喻男子之無妻也。」說「之子無裳」，等於說「你
這個男子該找個女人為妻了」。《鄭箋》：「無為做裳者，欲與為室家。」下文「之
子無帶」「之子無服」與此句歌詞的意思相同。

〔5〕在彼淇厲：在那淇河的砅石上。厲，本義為磨刀石。《說文》：「厲，旱石也。」
徐鍇《繫傳》：「旱石，粗悍石也。《詩》曰：『取厲取碫。』」《段注》：「旱石者，
剛於柔石者也。」《玉篇·厂部》：「厲，磨石也。」《玉篇·石部》：「崦嵫礪石，

可磨刃。」《大雅‧公劉》：「取厲取碫。」《左傳‧成公十六年》：「秣馬厲兵。」
厲通砅。厲、砅皆來母月部字。砅，河水中的石磴。《說文》：「砅，履石渡水
也。」砅石平時高出水面稍許，水大時沒入水中，人踩之過河。狐狸亦能在砅
石上捉魚。一說，厲通瀨，指沙灘水淺處。厲、瀨皆來母月部字。王先謙《集
疏》：「實則此『厲』當為『瀨』之借字。《史記‧南越傳》『為戈船下厲將軍』，
《漢書》作『下瀨』。《說文》：『瀨，水流沙上也。』《楚辭》：『石瀨兮淺淺。』
是瀨為水流沙石間，當在由深而淺之處。」聞一多《詩經通義‧乙》：「厲讀為
瀨。《論語‧子張篇》：『未信則以為厲己也。』《釋文》：『厲，鄭讀為賴。』《漢
書‧地理志》：『厲鄉，故厲國也。』《注》：『厲讀曰賴。』厲通賴，亦通瀨。《史
記‧南越傳》：『故歸義越侯二人為戈船下厲將軍。』徐廣曰：『厲，亦作瀨。』
《楚辭‧湘君》：『石瀨兮淺淺。』《漢書‧司馬相如傳》：『北揭石瀨。』《注》：
『石而淺水曰瀨。』」高亨《詩經今注》：「厲，借為瀨，河邊水淺的地方。」

〔6〕帶：束外衣的大帶子，也叫「紳」。《毛傳》：「帶，所以申束衣。」

〔7〕淇側：淇水邊。側，一側。狐狸在淇水一側行走，欲尋找魚梁或砅石，去捉河
裏的魚。

〔8〕服：指人體所佩衣冠等物。

【詩旨說解】

　　《有狐》是婚戀情歌歌詞。一個女子正在淇水畔尋偶，有一個男子也在
對岸行走。於是，女子唱一支情歌，告知河對岸的男子，表示有意跟他婚戀。
「有狐綏綏，在彼淇梁」——歌者把正在淇河對岸行走的男子比作一隻在河
中的水壩上捉魚的雄狐。女子唱「之子無裳」「之子無帶」「之子無服」，是表
示她願為人妻之意。以上這些都是女子求偶常用的情歌語言。

木瓜

投我以木瓜〔1〕，報之以瓊琚〔2〕。
匪報也〔3〕，永以為好也〔4〕！

投我以木桃〔5〕，報之以瓊瑤〔6〕。
匪報也，永以為好也！

投我以木李〔7〕，報之以瓊玖〔8〕。
匪報也，永以為好也！

【注釋】

〔1〕投我以木瓜：你若拋給我一個木製的瓜。投，擲，拋。《說文》：「投，擿也。」擿，通擲。參見《邶風・北門》注〔8〕。以，介詞，用、把、拿。木瓜，用木頭做的瓜。拋投媒物求偶，是華夏地區的一種婚戀風俗。木製的瓜用作婚戀的媒物，拋出去還可以收回來，常拋投而不易損壞。一說，「木瓜」是樹上結的一種形狀似瓜有酸味的果子。《毛傳》：「木瓜，楙木也。可食之木。」

〔2〕報之以瓊琚：我就回贈給你一隻美琚。報，本義為制服人犯，斷獄定罪。報通復。報，幫母幽部；復，並母覺部。幫、并旁紐，幽、覺對轉。復，返、還。報，又為回報、回贈之義。參見《邶風・日月》注〔9〕。《鄭風・女曰雞鳴》：「雜佩以報之。」《大雅・抑》：「無言不讎，無德不報。」《大戴禮記・用兵》：「天下之報殃於無德者。」瓊琚，美的佩琚。瓊，本義為一種美玉。瓊，又作形容詞，凡玉石之美皆謂之「瓊」。《毛傳》：「瓊，玉之美者。」《說文》：「瓊，亦玉也。」《段注》：「凡玉石之美皆謂之瓊。」段玉裁《毛詩故訓傳定本》傳文注：「瓊為玉之美者。故引申凡石之美皆謂瓊。」戴震《毛鄭詩考證》：「《木瓜》首章《傳》：『瓊，玉之美者。』震按，瓊非玉之名，凡言玉色美曰瓊。」《詩經》中「瓊琚」「瓊華」「瓊瑩」「瓊英」「瓊瑰」等辭藻，皆指美玉。琚，一種雜佩玉飾的名稱。《毛傳》：「琚，佩玉名。」琚是貴族身上一套雜佩玉飾中的一個玉飾件，方形，繫在珩和璜之間。《大戴禮記・保傅》：「琚、瑀以雜之。」參見《齊風・女曰雞鳴》注〔14〕。

〔3〕匪報也：這不是單純地回贈禮物。匪，通非。《鄭箋》：「匪，非也。」

〔4〕永以為好也：而是要把它作為兩個人永結情誼的信物。永，長。以為，把……作為。好，兩情相好。《邶風・北風》：「惠而好我，攜手同行。」《唐風・有杕之杜》：「中心好之，曷飲食之？」

〔5〕木桃：用木頭做的桃子。投之以求偶。

〔6〕瓊瑤：美的佩瑤。瑤，一種美石。《毛傳》：「瓊瑤，美玉。」《孔疏》：「瑤音遙，《說文》云：『美石。』」《釋文》：「瑤，美玉也。」《說文》：「瑤，石之美者。」《段注》：「『石之美者，』各本石譌玉。」《大雅・公劉》：「何以舟之，維玉及瑤，鞞琫容刀。」瑤，通珧。瑤、珧皆喻母宵部字。珧，蚌殼。古以海蚌殼磨出刃作刀具，也佩帶小的珧在腰間，隨時而用之。

〔7〕木李：用木頭做的李子。

〔8〕瓊玖：美的佩玖。玖，似玉的黑石。《說文》：「玖，石之次玉黑色者。从玉，久聲。《詩》曰：『貽我佩玖。』」《段注》：「玖音近黝，故訓黑色。」《王風‧丘中有麻》：「貽我佩玖。」《毛傳》：「玖，石次玉者。」一說，「玖」為玉名。《毛傳》：「瓊玖，玉名。」此傳變例，可疑。

【詩旨說解】

《木瓜》是一個貴族男子的求偶情歌歌詞。春秋時期，中原地區仲春或稍後的時節，各地都有婚戀集會。在集會現場，青年男女拋花遞草、投瓜果、贈玉、贈香藥等媒物求偶。《召南‧摽有梅》的「摽梅」，《邶風‧靜女》的贈「彤管（菅）」，《鄭風‧溱洧》的「秉蘭」、贈「芍藥」，《陳風‧東門之枌》的贈「握椒」，皆是在婚戀場合遞媒物求偶的行為。《木瓜》歌詞中所說的投「木瓜」「木桃」「木李」、贈「琚」「瑤」「玖」，當然也是婚戀贈物求偶的行為。女子隨身攜帶木製的瓜果，用以投給她所要選取的婚戀對象。若對方不接受邀請，則會將這木製的瓜果拋回來。這樣，她就不必在野外尋找作媒物的花草了。在這首情歌中，「投我以木瓜，報之以瓊琚」「投我以木瓜，報之以瓊瑤」「投我以木瓜，報之以瓊玖」，是男子的求偶宣言。他這樣唱，是要表示自己的貴族身份和大方的求偶態度，以圖在婚戀集會現場占得先機，快速贏得女子的好感。

王　風

　　王，「王畿」的簡稱。指東周王城附近周王朝直接管轄的地區。鄭玄《毛詩譜・王城譜》：「王城者，周東都王城畿內方六百里之地。」東周的王城是周平王東遷之後所建，在成周城之西。春秋時期，東周王畿以王城為中心，西接秦國，北接晉國，東接衛國，南接鄭國、許國和應國。其地在今河南省的洛陽、鞏義、孟津、登封、嵩縣、新安、宜陽、伊川、偃師、溫縣、修武、博愛、濟源、沁陽一帶。王畿內有公卿和大夫的食邑。

　　周幽王姬宮湦十分寵愛他的妃子褒姒和他們的兒子伯服。周幽王三十一年（公元前771年），周幽王廢掉了太后申氏及太子宜臼，另立褒姒為後，另立褒姒的兒子伯服為太子。申侯見狀，遂聯絡呂、繒等國，串通犬戎，舉兵攻打鎬京，殺死幽王於驪山下。翌年，申侯立宜臼於申，是為周平王。周平王元年（公元前770年），在申、許、魯、秦、晉、鄭等諸侯國的擁護下，周平王遷都於雒邑，至周赧王五十九年（公元前256年）秦滅之，其間共515年，史稱「東周」。

　　東周是一個多事的王朝。周平王在位五十一年，其間周、鄭交質，繼而交惡，王權動搖。周莊王晚年，周公黑肩欲立王子克，事敗，黑肩被殺，王子克奔楚，東周政權遭受了一次重創。周襄王十六年（公元前635年），襄王的異母弟太叔帶與頹叔、桃子聯合狄師攻周，襄王逃到鄭國，居住在氾地（今河南襄城）。晉文公平亂護周有功，襄王就將溫、原、陽樊、攢茅的土地賜給了晉國。周襄王二十年（公元前632年），晉文公在黃河之北已屬於晉國的溫地召見周襄王，約他去「狩獵」。晉國是擁護王室的大國，周襄王不敢不履約。此事《春秋》的作者以無奈之筆記作「天王狩于河陽」。這個事件表明，東周

王朝實質上已經淪為一個諸侯國了。周景王二十五年（公元前 520 年）周曆四月，周景王率領一班人到北邙山狩獵，暴病而死，於是王子朝與王子猛爭立為王。四年後，王子朝爭位失敗，大臣尹氏、毛伯攜王子朝逃奔楚國，並帶走了王室大批的典籍。《左傳·昭公二十六年》：「十一月辛酉，晉師克鞏。召伯盈逐王子朝，王子朝及召氏之族、毛伯得、尹氏固、南宮嚚奉周之典籍以奔楚。」

「王風」是東周王畿地區卿、大夫、士所使用的樂詞，用王畿地區的方言方音唱誦。

《王風》共十篇詩文，多離亂之音。其中，也有反映婚姻和愛情生活的佳篇。

黍離

　　彼黍離離〔1〕，彼稷之苗〔2〕。
　　行邁靡靡〔3〕，中心搖搖〔4〕。
　　知我者〔5〕，謂我心憂〔6〕。
　　不知我者，謂我何求〔7〕。
　　悠悠蒼天〔8〕，此何人哉〔9〕！

　　彼黍離離，彼稷之穗〔10〕。
　　行邁靡靡，中心如醉〔11〕。
　　知我者，謂我心憂。
　　不知我者，謂我何求。
　　悠悠蒼天，此何人哉！

　　彼黍離離，彼稷之實〔12〕。
　　行邁靡靡，中心如噎〔13〕。
　　知我者，謂我心憂。
　　不知我者，謂我何求。
　　悠悠蒼天，此何人哉！

【注釋】

〔1〕彼黍離離：那裡的黍子苗稀疏有度長勢真好看。彼，那裡。指鎬京附近的莊稼地。一說，「彼」指西周鎬京的宗廟宮室。《毛傳》：「彼，彼宗廟宮室。」《鄭

箋》：「宗廟宮室毀壞，而其地盡為禾黍。」以「彼」為宗廟宮室廢墟，誤。周
平王東遷，西周鎬京圮廢，其地不可能旋即變為耕地。黍，一種穀類農作物，
古稱「五穀」之一。黍米色嫩黃，比粟米顆粒稍大，做熟後黏性很大，可造酒。
《急就篇》：「稻黍秫稷粟麻秔。」顏師古《注》：「黍，似穄而黏，還可以為酒
者也。」晉崔豹《古今注·草木》：「稻之黏者為秫；禾之黏者為黍，亦謂之穄，
亦曰黃黍。」先秦時在春天播種黍子，暑天收穫，故謂之「黍」。《管子·輕重
己》：「以夏日至始，數四十六日，夏盡而秋始，而黍熟。」《禮記·月令》：「仲
夏之月，……天子乃以雛嘗黍。」《呂氏春秋·仲夏紀·仲夏》：「仲夏之月，……
農乃登黍。是月也，天子以雛嘗黍，羞以含桃，先薦寢廟。」《淮南子·時則
訓》：「仲夏之月，……天子以雛嘗黍，羞以含桃，先薦寢廟。」嘗黍，謂嘗新
黍。仲夏之月黍已成熟，天子嘗新黍，配食童子雞。一說，黍是夏天播種的農
作物。《說文》：「黍，禾屬而黏者也。以大暑而種，故謂之黍。」《淮南子·主
術訓》：「昏，張中，則務種穀；大火中，則種黍菽；虛中，則種宿麥。」劉向
《說苑·辨物》：「主夏者大火，昏而中，可以種黍、菽。」大概西漢末至東漢
暑天播種黍子，到北魏時仍然有這種晚種的作業法。賈思勰《齊民要術·黍
穄》：「三月上旬種者為上時，四月上旬為中時，五月上旬為下時。夏種黍穄與
植穀同時，非夏者大率以椹赤為候。……《尚書考靈曜》：『夏，火星昏中，可
以種黍、菽。』《氾勝之書》：『黍者，暑也。種者必待暑。』」離離，即秝秝。
離通秝。離，來母歌部。秝，來母錫部。歌、錫旁通轉。秝，莊稼苗稀疏有度
長勢好的樣子。《說文》：「秝，稀疏適秝也。从二禾。凡秝之屬皆从秝。讀若
歷。」《段注》：「《玉篇》曰：『稀疏秝秝然。』蓋凡言歷歷可數、歷錄束文皆
當作『秝』。……『從二禾』，禾之疏密有章也。」朱駿聲《說文通訓定聲·解
部》：「『適秝』者，疊韻連語，均勻之貌。」《玉篇·秝部》：「秝，稀疏秝秝然。」
此歌詞的作者春天到鎬京去，看到鎬京附近的黍子耕種精細，幼苗長得好，感
歎之。

〔2〕彼稷之苗：那裡的稷子苗長得正旺盛。稷，本義是高粱。《說文》「稷」字《段
注》：「程氏瑤田《九穀考》曰：稷，齋，大名也。黏者為秫。北方謂之高粱。
通謂之秫秫。又謂之蜀黍。高大似蘆。」《廣雅·釋草》王念孫《疏證》：「稷，
今人謂之高粱。」程、段、王關於「稷」的解釋與《詩經》中「稷」的情況不
合。《詩經》中常常「黍稷」連文。《豳風·七月》：「黍稷重穋，禾麻菽麥。」
《小雅·出車》：「昔我往矣，黍稷方華。」《小雅·楚茨》：「我黍與與，我稷

翼翼。」《小雅・信南山》：「疆埸翼翼，黍稷彧彧。」《小雅・甫田》：「黍稷薿
薿。」黍、稷常常地塊相連，種植的時間早晚也差不多，生長期也大致相同，
抽穗開花的時間也大致相當。所以，「黍稷」之「稷」不是高粱。稷通穄。稷，
精母職部；穄，精母月部。職、月旁通轉。穄，又稱「穈」，穀類農作物，黍
屬，古為「五穀」之一，似黍，米熟不黏。《說文》：「稷，穈也。」《段注》：
「此謂黍之不黏者也。」《玉篇・禾部》：「穄，關西穈，似黍，不黏。」《本草
綱目・穀部・稷・集解》：「時珍曰：『稷與黍，一類二種也，黏者為黍，不黏
者為稷。稷可作飯，黍可釀酒……稷之苗，似粟而低小，有毛，結子成枝而殊
散，其粒如粟而光滑。三月下種，五六月可收，亦有七八月收者。」《本草綱
目・穀部・正誤》：「孫炎《正義》云，稷即粟也。時珍曰：黍稷之苗雖頗似粟，
而結子不同。粟穗叢聚攢簇，黍稷之粒疏散成枝。孫氏謂稷為粟，誤矣。」一
說，稷與粟為一物。《爾雅・釋草》：「粢，稷。」郭璞《注》：「今江東人呼粟
為粢。」邢昺《疏》：「粢也，稷也，粟也，正是一物。而《本草》稷米在下品，
別有粟米在中品，又似二物。故先儒共疑焉。」稷又通粢、粢、齍。粢、粢、
齍為異體字。《說文》：「齍，稷也。」粢、齍，祭器中的穀物。用於祭祀的穀
物以稷糧充之，故稱其為「粢」「齍」。《小雅・出車》：「黍稷方華。」高亨《詩
經今注》：「黍、稷，同為粟類，黍黏，稷不黏。」之，是，正。之，表示事情
正在進行的過程中。參見《邶風・柏舟》注〔11〕。《說文》：「是，直也。」直，
即正。之通正。之，照母之部；正，照母耕部。之、耕旁對轉。苗，未吐穗的
農作物的幼棵皆稱「苗」。《孔疏》：「苗，謂禾未秀。」禾，非專指穀子，當泛
指莊稼。東周大夫見圮廢的鎬京附近的莊稼地裏黍稷之苗長勢正盛，不禁發出
了感歎之聲。

〔3〕行邁靡靡：我在鎬京附近遲緩地行走。行邁，遠行。行，走。邁，遠行。《毛
傳》：「邁，行也。」《說文》：「邁，行遠也。」馬瑞辰《通釋》：「邁亦為行，
對行言，則為遠行。『行邁』連言，猶《古詩》云『行行重行行』也。《小雅・
雨無正》：「如彼行邁。」靡靡，遲緩散漫的樣子。《毛傳》：「靡靡，猶遲遲也。」
靡，又作「㣯」。《玉篇・彳部》：「㣯，靡彼切。㣯㣯猶遲遲也。今作靡。」

〔4〕中心搖搖：我的心中充滿著憂慮。中心，即心中。搖搖，即愮愮，憂愁不定的
樣子。搖，通愮。搖、愮皆喻母宵部字。三家《詩》作「愮愮」。《毛傳》：「搖
搖，憂無所愬。」《爾雅・釋訓》：「愮愮，憂無告也。」《方言》第十：「愮又
憂也。」《玉篇・心部》：「愮，憂也。」愮、憂為音轉詞。

〔５〕知我者：瞭解我的人。《鄭箋》：「知我者，知我之情。」

〔６〕謂我心憂：說我心中有了煩惱的事。謂，評說。《王風・大車》：「穀則異室，死則同穴。謂予不信，有如曒日！」《論語・八佾》：「孔子謂季氏八佾舞於庭：『是可忍也，孰不可忍也？』」心憂，心中有所擔憂。

〔７〕謂我何求：說我是在尋找什麼東西。何求，即「求何」，尋找什麼、想得到什麼東西。何，通曷，什麼。《鄭箋》：「謂我何求，怪我久留不去。」東周大夫在鎬京附近的田地旁邊徘徊良久，不願離開。

〔８〕悠悠蒼天：幽遠深邃的上天呀。悠悠，深而遙遠、幽遠之義。悠通遙。悠，喻母幽部；遙，喻母宵部。幽、宵旁轉。悠又通幽。幽，影母幽部。影、喻通轉。《毛傳》：「悠悠，遠意。」蒼天，青天。天空稍有雲氣時，呈藍色泛微青；純淨無雲時，色幽藍。蒼，天空本來的顏色。《莊子・逍遙遊》：「天之蒼蒼，其正色也。」蒼，青色。《說文》：「蒼，艸色也。」《段注》：「引申為凡青黑色之偁。」蒼通青。蒼，清母陽部；青，清母耕部。陽、耕旁轉。《呂氏春秋・離俗覽・離俗》：「自投於蒼領之淵。」高誘《注》：「蒼領，或作青領。」《鄭風・出其東門》：「縞衣綦巾。」《毛傳》：「綦巾，蒼艾色。」《孔疏》：「蒼即青也。」《廣雅・釋器》：「蒼，青也。」蒼又通倉。《韓詩》作「倉」。《禮記・月令》：「駕倉龍，載青旗，衣青衣，服倉玉。」此歌詞中「蒼天」是對上帝的別稱。《毛傳》：「蒼天，以體言之。尊而君之，則稱皇天；元氣廣大，則稱昊天；仁覆閔下，則稱旻天；自上降鑒，則稱上天；據遠視之蒼蒼然，則稱蒼天。」東周大夫目視蒼穹，向天帝傾訴其心中的悲哀。

〔９〕此何人哉：這樣的境況是誰人造成的啊！此，這，這種情形。何人，哪個人。此句歌詞是特殊的疑問句。其實，作者心中已經有了答案。

〔１０〕彼稷之穗：那裡的稷子正在抽穗。穗，糧食作物莖部頂端聚生的一串籽實。《毛傳》：「穗，秀也。」穗，「采」字的俗體。段校《說文》：「采，禾成秀人所收者也。从爪、禾。」

〔１１〕如醉：像人喝醉了酒一樣。醉，從酉從卒，卒通訖、既，表示喝到了不能再喝的地步，本義為醉酒。《說文》：「醉，卒也。卒其度量，不至於亂也。一曰潰也。從酉從卒。」《正字通・酉集・酉部》：「醉，酒酣也。……醉必伐德喪儀。」人醉酒後意亂心迷，步履踉蹌。東周大夫以「醉」字來形容他極度傷心的樣子。這是誇張的說法。

〔12〕彼稷之實：那裡的稷子正在結籽粒。實，籽實。這句歌詞描繪田地裏稷子將要成熟的樣子。

〔13〕中心如噎：胸口像被堵住了一般。如，似、像。噎，本義為食物塞住了喉嚨。《說文》：「噎，飯窒也。」《通俗文》：「塞喉曰噎。」此句歌詞的「噎」字指逆氣。《毛傳》：「噎，憂不能息也。」噎通歐、憂、嘆。噎，影母質部；歐，影母脂部；憂、嘆，影母幽部。質、脂對轉，質、幽旁通轉。歐，氣逆。《說文》：「歐，嘆也。」《段注》：「歐、嘆為雙聲。《王風》：『中心如噎。』《傳》曰：『噎，謂噎嘆不能息也。』《玉篇》如此。『噎嘆』即『歐嘆』之假借字。『不能息』，謂氣息不利也。《鄭風》傳曰：『不能息，憂不能息也。』憂，亦即嘆字。《老子》：『終日號而不嗄。』《玉篇》作『不嘆』，云：『嘆，氣屰也。』」嘆，亦作「噎」。《集韻·怪韻》：「嘆，氣逆也。或作噎。」俗話說「胸口堵得慌」，即指氣逆。東周大夫到鎬京廢墟旁見莊稼大好，歎西周王朝江山半淪喪，社稷失守，心中堵逆難受。

【詩旨說解】

《黍離》是東周一個大夫憫悼西周滅亡的室內樂歌歌詞。《毛詩》序：「《黍離》，閔宗周也。周大夫行役至于宗周，過故宗廟，宮室盡為禾黍，閔周室之顛覆，彷徨不忍去，而作是詩也。」這一說法大致不錯。幽王荒政，西周遽亡，王室被迫東遷。東遷之後，在東周士大夫階層出現了一股反思歷史、不忘國恥、奮發圖強、勵精圖治的思想意識潮流。東周某大夫目睹了鎬京附近西周滅亡後的景象，感慨良多，創作了《黍離》這篇樂歌，在家中自唱以解憂。

「彼黍離離，彼稷之苗」「彼黍離離，彼稷之穗」「彼黍離離，彼稷之實」，這是對鎬京附近的良田裏莊稼長勢和成長過程的描述。「行邁靡靡，中心搖搖」「行邁靡靡，中心如醉」「行邁靡靡，中心如噎」「知我者，謂我心憂。不知我者，謂我何求」，這是作者對自己的思想情緒的描述。作者通過對鎬京附近的良田裏黍、稷長勢的反覆歌詠，通過對他自己那種憂傷情緒的反覆描述，表達了他對西周滅亡的痛惜之意。這是一種沉痛的反思。「悠悠蒼天，此何人哉」——蒼天上帝呀，繁華的王都瞬間變成了廢墟，這樣的狀況究竟是由誰人造成啊！作者向蒼天上帝愴呼，實際上是對那個葬送了西周王朝的人——周幽王發出的嚴厲質問。

　　據此歌詞所述，作者在一年裏到周故地鎬京巡察過三次：第一次走到鎬京廢墟時，此地的稷子還是小苗；第二次到鎬京廢墟時，稷子已抽穗；第三次到鎬京廢墟時，稷子已經結出飽滿的籽實。他到底是因公差去了故地鎬京，還是專門去憑弔的？這些已無法考證了。但這篇歌詞裏愴呼蒼天、要追查禍國罪人的聲音，是確鑿的。

　　曹植說，《黍離》是尹吉甫之子伯封所作。曹植《貪惡鳥論》說：「昔尹吉甫信用後妻之讒而殺孝子伯奇，其弟伯封求而不得，作《黍離》之詩。」王先謙《集疏》說曹植習《韓詩》。此乃《韓詩》家的說法。王應麟《詩考》引《太平御覽》：「《黍離》，伯封作也。」《黍離》的作者一年中三次省視鎬京廢墟，忽生「黍稷之悲」，難道歌詞中的「彼」是指伯封所求的封地嗎？《黍離》詩當與尹吉甫和伯封事無關。

君子于役

　　　君子于役〔1〕，不知其期〔2〕。曷至哉〔3〕？
　　　雞棲于塒〔4〕，日之夕矣〔5〕，羊牛下來〔6〕。
　　　君子于役，如之何勿思〔7〕？

　　　君子于役，不日不月〔8〕。曷其有佸〔9〕？
　　　雞棲于桀〔10〕，日之夕矣，羊牛下括〔11〕。
　　　君子于役，苟無飢渴〔12〕？

【注釋】

〔1〕君子于役：我的丈夫去服差役了。君子，對成年貴族男子的敬稱、雅稱。這裡是妻子稱其丈夫。于役，往役，服役。于，通往，去。于，匣母魚部；往，匣母陽部。魚、陽對轉。《周南·桃夭》：「之子于歸，宜其室家。」《毛傳》：「于，往也。」役，甲骨文字形從殳從人，象人站立執殳守衛之形，本義戍邊守衛。引申為從事公差勞務之義。《說文》：「役，戍邊也。从殳从彳。伇，古文役从人。」此歌詞的「役」字指參加戰事、戍衛或修築工事等。

〔2〕不知其期：不知道他服役的期限到底是什麼時候。期，服役的期限。春秋時期服役有一定的期限，一般為一年，例外的情況也很多。服役期滿者，准予返鄉。《小雅·采薇》：「昔我往矣，楊柳依依。今我來思，雨雪霏霏。」《左傳·莊公八年》：「齊侯使連稱、管至父戍葵丘。瓜時而往，曰：『及瓜而代。』」《小雅·采薇》：「采薇采薇，薇亦柔止。曰歸曰歸，心亦憂止。憂心烈烈，載飢載

渴。我戍未定，靡使歸聘。」「昔我往矣，楊柳依依。今我來思，雨雪霏霏。行道遲遲，載渴載飢。我心傷悲，莫知我哀。」

〔３〕曷至哉：你什麼時候才能回到家中來？曷，疑問詞，指什麼時候。參見《召南・何彼襛矣》注〔３〕。《鄭箋》：「曷，何也。君子往行役，我不知其反期。何時當來至哉？思之甚。」至，回到家裏。

〔４〕雞棲于塒：雞都回窩了。塒，在土牆上挖鑿的雞舍。《毛傳》：「鑿牆而棲曰塒。」《爾雅・釋宮》：「鑿垣而棲為塒。」《說文》：「塒，雞棲於垣為塒。」

〔５〕日之夕矣：太陽快落山了。日之夕，天時至傍晚。日，本義為太陽。此指太陽的運行，亦即時光。之，通則、即。之，照母之部；則，精母職部；即，精母質部。照、精準雙聲，之、職對轉，與質部旁通轉。則，即。即，馬上就要。參見《召南・草蟲》注〔７〕。《鄭箋》：「雞之將棲，日則夕矣。」朱熹《集傳》：「日則夕矣，羊牛則下來矣。」夕，字象半月之形，本義為傍晚。《說文》：「夕，莫也。從月半見。」《段注》：「莫者，日且冥也。日且冥而月且生矣。」莫，古「暮」字。半月出現在西方的天空時，已到傍晚時分。

〔６〕羊牛下來：牧養的羊和牛從山坡上走下，回家來了。《鄭箋》：「羊牛從下牧地而來。言畜產出入，尚使有期節，至於行役者，乃反不也。」

〔７〕如之何勿思：讓我怎麼能不想他？如之何，即如何、怎麼。勿，通毋，不。思，思念。禽畜尚且能夠得到歇息，人卻不能按期返回家中，怎能不讓人思念呢？

〔８〕不日不月：沒日沒月。這裡「不日不月」與「不知其期」意思相同。這句歌詞是說「君子」的服役期拖得長了，沒有確定的結束時間。

〔９〕曷其有佸：我們什麼時候才能相聚？其，語助詞。有佸，即有會。佸，又作「佸」，從人，昏聲，人相會合之義。《毛傳》：「佸，會也。」《鄭箋》：「行役反無日月，何時何地而有來會期？」《說文》：「佸，會也。從人，昏聲。《詩》曰：『曷其有佸。』」會，會合。《說文》：「會，合也。」此歌詞的「佸」字指相會的時間。

〔10〕桀：木橛子。《魯詩》作「榤」。桀、榤通橛。桀、榤、橛皆群母月部字。古時農家將一根木橛子橫楔在牆上，與地面保持一定的高度，作為棲雞之所。若用兩個木橛子等高平行地楔在牆上，在兩橛之間固連幾根橫木，便成為較大的雞架子。《毛傳》：「雞棲于弋為桀。」《爾雅・釋宮》：「雞棲于弋為榤。」邢昺《疏》引李巡曰：「弋，橛也。」《釋宮》：「橜謂之杙。」郭璞《注》：「橛也。」《玉篇・木部》：「榤，杙也。」

〔11〕牛羊下括：牛羊從山坡上走下來，彙集於柵欄之中。下，下來。指從山坡上走下來。括，括約。指圈羊牛的柵欄。《方言》第十二：「括，關。閉也。」王引之《經義述聞·春秋名字解詁上》「魯南宮括字子容」條下：「括者，包容之稱也。」傍晚時將羊牛從山坡上趕下來，關進柵欄中。

〔12〕苟無飢渴：難道他不是在如飢似渴地想我？苟，本是草名。《說文》：「苟，艸也。」《集韻·噳韻》：「苟，艸名。」苟通果。苟，見母侯部；果，見母歌部。侯、歌旁通轉。果，誠然。《唐風·采苓》：「苟亦無信。」《毛傳》：「苟，誠也。」段玉裁《毛詩故訓傳定本》傳文注：「此謂『苟』即『果』之假借，雙聲假借也。」果，樹上結的果實。引申為至終、到底、有成果之義。《說文》：「果，木實也。從木，象果形在木之上。」《論語·子路》：「言必信，行必果。」果，又是對事情結果的假設、疑問之詞。《莊子·至樂》：「果不樂邪？」成玄英《南華真經注疏》：「果，未定也。」劉淇《助字辨略·補遺》：「果，猶若也。」無，沒有。飢渴，如飢似渴。比喻思念之切。《詩經》中凡單言飢、飢與渴連文或連袂，均為情思之義。《周南·汝墳》：「未見君子，惄如調飢。」《陳風·衡門》：「泌之洋洋，可以樂飢。」《曹風·候人》：「婉兮變兮，季女斯飢。」《小雅·車舝》：「間關車之舝兮，思變季女逝兮！匪飢匪渴，德音來括。」

【詩旨說解】

《君子于役》是一首思夫歌的歌詞。歌者是一位農民家庭的女主人，她過著「雞棲于塒」「羊牛下來」這樣溫馨的村邑生活。須指出的是，此歌詞的作者不是野民。她稱自己的丈夫為「君子」，這說明她的丈夫本來是貴族家族的成員。周代的最高統治者居住在王城，王城之外還有都和邑，周王和大夫分別管轄著王城、都邑的工商業區和城邑周圍的農業區。都邑下面還有一些更小的農業主，管轄著小部分土地和農人。歌者或許就是一個小農業主家庭的成員。她不知道她的丈夫在外服役什麼時候才能回家來。每當太陽下山、羊牛歸圈、雞入窩的時候，她的思夫情緒便會油然而生。積鬱日久，有一天，她信口唱出了一支歌來排遣自己心中的愁悶。

此歌詞用樸素的語言描繪了一個小農業主家庭的溫馨生活場景，字裏行間流露出一種樸實的情感。由於此歌的調子宛轉動聽，又可資諷諫，被收入了樂府。

君子陽陽

君子陽陽〔1〕，左執簧〔2〕，右招我由房〔3〕。
其樂只且〔4〕！

君子陶陶〔5〕，左執翿〔6〕，右招我由《敖》〔7〕。
其樂只且！

【注釋】

〔1〕君子陽陽：你意氣風發舞姿美。君子，貴族男子。這是對一個男性貴族舞蹈
師的稱呼。陽陽，即揚揚、蕩蕩。這是形容舞師跳舞時身體搖擺的情狀。陽
通揚。陽、揚皆喻母陽部字。王先謙《集疏》：「『陽陽，君子之貌也』者，《玉
篇·阜部》引《韓詩》文。《孔疏》云：『《史記》稱晏子御擁大蓋，策四馬，
意氣陽陽甚自得，則「陽陽」是得志之貌。』今《史記列傳》作『揚揚』，《晏
子·雜上篇》亦作『揚揚』。《荀子·儒效篇》『則揚揚如也』，楊倞《注》：『得
意之貌。』是陽即揚之假借。《玉藻》注：『揚讀為陽。』此揚、陽聲通之例。」
《詩經》有《揚之水》三篇，其中的「揚」字皆為形容詞，形容水流激蕩的
狀態。揚通蕩、湯。揚，喻母陽部；蕩，定母陽部；湯，透母陽部。定、透
旁紐，與喻母準旁紐。《陳風·宛丘》：「子之湯兮，宛丘之上兮。」湯，沸水。
《說文》：「湯，熱水也。」湯，動詞為流水激蕩之義。揚、蕩、湯皆通盪。
盪，搖盪。參見《陳風·宛丘》注〔1〕。此樂詞以「陽陽」形容「君子」舞
蹈的動態美，亦謂其心志激昂。朱熹《集傳》：「陽陽，得志之貌。」《韓說》：
「陽陽，君子之貌也。」

〔2〕左執簧：他左手拿著一支簧。左，本義為用左手相助。左通ナ。ナ，左手。《說
文》：「ナ，左手也。象形。」「左，手相左助也。從ナ、工。」《段注》：「左者，
今之佐字。《說文》無佐也。ナ者，今之左字。」ナ、左，又為古今字。此句
中的「左」字為左手之義。執，持，拿。《說文》「執」字《段注》：「引申之為
凡持守之偁。」參見《邶風·擊鼓》注〔15〕。簧，古代的管樂器，似笙，與
笙有別。《禮記·月令》：「調竽、笙、竾、簧。」《小雅·鹿鳴》：「鼓瑟吹笙。」
「吹笙鼓簧。」《釋名·釋樂器》：「簧，橫也，於管頭橫施於中也。以竹、鐵
作於口，橫鼓之，亦是也。」一說，笙、竽亦統稱為「簧」。《毛傳》：「簧，笙
也。」《鄭箋》：「左手持笙，右手招我。」《孔疏》：「簧者，笙管之中金薄鑷也。」
《正字通·未集·竹部》：「簧，笙、竽管中舌，金葉也。笙、竽皆以竹管植匏

中，而竅其管底之側，以薄金葉障之，吹則鼓之而出聲，所謂簧也。故笙、竽皆謂之簧。」「執簧」與《萬》舞的文舞「執籥」相類似。《邶風・簡兮》：「碩人俣俣，公庭《萬》舞。……左手執籥，右手秉翟。」

〔3〕右招我由房：他用右手招呼我們演唱房中樂。右，本義為祐助。《說文》：「右，手口相助也。从口从又。」右通又。右、又皆匣母之部字。又，甲骨文字象右手之形。《說文》：「又，手也。象形。」此句中的「右」字為右手之義。招，招呼，以手相招。《說文》：「招，手呼也。」我，我們。這是樂工自稱。由，通用。由，喻母幽部；用，喻母東部。幽、東旁對轉。用，使用，動用。此指演唱。《毛傳》：「由，用也。」《小雅・小弁》：「君子無易由言，耳屬于垣。」《鄭箋》：「由，用也。王無輕用讒人之言，人將有屬耳於壁而聽之者。」《論語・泰伯》：「民可，使由之。」何晏《論語集解》：「由，用也。」《小爾雅・廣詁》：「由，用也。」房，房中樂。《毛傳》：「國君有房中之樂。」房中樂為燕樂，調子舒緩。《儀禮・燕禮》：「燕禮。……工歌《鹿鳴》《四牡》《皇皇者華》。……笙入，立于縣中。奏《南陔》《白華》《華黍》。……乃間歌《魚麗》，笙《由庚》；歌《南有嘉魚》，笙《崇丘》；歌《南山有臺》，笙《由儀》。遂歌鄉樂：《周南・關雎》《葛覃》《卷耳》，《召南・鵲巢》《采蘩》《采蘋》。……燕，朝服，于寢。……若以樂納賓，則賓及庭，奏《肆夏》；賓拜酒，主人答拜而樂闋。公拜受爵，而奏《肆夏》；公卒爵，主人升，受爵以下而樂闋。升歌《鹿鳴》，下管《新宮》，笙入三成，遂合鄉樂。若舞，則《勺》。……有房中之樂。」鄭玄《注》：「《周南》《召南》，《國風》篇也。王后、國君夫人房中之樂歌也。」「絃歌《周南》《召南》之詩，而不用鍾磬之節也。謂之『房中』者，后、夫人所諷誦，以事其君子。」鄭玄據《儀禮》認為，二南是房中樂，不用鐘磬；王、國君的房中樂，有后、夫人的歌詠。孫詒讓《正義》：「據此是燕樂用二南，即鄉樂，亦即房中之樂。蓋鄉人用之謂之鄉樂，后、夫人用之謂之房中之樂，王之燕居用之謂之燕樂，名異而實同。」今按，鄉樂、燕樂、房中樂並非一事三名。房中樂是休閒性質的用樂，其音樂歌舞一般都氣氛活躍，節調歡快、閒適；燕樂包括君臣宴飲活動用樂和後宮休閒用樂；鄉樂是下層貴族的用樂，樂舞歌唱風格有地方色彩。房中樂常採用地方色彩濃重的樂舞，君臣燕樂有時也採用這種樂舞，以達到娛樂的目的。鄉樂、燕樂、房中樂一般沒有廟堂用樂莊重嚴肅。燕樂又分為有賓客之樂和無賓客之樂。上引《儀禮・燕禮》所說的是有賓客之樂，歌雅詩、二南詩；笙吹奏《南陔》《白華》《華黍》《由庚》《崇丘》

《由儀》這類無歌的純音樂。房中樂一般都是無賓客之樂，可以安排靈活多樣的欣賞、消遣、娛樂節目。房中樂也用鐘磬。《周禮・春官・磬師》：「教縵樂、燕樂之鍾磬。」《儀禮・燕禮》說燕禮奏《肆夏》，歌《鹿鳴》，管《新宮》。《國語・魯語》說「金奏《肆夏》」，《左傳・襄公四年》說「金奏《肆夏》之三」。所謂「金奏」，即僅用鐘、鐃等樂器演奏。燕樂還有勺舞。《肆夏》古樂也可配舞。《淮南子・齊俗訓》說：「蹀《采齊》、《肆夏》之容也。」演奏「九夏」一般鍾鼓皆作。《周禮・春官・磬師》：「凡樂事，以鍾鼓奏「九夏」。」

〔4〕其樂只且：這讓人多麼快樂呀！其，這。指樂舞之事。樂，快樂。只且，即之哉，句末歎詞。參見《邶風・北風》注〔6〕。「其樂只且」是眾樂工的喧語，不押前韻，在歌舞演出時起造勢作用。

〔5〕陶陶：同「陽陽」，即揚揚、蕩蕩。《鄭箋》：「陶陶，猶陽陽也。」《齊風》：「汶水湯湯。」「汶水滔滔。」陶陶，即滔滔。陶通滔。陶，定母幽部；滔，透母幽部。定、透旁紐。《楚辭・九章・懷沙》「滔滔孟夏兮」，《史記》作「陶陶孟夏兮」。《尚書・虞書・堯典》：「湯湯洪水方割（害），蕩蕩懷山襄陵，浩浩滔天。」滔，通蕩、湯、揚，流水激蕩之義。蕩，定母陽部；湯，透母陽部；揚，喻母陽部。定、透旁紐，與喻母準旁紐；幽、陽旁對轉。《淮南子・本經訓》：「舜之時，共工振滔洪水，以薄空桑。」高誘《注》：「振，動。滔，蕩。」振滔，即振盪。「滔滔」「湯湯」「蕩蕩」為音轉之詞，皆形容流水奔騰激蕩之狀。此樂辭以「湯湯」「陶陶」形容宮廷舞蹈師精神振奮昂揚舞姿轉動起伏的樣子。一說，「陶陶」是和樂舒暢的樣子。《毛傳》：「陶陶，和樂貌。」朱熹《集傳》：「陶陶，和樂之貌。」

〔6〕左執翿：他左手裏持著一杆翿。翿，又稱「翳」，一種舞蹈道具，乃一根頂端飾有五彩野雞羽毛的杆子。《毛傳》：「翿，纛也；翳也。」《鄭箋》：「翳，舞者所持。謂羽舞也。君子左手持羽，右手招我，欲使我從之於燕舞之位。」《說文》：「翿，翳也。所以舞也。从羽，𣪊聲。《詩》曰：『左執翿。』」

〔7〕右招我由《敖》：右手招呼我們演唱《驁夏》。由《敖》，即用《敖》，演唱《敖夏》。這說明《敖夏》配有歌詞。《敖》，《驁夏》的省稱。敖，通驁。敖、驁皆疑母宵部字。《周禮・春官・鍾師》：「凡樂事，以鍾鼓奏『九夏』：《王夏》《肆夏》《昭夏》《納夏》《章夏》《齊夏》《族夏》《祴夏》《驁夏》。」馬瑞辰《通釋》：「敖，疑當讀為《驁夏》之『驁』。《周禮・鐘師》『奏九夏』，其九為《驁夏》。杜子春曰：『公出入奏《驁夏》。』《驁夏》亦單稱《驁》。《大射

儀》『公入《鷔》』是也。」「九夏」是夏代所創、三代所演之正樂，一般演出時都是唱歌、音樂、舞蹈三位一體的。《敖夏》用鐘鼓，有歌詞，有文舞。其舞蹈執羽，蓋亦用籥。

【詩旨說解】

《君子陽陽》是樂工所唱的引舞歌的歌詞。此歌詞每章的上句為樂工獨唱或合唱，下句是眾樂工的喧語。第一章的上句是演出房中樂之前樂工所唱的引舞歌歌詞；第二章的上句是演出雅樂《敖夏》之前樂工所唱的引舞歌歌詞。樂工們每唱完一章引舞歌之後，舞師上場，帶領眾樂工表演舞蹈節目。

樂工唱歌讚美舞師，是為了渲染樂舞現場的氣氛，激發舞師的演出熱情，促使其全力表演。

這篇歌詞反映了周代公廷歌舞的現實場景。

揚之水

揚之水〔1〕，不流束薪〔2〕。
彼其之子〔3〕，不與我戍申〔4〕。
懷哉懷哉〔5〕，曷月予還歸哉〔6〕！

揚之水，不流束楚〔7〕。
彼其之子，不與我戍甫〔8〕。
懷哉懷哉，曷月予還歸哉！

揚之水，不流束蒲〔9〕。
彼其之子，不與我戍許〔10〕。
懷哉懷哉，曷月予還歸哉！

【注釋】

〔1〕揚之水：激蕩的流水。揚，《毛詩》本作「揚」，本義為高舉。引申為上揚之義。《說文》：「揚，飛舉也。从手，易聲，」揚通蕩、蕩、湯。參見《君子陽陽》注〔1〕、《陳風‧宛丘》注〔1〕。上海博物館藏戰國楚竹書《孔子詩論》第十七簡有《湯之水》篇名。此歌詞的「揚」為激蕩之義。《毛傳》：「揚，激揚也。」《鄭箋》：「激揚之水至湍迅。」《孔疏》：「激揚，謂水急激而飛，揚波流疾之意也。」毛、鄭、孔解釋為「激揚」，誤。《鄭風‧揚之水》：「揚之水，不流束薪。」《唐風‧揚之水》：「揚之水，白石鑿鑿。」

〔2〕不流束薪：沖不散一束捆緊的草。不流，沖不散。束薪，一束草。薪，草。參
見《周南‧漢廣》注〔9〕。《唐風‧綢繆》：「綢繆束薪。」華夏民族有一種「水
占」婚戀風俗，青年人在野外婚戀時，把捆緊的一束草投入激流之中，看其是
否被沖散。若沖不散，就預示著男女雙方可以結為婚姻；若沖散了，就預示著
他們不可以結為婚姻。《鄭箋》：「激揚之水至湍迅，而不能流移束薪。」鄭玄
將「揚」釋為「激揚」，將「不流」解釋為「不能流移」，皆誤。

〔3〕彼其之子：我家鄉的女友。彼，那邊、那裡，方位詞。指王畿。其，語助詞。
之子，是子，此子。指此歌詞裏男主人公的女友。《鄭箋》：「之子，是子也。」

〔4〕不與我戍申：她沒有跟我一起來守衛申國。不，不能。此處表示沒有。戍，本
義為持兵械守衛。《毛傳》：「戍，守也。」《說文》：「戍，守邊也。从人持戈。」
申，申國。《毛傳》：「申，姜姓之國，平王之舅。」申國是周王朝姜姓諸侯國，
周王國的姻親國。周平王的母親是申侯之女。申國原在陝西，周宣王改封其舅
父申伯於謝國故地（今河南省南陽市一帶）。《大雅‧崧高》：「王命召伯，定申
伯之宅。王命申伯，式是南邦，因是謝人，以作爾庸。」周幽王政權腐敗，申
侯聯合西方的犬戎殺幽王於驪山，滅了西周。西周殘餘力量東遷於雒邑，立周
平王，繼續周王朝的政權，是為東周。申國位於東周王朝和楚國之間，是東周
王室的南大門。為了防備楚國的侵犯，東周王朝在申國駐紮了軍隊。魯莊公六
年（公元前 688 年），楚文王率師假道於鄧國，大舉伐申，滅了申國，把申地
改為楚國的一個縣。《左傳‧莊公六年》：「楚文王伐申，過鄧。」《左傳‧哀公
十七年》載楚太師子谷說：「彭仲爽，申俘也，文王以為令尹，實縣申、息，
朝陳、蔡，封畛於汝。」

〔5〕懷哉懷哉：想念呀想念呀！懷，思念。

〔6〕曷月予還歸哉：什麼時候我才能回家鄉呢？曷月，哪個月。曷，何。月，指時
間。予，我。還歸，回家。

〔7〕束楚：一束好草。楚，草之好者。參見《周南‧漢廣》注〔10〕。

〔8〕甫：即呂國，周代的一個姜姓小諸侯國，其地在申國西鄰。呂國原在汾水流
域，曾助周滅商，西周穆王時期徙封。《毛傳》：「甫，諸姜也。」馬瑞辰《通
釋》：「故呂城在鄧州南陽縣西四十里，此周時申、呂並言者，即《詩》所云『戍
甫』也。」甫、呂通假。甫，幫母魚部；呂，來母魚部。幫、來通轉。朱駿聲
《說文通訓定聲‧豫部》：「甫，假借又為『呂』。《詩‧揚子水》：『不與我戍甫。』
《傳》：『諸姜也。』《崧高》：『維申及甫。』《箋》：『甫侯也。』《左傳》：『周

有亂政而作《甫刑》。」王先謙《集疏》:「甫即呂國。《詩》《孝經》《禮記》
皆作甫,《尚書》《左傳》《國語》皆作呂。甫、呂古同聲。」《大雅·崧高》:
「維申及甫,維周之翰。」

〔9〕束蒲:一束蒲草。蒲,即蒲草,淺水植物。《毛傳》:「蒲,草也。」《說文》:
「蒲,水艸也。」《陳風·澤陂》:「彼澤之陂,有蒲與荷。」「束薪」「束楚」
「束蒲」皆為「水占」之事。

〔10〕許:古文作「鄦」,周朝姜姓小諸侯國。許為太嶽之胤。許國故城址在今許昌
市東三十里。《毛傳》:「許,諸姜也。」《說文》:「鄦,炎帝太嶽之胤甫侯所封,
在潁川。從邑,無聲,讀若許。」申、呂、許三國是東周的南大門,為防禦楚
國的進攻,東周王朝在申、呂、許重點設防。

【詩旨說解】

《揚之水》是情歌歌詞。東周一個小軍官在南國駐防,且頻換防地,他
的服役期又很長。他在家鄉有一位與他定過情的女子。他想見她的心情迫切,
不能請假回鄉,心中產生了一種莫名的惆悵,於是就用唱歌來表達其對女友
的思念之情,排遣心中的愁悶。「揚之水,不流束薪」「揚之水,不流束楚」
「揚之水,不流束蒲」,這些都是情歌的標誌性語言。

春秋時期,周王朝和各諸侯國對違犯軍紀擅自離開軍隊者都有懲治的律
條,服役者在外地擔任戍衛任務,逃回者當殺,貴族也不例外。《春秋·僖公
二十八年》載:「(魯國)公子買戍衛,不卒戍,刺之。」《公羊傳》說:「刺之
者何,殺之也。」戰國晚期此法猶存。《尉繚子·兵令下》:「兵戍邊一歲遂亡,
不候代者,法比亡軍。」東周這個小軍官長期在南國駐守,不能返鄉,強烈地
思念其女友,唱此怨歌,是情理使然。

此歌詞大約產生於春秋早期。歌詞中並稱「申」「甫」「許」,這說明當時
申國還未被楚國滅掉,申、甫、許三國皆存。楚文王滅申之後,將申國置為楚
國的一個縣,申國的遺民被遷往楚國的東部(今湖北廣水市、河南信陽市)
一帶安置。楚文王滅申之後又過了一百五十七年,楚靈王滅掉了蔡國,並將
申、許等國的貴族遷往荊山(今湖北省南漳縣西部)一帶。《左傳·昭公十三
年》:「楚之滅蔡也,靈王遷許、胡、沈、道、房、申於荊焉。」

《邶風·擊鼓》也是軍士所唱的情歌歌詞。可參閱。

中谷有蓷

中谷有蓷〔1〕，暵其乾矣〔2〕。
有女仳離〔3〕，嘅其嘆矣〔4〕。
嘅其嘆矣，遇人之艱難矣〔5〕！

中谷有蓷，暵其脩矣〔6〕。
有女仳離，條其歗矣〔7〕。
條其歗矣，遇人之不淑矣〔8〕！

中谷有蓷，暵其濕矣〔9〕。
有女仳離，啜其泣矣〔10〕。
啜其泣矣，何嗟及矣〔11〕！

【注釋】

〔1〕中谷有蓷：山谷中生長的益母草。中谷，即谷中。《周南·葛覃》：「葛之覃兮，施于中谷。」蓷，又名「茺蔚」，今稱「益母草」。《韓說》：「蓷，益母也。」又曰：「茺蔚也。」《爾雅·釋草》：「萑，蓷。」郭璞《注》：「今茺蔚也。」邢昺《疏》：「萑，一名蓷。李巡曰『臭穢草也』，郭云『茺蔚也』，《廣雅》名益母。」《說文》：「蓷，萑也。从艸，推聲。《詩》曰：『中谷有蓷。』」《段注》：「『隹也。』隹，各本作『萑』，誤。」《廣雅·釋草》：「益母，充蔚也。」《玉篇·艸部》：「蓷，茺蔚也。」「茺蔚」的合音為蓷。一說，「蓷」為青雈，初生的荻葦。《毛傳》：「蓷，鵻也。」鵻，青雈，荻葦。《說文》：「菿，萑之初生。一曰薍。一曰鵻。」萑，「雈」的借字，一種小雀。鵻，鶌鳩，毛青灰色。其毛色似荻葦之色，故以「雈」稱荻葦。此說誤。

〔2〕暵其乾矣：被水淹了之後就乾枯了。暵，本為曬乾之義。《說文》：「暵，乾也。耕暴田曰暵。」暵通灘。暵、灘皆曉母元部字。灘，植物遭水長時間浸漬而枯萎。三家《詩》作「灘」。《毛傳》：「暵，菸貌。陸草生於谷中，傷於水。」《孔疏》：「蓷草宜生高陸之地，今乃生谷中，為穀水浸之，故乾燥而將死。」《說文》：「灘，水濡而乾也。从水，鸛聲。《詩》曰：『灘其乾矣。』」《段注》：「『灘其乾矣。』《王風》文。今毛詩作暵。蓋非也。」《釋文》：「暵，字作灘，又作灘。」灘通淹。淹，影母談部。曉、影鄰紐，元、談通轉。一說，「暵」是「蔫」的借字。菸，同「蔫」，植物半乾枯將死之貌。《說文》「菸」字《段注》：「《王風》：『中谷有蓷，暵其乾矣。』毛曰：『暵，菸貌。陸草生於谷中，傷於水。』

玉裁按，暵即『蔫』字之假借。」乾，本義為上出。《說文》：「乾，上出也。」
《段注》：「『上出也。』此乾字本義也。」乾通潓。乾、潓皆見母元部字。潓，
水氣蒸發，曬乾。《孔疏》：「谷中之有蓷草，為水浸之，暵然其乾燥矣。」《玉
篇‧水部》：「潓，古乾字，猶燥也。」《廣韻‧寒韻》：「乾，《字樣》云：『本
音虔。』今借為乾濕字。……潓，古文。」《楚辭‧九辯》：「皇天淫溢而秋霖
兮，后土何時而得潓？」《玉篇‧乙部》：「乾，燥也。」《集韻‧寒韻》：「乾、
潓，燥也。或從水。通作乾。」益母草宜生長在陸地之上，最怕水淹。它若生
長在山谷中，極易被水淹死。王先謙《集疏》：「蓷本惡濕，今生谷中，水頻浸
之。……則傷於水而將萎死矣。」一個被丈夫遺棄後憔悴可憐的女子，其樣子
就像山谷中一株遭水淹而乾枯的益母草。

〔３〕有女仳離：有個女子遭遺棄了。仳離，別離。仳通別，分別之義。仳，滂母脂
部；別，並母月部。滂、并旁紐，脂、月旁對轉。《毛傳》：「仳，別也。」《說
文》：「仳，別也。從人，比聲。《詩》曰：『有女仳離。』」「仳離」並非女子主
動與男子分手之義，而是婦女遭遺棄之義，不得已才與男子別離。

〔４〕嘅其嘆矣：即嘅然歎之，慨然長歎。嘅，通慨、愾，因胸中鬱悶而感歎的樣子。
愾、嘅、慨皆溪母物部字。《說文》：「嘅，歎也。從口，既聲。《詩》曰：『嘅
其嘆矣。』」《曹風‧下泉》：「愾我寤嘆，念彼周京。」其，語助詞。歎，歎氣。
棄婦情緒低落，心中充滿了冤屈和無奈，情不自禁地發出了哀歎之聲。

〔５〕遇人之艱難矣：找個好配偶真是艱難呀！遇人，選擇婚姻對象，找配偶。遇，
相遇。《詩經》中稱在野外尋找婚姻對象為「遇」，或說「邂逅」。《鄭風‧野有
蔓草》：「邂逅相遇，適我願兮！」艱難，不容易。《毛傳》：「艱，亦難也。」

〔６〕暵其脩矣：益母草淹死後像乾枯的草一樣。脩，本義為乾肉、肉脯。《說文》：
「脩，脯也。」《論語‧述而》：「自行束脩以上，吾未嘗無誨焉。」《禮記‧昏
義》：「棗、栗、段脩。」段脩，即股脩，加薑桂捶製的乾肉。脩，引申為乾縮
之義。《毛傳》：「脩，且乾也。」且乾，或即苴乾，乾得像苴草一樣。且通苴。
且、苴皆精母魚部字。苴，乾草。《大雅‧召旻》：「如彼棲苴。」參見《豳風‧
鴟鴞》注〔13〕。《釋名‧釋飲食》：「脩脩，縮也。乾燥而縮。」

〔７〕條其歗矣：同「條然歗矣」，她痛心地長嘯。條其歗，即條歗，長歗。條，本
義是細長的樹枝。引申為長義。歗，字又作「嘯」，蹙口長叫。參見《召南‧
江有汜》注〔10〕。《毛傳》：「條條然歗也。」嘯是沒有語詞的歌，與歌有同樣
的功用，皆能抒發胸臆，排解鬱積的情緒。

〔8〕遇人之不淑矣：這是因為所嫁的男人不善良啊！淑，通俶，善。《鄭箋》：「淑，善也。」參見《邶風·燕燕》注〔16〕。

〔9〕嘆其濕矣：益母草淹死後乾枯了又被水浸濕。濕，本為水名。《說文》：「濕，水出東郡東武陽入海。」濕，借為「溼」字。溼，本義為潮濕。《說文》：「溼，幽溼也。从水，一所以覆也。覆而有土，故溼也。」此句說唱詞中，「濕」為被水浸濕之義。一個淚流滿面的憔悴女人，就像一株乾枯了又被水浸溼的益母草。

〔10〕啜其泣矣：她被遺棄之後總是在哽咽地哭泣。啜，哭泣時抽噎的樣子。《毛傳》：「啜，泣貌。」《鄭箋》：「泣者，傷其君子棄己。」《玉篇·口部》：「啜，泣貌。」

〔11〕何嗟及矣：後悔哀歎也難以挽回了！何嗟及，「嗟何及」之誤。「何及」二字典籍中多見，不可拆分。胡承珙《毛詩後箋》：「經文當作『嗟何及矣』。『何及』二字義相連，『嗟』字自當在句首，傳寫者誤倒之。」嗟，歎詞。何，怎能。及，趕上、追回。指找回失去的東西。「何嗟及矣」亦即「悔之莫及」之意。《韓詩外傳》卷二：「孔子曰：『不慎其前而悔其後，嗟乎！雖悔無及矣。』《詩》曰：『惙其泣矣，何嗟及矣！』」《韓詩外傳》所引《詩》亦誤。

【詩旨說解】

《中谷有蓷》是講述一個女子遭婚變被遺棄之事的說唱詞。女子被遺棄之後，衣食無著，漂泊不定，面容憔悴，其生活處在困境之中。此說唱詞把遭婚變被遺棄的女子那種憔悴可憐的樣子，比作一棵被水淹之後又乾枯了益母草，藉以訴說女子遭婚變的不幸，對遭受婚變的女子寄予深切的同情。

《毛詩》序：「《中谷有蓷》，閔周也。夫婦日以衰薄，凶年饑饉，室家相棄爾。」序說，女子遭遺棄的原因是由於「凶年饑饉」，而不是由於「遇人之不淑」。這樣的解釋，抹殺了作者的一片創作苦心，有違作者的本意。

棄婦問題是春秋時期一個較為突出的社會問題。《邶風·谷風》《衛風·氓》《小雅·我行其野》《小雅·谷風》等篇什都反映了這一問題。可參閱。

兔爰

有兔爰爰〔1〕，雉離于羅〔2〕。
我生之初〔3〕，尚無為〔4〕。

我生之後，逢此百罹〔5〕。
尚寐〔6〕，無吪〔7〕！

有兔爰爰，雉離于罦〔8〕。
我生之初，尚無造〔9〕。
我生之後，逢此百憂〔10〕。
尚寐，無覺〔11〕！

有兔爰爰，雉離于罿〔12〕。
我生之初，尚無庸〔13〕；
我生之後，逢此百凶〔14〕。
尚寐，無聰〔15〕！

【注釋】

〔1〕有兔爰爰：有隻兔子在緩緩地行走。爰爰，兔子行走舒緩從容的樣子。爰通緩。爰、緩皆匣母元部字。緩，慢，舒遲。《毛傳》：「爰爰，緩意。」《魯說》：「爰爰，緩也。」《爾雅·釋訓》：「爰爰，緩也。」《廣韻》：「緩，舒也。」

〔2〕雉離于羅：卻見一隻野雞鑽入網中來。雉，野雞。離，甲骨文字象以有長柄的小網捕鳥之形，本義為用網捕鳥。徐中舒《甲骨文字典》：「離之本義為以𢼒捕鳥。」「離」字作主動詞為捕捉之義，作被動詞為被網住之義。離通羅。離、羅，皆來母歌部字。羅，捕鳥網。《爾雅·釋器》：「鳥罟謂之羅。」郝懿行《義疏》：「《方言》云：『羅謂之離，離謂之羅。』是羅、離聲轉義同。故《詩》『魚網之設，鴻則離之』，離即羅矣。」「雉離于羅」即「雉羅于羅」。前一個「羅」字是動詞，被網住之義。後一個「羅」字是名詞，捕鳥網。《毛傳》：「鳥網為羅。」《魯說》：「鳥罟謂之羅。」《說文》：「羅，以絲罟鳥也。」《玉篇·網部》：「羅，鳥罟也。」羅，又通指捕鳥獸的網。《禮記·郊特牲》：「大羅氏，天子之掌鳥獸者也。」《周禮·夏官·序官》「羅氏」下孫詒讓《正義》：「析言之，則羅專為捕鳥之網；通言之，則凡網並得稱羅。」

〔3〕我生之初：我剛生下來的時候。初，初始。指年齡幼小的時候。

〔4〕尚無為：還沒有人到處製造事端。尚，尚且、還。表示未然之詞。無為，未有人滋事。指天下太平。為，從爪從象，本義為人牽象幹活。引申為作、幹之義。《爾雅·釋言》：「作，為也。」《說文》：「為，母猴也。其為禽，好爪。」羅

－323－

振玉《增訂殷虛書契考釋·文字第五》：「案：『為』字古金文及石鼓文並作象，從爪，從象，絕不見母猴之狀，卜辭作手牽象形。……意古者役象以助勞，其事或尚在服牛乘馬以前。」一說，「為」即做成人之事。《毛傳》：「尚無成人為也。」一說，「為」即做軍役之事。《鄭箋》：「言我幼稚之時，庶幾於無所為。謂軍役之事也。」鄭說較明確，但其義狹窄。歌者說，他幼小的時候天下尚且安靜太平，無人滋事擾亂社會。

〔5〕百罹：百憂。指各種憂患和災害。罹，從网從心，離省离表聲，名詞，憂患。引申為災害和苦難。《毛傳》：「罹，憂。」《爾雅·釋詁》：「罹，憂也。」《說文新附》：「罹，心憂也。」

〔6〕尚寐：但願我還在娘胎裏閉著眼睛睡大覺。尚，尚且，還。祈願之詞。寐，本義為睡覺。人未出生時，在母腹中閉著眼睛，也可稱為「寐」。

〔7〕無吪：沒有動作。無，通毋，不，沒有。吪，動，動作。指剛出生的小兒蹬腿和哭叫。《毛傳》：「吪，動也。」《說文》：「吪，動也。从口，化聲。《詩》曰：『尚寐無吪。』」吪，或作訛。《爾雅·釋詁》：「訛，動也。」《釋文》：「吪，本亦作『訛』，動也。」《豳風·破斧》：「周公東征，四國是吪。」《小雅·無羊》：「或寢或訛。」訛，吪的借字。吪、訛皆疑母歌部字。「無吪」「無覺」「無聰」這三種說法的意思一樣，都是說在娘胎裏沒出來時，對外界無感知。

〔8〕罦：一種帶有機關的捕鳥獸的網，又叫「覆車」。《毛傳》：「罦，覆車也。」《魯說》：「罬謂之罦。罦，覆車也。」《爾雅·釋器》：「罦，覆車也。」郭璞《注》：「今之翻車也。有兩轅，中施罥以捕鳥。」罦，又作「罯」「罘」「罬」。《說文》：「罯，兔罟也。」「罬，覆車也。从网，包聲。《詩》曰：『雉離於罬。』罦，或從孚。」《玉篇·网部》：「罯，兔罟也。罘，同上。」《莊子釋文·胠篋》：「罘，本又作罦。」《史記·司馬相如傳》：「罘網彌山。」張守節《正義》：「罘，今幡車罟也。」《禮記·月令》：「田獵罝罘、羅網。」孔穎達《疏》：「此罘與罦一也。」

〔9〕尚無造：還沒有人製造禍亂。造，本義為靠近。《爾雅·釋水》：「天子造舟。」天子，周文王。《大雅·大明》：「造舟為梁。」造，古文作「艁」。艁，意思是把舟集中到一個渡口，使舟相互靠近。為梁，把舟集合起來聯結成一道浮橋。造，通就。造，清母幽部；就，從母幽部。清、從旁紐。《說文》：「造，就也。从辵，告聲。」就，靠近；就位。亦有到義。《孟子·公孫丑下》：「昔者有王命，有採薪之憂，不能造朝。今病小愈，趨造於朝。」《周禮·春官·

大祝》：「大會同，造于廟。」《戰國策‧宋衛策‧犀首伐黃》：「將移兵而造大國之城下。」高誘《注》：「造，詣也。」《小爾雅‧廣詁》：「造，適也。」《廣雅‧釋言》：「造，詣也。」造通作。作，精母鐸部。清、精旁紐，幽、鐸旁對轉。作，造事、幹事。指滋生禍亂之事。《毛傳》：「造，為也。」《爾雅‧釋言》：「作、造，為也。」《列子‧周穆王》：「造物者其巧妙，其功深，固難窮難終。」

〔10〕百憂：同「百罹」。

〔11〕無覺：沒有視覺，看不到外面的世界。覺，本義為視覺。人睡醒後睜開眼睛為覺。《說文》：「覺，寤也。」《莊子‧齊物論》：「覺而後知其夢也。」人初出母胎，睜開眼睛有了視覺，就看到了一個充滿物象的世界。

〔12〕罩：在車上裝置的一種能自動捕鳥獸的網。《魯說》：「罩，羉也。」《韓說》：「張羅車上曰罩也。」《爾雅‧釋器》：「罩，羉也。羉謂之罦。罦，覆車也。」《說文》：「罩，羉也。從网，童聲。」「羉，捕鳥覆車也。」羅、罩、罦、羉皆可捕鳥獸，其功用相同，其形制和使用方法不同。

〔13〕尚無庸：還沒有繁多的勞役和戰事。庸，勞也，使也。此指用人做事，即服勞役或用兵打仗。庸通用。庸、用皆喻母東部字。《毛傳》：「庸，用也。」《鄭箋》：「庸，勞也。」《周禮‧夏官‧司勳》：「民功曰庸。」《爾雅‧釋詁》：「庸，勞也。」邢昺《疏》：「庸者，民功曰庸。」郝懿行《義疏》：「庸，通作用。」《說文》：「庸，用也。」「用，可施行也。」《廣雅‧釋詁》：「庸，使也。」《玉篇‧用部》：「庸，用也。」

〔14〕百凶：百種凶亂。《鄭箋》：「百凶者，王構怨連禍之凶。」王，蓋指周幽王。鄭玄將造成凶亂的原因歸于周王。

〔15〕無聰：沒有聽覺，聽不到外面世界的聲音。聰，通作「聰」，從耳，本義為聽覺好。《毛傳》：「聰，聞也。」聰通窗。聰，清母東部；窗，初母東部。清、初準雙聲。窗，有明義。《說文》：「聰，察也。從耳，悤聲。」悤聲，《段注》校正為「恖聲」。許慎則以「聰」通「察」。察，初母月部。人出生後有了聽覺，能感知到一個有聲音的世界。

【詩旨說解】

《兔爰》是一個貴族男子感歎人生失意、世事多艱的怨歌歌詞。在田獵場上，有時會出現這樣的情形：捕獸人剛剛張好了捕兔的網，卻看見野雞撞

入網中來。「有兔爰爰，雉離于羅」本是一句事理性諺語，歌者用它來表達人事兇險、命運無常的意思。

此歌詞的作者蓋出生於周宣王之世，那時天下尚太平，生活尚安定。到了周幽王之世，天下出現了大動亂，犬戎攻破鎬京，殺死了周幽王，周王朝被迫東遷。東遷之後的東周王朝，僅僅擁有雒城周圍一席之地，地窄物寡，僅相當於一個中等的諸侯國。東周初年，王朝與諸侯國之間不斷出現矛盾和摩擦，「周鄭交惡」就是一個顯例。由於統治階級內部紛爭不斷，一些貴族失去了土地和附著在土地上的勞動力，甚至有些貴族喪失了貴族身份。他們的社會地位一落千丈，免不了怨言迭起。「逢此百罹」「逢此百憂」「逢此百凶」就是對西周、東周交替時期一部分貴族生活情況發生巨變的真實寫照。面對社會動亂人事變遷的現實，歌者希望自己「尚寐，無吪」「尚寐，無覺」「尚寐，無聰」，用消極的態度來對待殘酷惡劣的社會現實。

崔述《讀風偶識》評論《兔爰》說：「其人（按：指《兔爰》作者）當生於宣王之末年，王室未騷，是以謂之『無為』。既而幽王昏暴，戎狄侵陵，平王播遷，室家飄蕩，是以謂之『逢此百罹』。」其說甚是。

戰國楚竹書《孔子詩論》第二十五簡說：「又兔不奉時。」又兔，即「有兔」，為《兔爰》篇的舊題。不奉時，即「不逢時」。此說近是。

葛藟

縣縣葛藟〔1〕，在河之滸〔2〕。
終遠兄弟〔3〕，謂他人父〔4〕。
謂他人父，亦莫我顧〔5〕！

縣縣葛藟，在河之涘〔6〕。
終遠兄弟，謂他人母〔7〕。
謂他人母，亦莫我有〔8〕！

縣縣葛藟，在河之漘〔9〕。
終遠兄弟，謂他人昆〔10〕。
謂他人昆，亦莫我聞〔11〕！

【注釋】

〔1〕縣縣葛藟：延綿高爬的葛藟。縣縣，延綿不斷。指葛、藟的藤蔓長得長。《毛

傳》：「緜緜，長不絕之貌。」緜，通作「綿」，連而不斷。《說文》：「緜，聯微
也。」葛、藟，二植物名。參見《周南・樛木》注〔2〕。此歌詞以枝條綿長的
葛、藟依附於樹木，比喻貴族家族對其成員有重要的保護作用。

〔2〕在河之滸：生長在黃河的岸邊。河，黃河。滸，水邊。《毛傳》：「水厓曰滸。」
《鄭箋》：「葛也藤也，生於河之厓，得其潤澤，以長大而不絕。」《爾雅・釋
丘》：「岸上，滸。」《釋水》：「滸，水厓。」東周貴族居住在黃河之濱的雒邑
及其周邊城邑。

〔3〕終遠兄弟：我最終離開了自己的兄弟。終，既，已經。遠，動詞，遠離。兄弟，
指本族的兄弟。《鄭箋》：「兄弟，猶言族親也。」

〔4〕謂他人父：管別人的父親叫父親了。謂，稱謂，稱呼。《左傳・宣公四年》：「楚
人謂乳穀，謂虎於菟。」他人，指外族人。父，「斧」之初文。轉為美男子、
父輩及父親之義。徐中舒《甲骨文字典》：「郭沫若謂：『父字甲文作ㄅ，金文
作ㄅ，乃斧之初字。石器時代男子持石斧（原注：♦即石斧之象形）以事操作，
故孳乳為父母之父。』」殷人占卜，尊稱故王為「父」。西周文獻多稱掌握大權
者為「父」，東周文獻多稱父親和與父親同輩者為「父」。《說文》：「父，矩也。
家長率教者。从又舉杖。」矩，巨。《說文》：「巨，規巨也。」父舉杖使子女
守規矩。父與傅音近，考與教音近，皆有教誨之義。這是許慎的理解。《禮記・
曲禮下》：「生曰父……死曰考。」

〔5〕亦莫我顧：他們也沒有人關心我。亦，也。莫，沒有人，沒有誰。顧，本義回
頭看。引申為眷顧、關心之義。《鄭箋》：「謂他人為己父，無恩於我，亦無眷
顧我之意。」《說文》：「顧，還視也。」《廣韻・暮韻》：「顧，眷也。」《魏風・
碩鼠》：「三歲貫女，莫我肯顧。」《小雅・大東》：「眷然顧之，潸然出涕。」

〔6〕涘：水邊。《毛傳》：「涘，厓也。」《說文》：「涘，水厓也。」《莊子・秋水》：
「涇流之大，兩涘渚崖之間，不辨牛馬。」

〔7〕母：母親。

〔8〕亦莫我有：他們也沒有人跟我友好親近。有，通友。有、友皆匣母之部字。陳
奐《傳疏》：「有，猶友也。」友，親近、友愛。《爾雅・釋訓》：「善兄弟為友。」
《說文》：「同志為友。从二又相交。」《段注》：「二又，二人也。善兄弟曰友。
亦取二人如左右手也。」《釋名・釋言語》：「友者，有也。相保有也。」王念
孫《廣雅疏證・釋詁》：「古者謂相親曰有。……《王風・葛藟篇》云：『謂他
人母，亦莫我有。』皆謂相親有也。有，猶友也。」《左傳・昭公二十年》：「是

不有寡君也。」杜預《注》:「有，相親有也。」《荀子‧大略》:「友者，所以相有也。」

〔9〕滑：水岸。《毛傳》:「滑，水陳也。」《孔疏》:「《釋山》云:『重甗，陳。』孫炎曰:『山基有重岸也。』陳是山岸，滑是水岸，故云『水陳』。」《爾雅‧釋山》:「重甗，陳。」郭璞《注》:「謂山形如累兩甗。」《說文》:「滑，水厓也。」《說文》:「陳，崖也。從𨸏，兼聲。讀若儼。」

〔10〕昆：本為渾沌之義。金文從日從比，日象徵天宇，比乃蚰之訛變，蚰表音。此說參林義光《文源》。昆通㲋。昆、㲋皆見母文部字。㲋，兄弟。晜、䍩皆是㲋的訛字。《毛傳》:「昆，兄也。」《爾雅‧釋親》:「族父之子，相謂為族晜弟。……兄之子弟之子，相謂為從父晜弟。……晜，兄也。」《釋言》:「昆，後也。」郝懿行《義疏》:「『昆』者，『㲋』之假借也。」《說文》:「㲋，周人謂兄曰㲋。從弟、罘。」《段注》:「『昆弟』字當作此，『昆』行而『㲋』廢矣。《釋親》:『晜，兄也。』郭《注》:『今江東通言曰晜。』按晜者，㲋之誤。男子先生為兄，後生為弟，此本定稱。謂兄㲋者，周人語也。」《玉篇‧弟部》:「罘，古昏切。《說文》云:『周人謂兄曰罘也。』今作昆，同。晜，同上。」《論語‧先進》:「人不間於其父母昆弟之言。」劉寶楠《論語正義》:「『㲋』是本字，『晜』是隸省，『昆』則音近假借也。」

〔11〕亦莫我聞：他們也沒有人恤問我。聞，通問。聞、問皆明母文部字。王引之《經義述聞‧毛詩上》「亦莫我聞」條下:「家大人曰:『《葛藟》篇:「謂他人昆，亦莫我聞。」聞，猶問也，謂相恤問也。』古字『聞』與『問』通。」問，本義為詢問。《說文》:「問，訊也。」問，又引申為慰問、恤問之義。《泉水》:「問我諸姑，遂及伯姊。」《周禮‧秋官‧大行人》:「三問三勞。」鄭玄《注》:「問，問不羔也。」

【詩旨說解】

《葛藟》似是一篇反對入贅的兒歌歌詞。在周代，貴族的大宗族對其族人起著重要的保護作用，個人脫離大家族後不易生存。貴族子弟因故脫離本族依附他族，免不了要遭受冷落，倍感寂寞與痛苦，煩惱和抱怨也因此而起。

這首歌詞以葛藟依附於樹木，比喻貴族男子依附本族而得到庇護。此歌詞表達了貴族的男孩子不要輕易歸附他族的宗法觀念，有維護和強化宗法制度的作用。

一說，《葛藟》是一篇哭嫁歌。黃新榮《中國最早的『哭嫁歌』──〈詩經・王風・葛藟〉》一文說：「《詩經・王風・葛藟》實際就是中國最早的哭嫁歌。」（《華南農業大學學報》社會科學版，2007 年第 2 期）

一說，《葛藟》是流浪者的自哀詩。朱熹《集傳》：「世衰民散，有去其鄉里家族而流離失所者，作此詩以自歎。」

采葛

彼采葛兮〔1〕。一日不見，如三月兮〔2〕！

彼采蕭兮〔3〕。一日不見，如三秋兮〔4〕！

彼采艾兮〔5〕。一日不見，如三歲兮〔6〕！

【注釋】

〔1〕彼采葛兮：她在采葛呀。彼，她。那邊的人。參見《周南・卷耳》注〔4〕。葛，藤類植物，其皮可製取纖維，用於織布製衣、打繩子、製鞋子。《毛傳》：「葛，所以為絺綌也。」

〔2〕如三月兮：像經過了三個月呀！如，似。三月，三個月。《鄭風・子衿》：「挑兮達兮，在城闕兮。一日不見，如三月兮！」

〔3〕蕭：蒿類植物，似艾，一名「艾蒿」，有香氣，莖可燃。古人用蕭作為祭祀的香物以馨神。《毛傳》：「蕭，所以供祭祀。」《爾雅・釋草》：「蕭，萩。」《說文》：「蕭，艾蒿也。」陸璣《毛詩草木疏》：「蕭荻，今人所謂荻蒿也。或云牛尾草。似白蒿，白葉，莖粗斜生，多者數十莖。可作燭，有香氣。故祭祀以脂爇之為香。」陸璣《疏》「荻」字為「萩」字之誤。清趙祐《草木疏校正》已有辨說。《大雅・生民》：「取蕭祭脂。」《毛傳》：「既奠而後，爇蕭合馨香也。」爇，燃燒。《禮記・郊特牲》：「焫蕭合羶薌。」焫，「爇」字的異體字。《禮記・祭義》：「建設朝事，燔燎羶薌，見以蕭光，以報氣也。」

〔4〕三秋：第三季之秋天，從春至秋，共九個月。「三秋」比「三月」時間長，比「三歲」時間短。《孔疏》：「年有四時，時皆三月，三秋謂九月也。」朱熹《集傳》：「曰『三秋』，則不止三月矣。」

〔5〕艾：植物名，一名「白蒿」，一名「冰臺」，可作藥材。乾艾用於灸治病人。《毛傳》：「艾，所以療疾。」《孟子・離婁上》：「七年之病求三年之艾。」趙岐《注》：「艾，可以灸病，乾久益善。」《楚辭・離騷》：「何昔日之芳草兮，今直為此

蕭艾也。」洪興祖《楚辭補注》:「艾即今之灸病者。」艾又可作取火之草。《淮南子・天文訓》:「陽燧見日則燃而為火。」高誘《注》:「陽燧,金也。取金杯無緣者,熟摩令熱,日中時以當日下,以艾承之,則燃得火也。」《爾雅・釋草》:「艾,冰臺。」「所謂「冰臺」,就是用冰塊製成聚集日光的器物,將艾稈置於焦點處,燃著,引火以取暖、做飯。西晉張華《博物志・戲術》:「削冰令圓,舉以向日,以艾於後承其影,則得火。」在古代,葛、蕭、艾都是生活中的常用之物,采葛、採蕭、採艾是女子的專職。未婚女子常以到野外採集為名,行婚戀求偶之實。

〔6〕三歲:三年。參見《衞風・氓》注〔28〕。

【詩旨說解】

《采葛》是一組婚戀情歌歌詞。此歌詞分為三章,男子在野外婚戀時,為了招引女子,視現場的情況隨機採用其中的一章來唱。歌詞中的「彼」,是男子對女子的稱呼。「采葛」「採蕭」「採艾」言女子在不同時節做採集之事。「一日不見,如三月兮」「一日不見,如三秋兮」「一日不見,如三歲兮」,這些都是誇張性的情歌語言。

聞一多《風詩類鈔》說:「《采葛》,懷人也。採集皆女子事,此所懷者女,則懷之者男。」

大車

大車檻檻〔1〕,毳衣如菼〔2〕。
豈不爾思〔3〕?畏子不敢〔4〕。

大車哼哼〔5〕,毳衣如璊〔6〕。
豈不爾思?畏子不奔〔7〕。

穀則異室〔8〕,死則同穴〔9〕。
謂予不信〔10〕,有如皦日〔11〕!

【注釋】

〔1〕大車檻檻:你乘坐大車「檻檻」地行過來。大車,上層貴族人員的乘車。因車的形制較大,故稱「大車」。《毛傳》:「大車,大夫之車。」此說義狹。大夫行路乘大車。上層貴族男子參加野外婚戀求偶活動,往往也乘大車。檻檻,大車

在土路行走時所發出的響聲。《毛傳》：「檻檻，車行聲也。」《楚辭・九歎・怨思》：「山中檻檻，余傷懷兮！」王逸《注》：「檻檻，車聲也。《詩》云：『大車檻檻。』」檻通轞。檻、轞皆匣母談部字。轞轞，車行聲。《廣雅・釋訓》：「轞轞，聲也。」《廣韻・檻韻》：「轞，車聲。與檻通。」轞通坎，表聲字。坎，溪母談部。匣、溪旁紐。《魏風・伐檀》：「坎坎伐檀兮。」《小雅・伐木》：「坎坎鼓我。」

〔2〕毳衣如菼：身上穿著菼色的細毛衣。毳衣，細毛布衣。毳，細毛。《說文》：「毳，獸細毛也。」北方寒冷地區的羊毛細軟質優。毳衣是貴族男子所穿的毛布衣。《毛傳》：「毳衣，大夫之服。」毳衣不一定為大夫所專用。貴族青年男子穿毳衣求偶，能顯示其身份和社會地位。如菼，為菼色。如，而。參見《邶風・柏舟》注〔4〕。菼，初生的荻，荻深赤色。一說，菼為青灰色。《毛傳》：「菼，雛也，蘆之初生者也。」《鄭箋》：「毳衣之屬，衣繢而裳繡，皆有五色焉，其青者如雛。」雛，鵻鴠，毛青灰色。參見《中谷有蓷》注〔1〕。

〔3〕豈不爾思：即「豈不思爾」，我怎麼不想與你一起私奔？豈，何，怎。爾思，即思爾，想你。爾，你。

〔4〕畏子不敢：就是擔心你不敢這樣做。畏，甲骨文字象鬼持一棍棒撲打人之形，本義為使人驚恐。引申為驚懼、害怕，擔心之義。徐中舒《甲骨文字典》：「畏，從卩持卜，卜象攴形。鬼執攴為可畏之形，故會意為可畏之畏。」《說文》：「畏，惡也。从甶、虎省。鬼頭而虎爪，可畏也。」許慎依小篆字為說，小篆與甲骨文字形有出入，「虎爪」說不確。子，你。這是尊稱，指乘大車穿毳衣的那個貴族青年男子。《鄭箋》：「子者，稱所尊敬之辭。」不敢，即「不敢私奔」。《鄭箋》：「此二句者，古之欲淫奔者之辭。」私奔是當時社會上仍在通行的一種婚姻結合方式，鄭玄責為「淫奔」，大誤。

〔5〕啍啍：大車在土路上沉重而又緩慢地行走的聲音。《毛傳》：「啍啍，重遲之貌。」《韓詩》作「輇輇」。日本所藏卷子本殘卷《玉篇・車部》：「輇，他回反。《韓詩》：『大車輇輇。』輇輇，盛貌也。」今本《玉篇・車部》：「輇，他回切，車盛貌。」「檻檻」「啍啍」皆為象聲詞。「車盛貌」誤。

〔6〕毳衣如璊：身上穿著赤禾色的細毛衣。璊，赤色玉。《說文》：「璊，玉䞓色也。从玉，㒼聲。禾之赤苗謂之虋，言璊玉色如之。」䞓，同赬。《廣韻・魂韻》：「璊，玉色赤也。」此歌詞中「璊」是「虋」的借字。璊通虋。璊，明母元部；虋，明母文部。元、文旁轉。虋，深赤色的禾苗。《爾雅・釋草》：「虋，赤苗。」

《玉篇・艸部》：「虋，莫溫切。《詩傳》云：『赤苗也。』即今赤粱粟也。」《廣韻・魂韻》：「虋，赤粱粟也。」虋、芨對舉，其顏色相差無幾。民間女子唱情歌，以常見的植物之色形容貴族男子毳衣的顏色，是很自然的事情。先言「芨」，後言「虋」，是情歌的巧言說法。一說，「璊」是「毷」的借字。毷，赤色毛毯。《魯詩》《齊詩》作「毷」。《說文》：「毷，以毳為繝。色如虋，故謂之毷。虋，禾之赤苗也。从毛，璊聲。《詩》曰：『毳衣如毷。』」《廣韻・魂韻》：「毷，赤色罽名。」一說，「璊」是淺赤色。《毛傳》：「璊，赬也。」《爾雅・釋器》：「再染謂之赬。」郭璞《注》：「淺赤也。」

〔7〕畏子不奔：就是擔心你不敢與我一起私奔。奔，私奔。《周禮・地官・媒氏》：「仲春之月，令會男女。于是時也，奔者不禁。」奔，本義為大走。《爾雅・釋宮》：「中庭謂之走，大路謂之奔。」邢昺《疏》：「大路曰奔。奔，大走也。」事急亦謂之奔。《集韻・恨韻》：「奔，急赴也。」在春秋時期，未婚男女以私奔的方式結婚是常態。青年男女在婚戀場合相會，私訂了婚姻，於是便採取離家出走的方式，一同到外地去，造成結婚的事實，然後回家過日子；或者男子六禮不備，女子直奔男家，成婚生活。此歌詞中一個「畏」字，說明當時社會上遵循父母之命明媒正娶的婚姻風氣已經興起，貴族成員違背父母之命，以私奔的方式成婚者，會受到家庭的極力干涉，甚或有社會輿論的譴責。

〔8〕穀則異室：活著時雖不能住在一個室內。穀，從禾，㱿聲，糧食作物的總稱。《說文》：「穀，百穀之總名。從禾，㱿聲。」《段注》：「㱿者，今之殼字。穀必有稃甲，此以形聲包會意也。」《玉篇・禾部》：「穀，五穀也。」穀能養活人，故「穀」字又引申為養活、人活著之義。「穀」與下文的「死」對文。古言「穀」，今言「活」。《毛傳》：「穀，生。」《爾雅・釋言》：「穀，生也。」郭璞《注》：「《詩》曰：『穀則異室。』」邢昺《疏》：「釋曰：皆生活也。」《玉篇・禾部》：「穀，生也。」《小雅・四月》：「民莫不穀，我獨何害？」鄭玄《箋》：「穀，養也。」《小雅・小弁》：「民莫不穀。」陳奐《傳疏》：「《大車》傳：『穀，生也。』此『穀』字亦當作『生』義解。」一說，穀通彀。馬瑞辰《通釋》：「《爾雅・釋言》：『穀，生也。』穀與彀並從㱿聲，古通用。《左氏傳》『楚人謂乳彀』，《漢書》作穀。《說文》：『彀，乳也。』《廣雅》作彀，乳與彀並云『生也』。《爾雅》《毛傳》訓穀為生。穀當為彀字之假借。」則，雖。吳昌瑩《經詞衍釋》卷八：「則，通即。即與雖同義，故即得訓為雖。《詩》：『穀則異室。』『其室則邇，其人甚遠。』《倉亢子・全道篇》：『敝邑則小，亦有聖人，

異於所聞。』此皆『則』之同『雖』者。」裴學海《古書虛字集釋》卷八:「則,猶雖也。」則又通是,或解作而,皆通。異室,不住在同一個居室。

〔9〕死則同穴:死後就要歸於同一個墓穴。則,即。同穴,同一葬坑,並棺同埋。穴,本義為地下室。此指墓穴。《說文》:「穴,土室也。」《段注》:「引申之凡空竅皆為穴。」《鄭箋》:「穴,謂冢壙中也。」《唐風·葛生》:「夏之日,冬之夜,百歲之後,歸于其居。冬之夜,夏之日,百歲之後,歸于其室。」《鄭箋》:「居,墳墓也。室,猶冢壙。」考古發現,周代貴族墓多為夫妻異穴合葬,即並穴葬,偶見夫妻同穴合葬,妾殉葬則與墓主同穴。西漢中葉以後,夫妻同穴合葬的葬式才在社會上普遍流行起來。歌者說死後要與所愛的人同穴埋葬。這是生死不分離、永遠相愛的一種說法,是誓言性質的話語,不能視為當時的葬制。《毛傳》:「生在於室,則外內異。死則神合,同為一也。」《毛傳》只說「神合」,不言合葬。漢代傳說春秋時期魯國有合葬墓,孔子葬母始封土作記。《禮記·檀弓下》:「孔子曰:『衛人之祔也,離之;魯人之祔也,合之。善夫!』」鄭玄《注》:「祔謂合葬也。」祔通附,有依附義。合棺於主人槨中為祔。《禮記》中記孔子說,衛人夫妻並墓,魯人則夫妻一墓。魯國夫妻同穴合葬現象出現在孔子之前,孔子是主張夫妻同墓合葬的。《禮記·檀弓上》:「孔子少孤,不知其(父)墓。……問於郰曼父之母,然後得合葬於防。」孔子既得合葬於防,曰:『吾聞之:古也墓而不墳;今丘也,東西南北人也,不可以弗識也。』於是封之,崇四尺。」

〔10〕謂予不信:要說我這話不誠實。謂,說。予,通余、吾,我。信,誠實,守信用。參見《邶風·擊鼓》注〔20〕。

〔11〕有如皦日:就讓天上的白日作證吧!有如,即有若,有那。如,指示代詞,通若、那。如,日母魚部;若,日母鐸部;那,泥母歌部。日、泥準雙聲,魚、鐸對轉,與歌部通轉。那,那個。《論語·公冶長》:「子謂子賤:『君子哉若人。』」若人,那個人。皦,白。《說文》:「皎,月之白也。」「曉,日之白也。」「皦,玉石之白也。」皎、曉、皦為異體字,其聲符皆有高義,指高天上日月之明亮。許慎分釋其義,不知何據。《釋文》:「皦本又作皎」。此歌詞的「有如皦日」與《左傳》「有如白水」句式相同。《左傳·僖公二十四年》:「及河,子犯以璧授公子,……公子曰:『所不與舅氏同心者,有如白水!』投其璧于河。」《史記·晉世家》則說:「文公元年春,秦送重耳至河。咎犯曰:『臣從君周旋天下,過亦多矣!臣猶知之,況於君乎?請從此去矣!』重耳曰:『若反國,所不與子

犯共者，河伯視之！』乃投璧河中，以與子犯盟。」「有如皦日」與「有如白水」都是流行於民間的誓言成語。說「有如皦日」，等於說「讓白日作證」「讓太陽神作證」。

【詩旨說解】

《大車》是婚戀對歌歌詞。仲春之月，王畿某地有一場婚戀集會。一個身穿深赤色精美毛布衣服的貴族男子，乘大車到集會現場求偶。在集會現場，女子先唱了兩段情歌，向一個身穿毳衣乘大車而來的男子表示了她的求偶意願。女子用歌聲明明白白地告訴這個身穿毳衣的男子，她願意以私奔的方式與其成婚。男子反應機敏立即唱「穀則異室，死則同穴。謂予不信，有如皦日」作答。這男女二人的對歌，非常機智和大氣。

《列女傳·貞順傳·息君夫人》說，《大車》詩是息國國君夫人所作。國君夫人與私奔何干？

丘中有麻

丘中有麻〔1〕。
彼留子嗟〔2〕！
彼留子嗟！
將其來施施〔3〕。

丘中有麥〔4〕。
彼留子國〔5〕！
彼留子國！
將其來食〔6〕。

丘中有李〔7〕。
彼留之子〔8〕！
彼留之子！
貽我佩玖〔9〕。

【注釋】

〔1〕丘中有麻：山丘地帶有一片麻。丘，山丘。麻，檾麻的通稱。檾麻是一年生亞灌木狀草本植物，雄株稱「枲」，雌株稱「苴」。麻，本義為掛曬於房檐下的已漚製好的枲皮。段校《說文》：「麻，枲也。從㞢，從广。㞢，人所治，在屋下。」

《說文》「布」字《段注》：「其草曰枲、曰萉。析其皮曰𣏟、曰𣏟；屋下治之曰麻；緝而績之曰線、曰縷、曰纑；織而成之曰布。」檾麻是中國古代重要的經濟作物之一，常大面積種植。《齊風·南山》：「蓺麻如之何？衡從其畝。」《大雅·生民》：「麻麥幪幪。」檾麻一般春天種植，秋天收割，也有晚種的品種。賈思勰《齊民要術·種麻子》：「三月種者為上時，四月為中時，五月初為下時。……《氾勝之書》曰：『種麻，豫調和田。二月下旬，三月上旬，傍雨種之。』……崔寔曰：『二三月可種苴麻。』」《氾勝之書》：「夏至後二十日漚枲，枲和如絲。」又說：「獲麻之法，霜下實成，速斫之。」早種的麻，初夏麥收之前，麻葉已大，小暑之後可收穫。晚種的麻，到霜降時節才砍斫。經過漚製處理的麻纖維可以織布、製繩索、製鞋等。《陳風·東門之池》：「東門之池，可以漚麻。」《東門之枌》：「不績其麻，市也婆娑。」此歌詞裏的「麻」指生長著的檾麻棵。王畿劉國地區丘陵地帶種植了大片的檾麻，這裡是青年人婚戀的一個場所。《毛傳》：「丘中磽埆之處，盡有麻、麥、草、木。」春秋時期種麻也用良田，未必僅用「磽埆」之地。

〔2〕彼留子嗟：那邊劉姓的公子嗟你聽著！留，通鎦。鎦又作「劉」，姓氏。留、鎦、劉皆來母幽部字。《毛傳》：「留，大夫氏。」毛享說「留」是劉國大夫的「氏」。春秋之氏，今之姓。馬瑞辰《通釋》：「劉、留古通。薛尚功《鍾鼎款識》有『劉公簠』，《積古齋鐘鼎款識》作『留公簠』。留即春秋劉子邑。」劉國是春秋時期王畿內的一個小諸侯國。周頃王幼子劉康公（名季子），其封地在偃師一帶。《左傳·宣公十年》：「秋，劉康公來報聘。」《左傳·定公八年》：「劉子伐儀栗。」《國語·周語·劉文公與萇弘城周》：「及定王，劉氏亡。」戰國初年周定王時，劉國滅亡了。子嗟，人名，姓劉，字子嗟，劉國公子。《毛傳》：「子嗟，字也。」嗟，通差。嗟，精母歌部；差，初母歌部。精、初準旁紐。典籍中與子嗟類似的人名有夫差、景差。來山丘地帶參加婚戀集會的女子們認識劉國的貴族男子，因而直呼其名。

〔3〕將其來施施：請你到丘中來鋪麻葉。將，通請。參見《衛風·氓》注〔9〕。其，代詞，你。參見《鄘風·君子偕老》注〔9〕。施，通迤。施、迤皆審母歌部字。迤，敷、布。《說文》：「迤，敷也。从攴，也聲。讀與施同。」《段注》：「迤，今字作『施』。『施』行而『迤』廢矣。」《玉篇·攴部》：「迤，亦施字。」敷，布、鋪。《廣雅·釋詁》：「鋪，陳也。」《廣韻·模韻》：「鋪，鋪設也，陳也。」《小雅·小旻》：「敷于下土。」《毛傳》：「敷，布也。」《穆天子傳》：「曾祝敷

筵席設几。」郭璞《注》:「敷,猶鋪也。」此歌詞的「施」字為鋪麻葉之義。
施施,婚戀集會女子們合唱時「施」字的疊音。《顏氏家訓‧書證》:「《詩》云:
『將其來施施。』《毛傳》云:『施施,難進之意。』《鄭箋》云:『施施,舒行
貌也。』《韓詩》亦重為『施施』。河北《毛詩》皆云『施施』。江南舊本悉單為
『施』,俗遂是之,恐為少誤。」顏之推以毛、韓、鄭古本為據,認為古本《詩
經》「施」字應當有重文。一說,「施」字衍。清臧琳《經義雜記》卷二十八:
「考《詩‧丘中有麻》,三章,章四句,句四字,獨『將其來施施』五字。據顏
氏說,知江南舊本皆作『將其來施』,顏以《傳》《箋》重文而疑其有誤。然顏
氏述江南、江北書本,江北者往往為人所改,江南者多善本,則此之悉單為『施』,
不得據河北本以疑之矣。若以毛、鄭皆云『施施』而以作『施施』為是,則更
誤。」高亨《詩經今注》亦認為衍一個「施」字。按,《毛詩》《韓詩》「施」字
皆有重文,「施施」當為古本原貌。《經典釋文》:「『施施』如字。」「衍字說」
非是。此歌詞裏「施」乃對「麻」而言,「食」乃對「麥」而言。女子們說「請
男子前來丘中鋪麻葉」,這是野合的代語。此時,春種的檾麻葉已闊大。

〔4〕麥:小麥。春秋時期小麥有早熟和晚熟兩種,秋種夏熟的稱為「宿麥」,也有
春種秋熟的晚麥。《左傳‧隱公三年》:「(夏)四月,鄭祭足帥師取溫之麥。」
《左傳‧成公十年》:「(夏)六月丙午,晉侯欲(嘗)麥,使甸人獻麥,饋人
為之。」《禮記‧月令》:「仲秋之月,……乃勸種麥,勿或失時。」《豳風‧七
月》:「九月築場圃,十月納禾稼。黍稷重穋,禾麻菽麥。」

〔5〕子國:劉姓貴族公子,字子國。

〔6〕食:吃。將要成熟的麥子,用手搓其穗,吹去子粒的殼,便可食其子粒。也可
以食「燎麥」,即在野地裏撿了柴,把將成熟的麥穗捆紮成小捆,放在火上轉
著烤,俟其熟,搓去其殼而食其粒。這是一種野食方法。女子請男子「食麥」,
也是野合的隱語。

〔7〕李:李樹。早麥成熟之前,李子尚未成熟。女子可以用青澀的李子作為婚戀的
媒物,拋給貴族男子。

〔8〕彼留之子:你們這些劉姓公子。子,「公子」之省。又疑此句為「彼留子之」
之誤。子之,與子嗟、子國皆為劉姓公子。

〔9〕貽我佩玖:請你贈送給我佩玖吧。貽,贈給。《爾雅‧釋言》:「貽,遺也。」
《說文新附》:「貽,贈遺也。從貝,臺聲。經典通用詒。」《詩‧邶風‧靜女》:
「貽我彤管。」《陳風‧東門之枌》:「貽我握椒。」《釋文》作「詒」。佩玖,

身上佩帶的玖。玖，一種似玉的黑色石。《毛傳》：「玖，石次玉者。」《說文》：「玖，石之次玉黑色者。从玉，久聲。《詩》曰：『貽我佩玖。』」《段注》：「玖，音近黝，故訓黑色。」女子投給貴族男子李子，則要求貴族男子贈給她們玖玉。此歌詞所反映的「投李贈玖」的婚戀行為與《衞風·木瓜》所反映的情況如出一轍。

【詩旨說解】

《丘中有麻》是婚戀情歌歌詞。初夏，檾麻已長高，麥子也要成熟了，東周王畿地區的一群女子，前往劉國城邑郊野之外的某丘陵地帶參加婚戀集會。當她們快要到達目的地時，正碰上劉國的貴族公子們也來參加集會，於是眾女子就開始唱情歌，用歌聲邀請劉國貴族公子一起參加婚戀集會。

第一章：一個女子領唱道：「丘中有麻。」隨後眾女子和唱：「彼留子嗟！」接下來女子又領唱：「彼留子嗟！」而後眾女子和唱：「將其來施施。」

第二、三章的輪唱形式與第一章相同。

劉國野外的婚戀集會，場面熱鬧而又活潑。第一章末句的「施施」，是眾女子合唱時參差不齊的疊音。貴族樂府的樂冊中保留「施施」這個疊音，用以表示這是合唱歌曲。第二、三章末尾的合唱也應有疊音，但樂府的詩冊中省略了疊音字。《毛詩·丘中有麻》保留了周代樂詞的原始狀貌。

這篇歌詞反映了東周王畿地區野外婚戀活動的實際情況。上古缺醫少藥，戰爭、瘟疫和自然災害，嚴重地威脅著人類的生存，族種的繁衍、勞動力的生產實屬不易。那時，中原地區上古人民的婚戀觀、生育觀都是積極的、開放的。明乎此，就不會戴著「有色眼鏡」看待上古的野合行為了。

鄭　風

　　鄭國，是西周宣王時始封的一個小諸侯國。鄭國的第一代國君鄭桓公，是周厲王的小兒子，又是周宣王的異母弟，名友，字多父。他的初封地在棫林（今陝西省華陰市）。《史記・鄭世家》：「鄭桓公友者，周厲王少子而宣王庶弟也。宣王立二十二年，友初封於鄭。封三十三歲，百姓皆便愛之。幽王以為司徒。和集周民，周民皆說，河雒之間，人便思之。為司徒一歲，幽王以褒后故，王室治多邪，諸侯或畔之。……二歲，犬戎殺幽王於驪山下，並殺桓公。鄭人共立其子掘突，是為武公。」清秦嘉謨輯《世本》云：「周宣王二十二年封庶弟友於鄭。」《漢書・地理志》：「鄭國，今河南之新鄭，本高辛氏火正祝融之虛也。及成皋、滎陽，潁川之崇高、陽城，皆鄭分也。本周宣王弟友為周司徒，食采於宗周畿內，是為鄭。」顏師古《注》：「鄭，今之華陰鄭縣。」《說文》：「鄭，京兆縣。周厲王子友所封。从邑，奠聲。宗周之滅，鄭徙潧洧之上，今新鄭是也。」《段注》：「今陝西同州府華州州城北有故鄭城。《前志》曰：『周宣王弟鄭桓公邑。』」北宋樂史《太平寰宇記》卷二十九「關西道華州華陰郡鄭縣」下：「本秦舊縣，漢屬京兆，即鄭桓公封邑，今郡北故鄭城是其故城。」《括地志》：「鄭桓公友所封采邑，一名咸林。故《國語》曰：『鄭桓公為周司徒，採地咸林也。』」「咸林」蓋為「棫林」之誤。《史記・鄭世家》司馬貞《索隱》引《系本》云：「桓公居棫林，徙拾。」棫林，其地在今陝西華縣西北。拾，在今陝西省華陰市。日本京都大學藏本楊守敬《水經注疏・洧水注》引《竹書紀年》：「晉文侯二年，周宣王子多父伐鄶（鄫），克之，乃居鄭父之丘，名之曰鄭，是曰桓公。」鄭桓公的封地為華山西北的舊鄭，不是溱、洧旁邊的新鄭。「鄭父」即「奠阜」。此阜應是上古中國西部居民遙祭華山之

處。鄭，「奠邑」的合體字。因鄭桓公在奠阜立邑，後人遂稱奠阜所在地為「鄭」。鄭，通奠。鄭、奠皆定母耕部字。父，通釜、阜。父、釜，並母魚部；阜，並母幽部。魚、幽旁轉。「鄭父之丘」即「奠阜之丘」。後世人不解「鄭父之丘」的「父」字古為丘阜義，又稱「奠阜」為「鄭父之丘」。周幽王時，鄭桓公採納周太史伯「虢鄶寄孥」的建議，將其財產、部族從舊鄭東遷於虢、鄶之間的「京」地（今滎陽市豫龍鎮京襄城村）。《今本竹書紀年》：「（幽王十一年）申人、鄶人及犬戎入宗周，弒王及鄭桓公。」周幽王十年（公元前 772 年），犬戎攻殺周幽王於驪山下，鄭桓公罹難，鄭武公繼位為國君。周平王元年（公元前 770 年），周平王將棫林鄭地分給了秦襄公，而將虢和鄶之間的京地分給了鄭武公。鄭武公乘護送周平王東遷之機，相繼吞併了鄶、虢及鄔（鄔）、弊、補、舟（丹）、依、𩏂（疇）、歷、華等數個小國。《今本竹書紀年》記周平王四年（公元前 767 年）「鄭人滅虢」，六年（公元前 765 年）「鄭遷於溱洧」。鄭武公先居京地，後用計滅了鄶，遷都於鄶城。《公羊傳·桓公十一年》：「先鄭伯有善於鄶公者，通乎夫人以取其國，而遷鄭焉。」杜預《注》：「遷鄭都於鄶也。」鄭武公為了強國，提出了解放殷遺民商人的口號，並與商人訂立了盟約。《左傳·昭公十六年》載鄭子產說：「昔我先君桓公，與商人皆出自周，庸次比耦，以艾殺此地，斬之蓬蒿藜藋而共處之。世有盟誓，以相信也。曰：『爾無我叛，我無強賈，毋或匄奪。爾有利市寶賄，我勿與知。』恃此質誓，故能相保以至于今。」《左》文中的「桓公」應是「武公」之誤。商人（或稱「商奴」）屬於殷商時期為商王朝服務的工商階層，其中有不少能工巧匠，多是些懂技術、會經商的人。周滅商之後，這些人被俘，牽入西周，成為周人的世襲奴隸。鄭武公重視工商業，攜商人東遷。《左傳》等書所記載的「犒秦師」的鄭國人弦高是經商者，「退秦師」的鄭大夫燭之武或出自工商業者之家。鄭人利用商人這支力量，很快使鄭國強大起來。周平王二年（公元前 769 年），鄭武公滅鄶，以溱、洧交匯處的鄶國都城作為鄭人的都城，六年，遷於鄶城。史學專家認為，考古發現的河南省新密市曲梁鄉溱水東岸古城遺址，即鄶國故城遺址。鄭莊公居鄶，鄭國稍強大，便與周王朝抗衡，交質繼而交惡。相傳鄶城北鄭伯嶺有鄭莊公墓。大約在鄭文公初年，鄭人自鄶城東遷於新鄭。《史記·鄭世家》：「（鄭厲公七年）秋，厲公卒，子文公踕立。」司馬貞《索隱》：「《系本》：『文公徒鄭。』宋忠云：『即新鄭。』」今河南省新鄭市區有「鄭韓故城」遺址。總之，鄭人先據於陝西的鄭父，遷於虢、鄶之間，又居鄶城，最

後定都於新鄭。春秋時期，晉、楚爭霸，鄭國夾在晉、楚兩個大國之間，與周邊的諸侯國關係不好，頻遭侵伐，且內亂不斷。周安王二十六年（公元前376年），鄭國為韓國所滅。

鄭國的音樂較為發達。這與該國商業繁榮有著一定的關係。清魏源《古詩微·檜鄭答問》這樣評說鄭國的繁榮情況：「商旅集則貨財盛，貨財盛則聲色輳。」春秋時期，鄭國貴族喜好聲色犬馬，推崇新樂（包括聲樂、器樂和舞蹈）。這是鄭國城市經濟繁榮的一個側面表現。

春秋中葉以後，由西周傳下來的古樂衰微了，代之而起的是鄭國、衛國等國的新樂。鄭、衛等國的新樂舞，打破了周樂的莊重、沉鬱、遲緩的格調，出現了閒適、輕柔、綺麗、奢靡的風格，其娛樂特點十分突出。孔子、子夏、孟子對新樂都很反感，魏文侯則對新樂比較喜歡。孔子曾說：「放鄭聲，遠佞人。鄭聲淫，佞人殆。」（《論語·衛靈公》）又說：「惡鄭聲之亂雅樂也。」（《論語·陽貨》）孟子也說：「惡鄭聲，恐其亂樂也。」（《孟子·盡心下》）《禮記·樂記》記魏文侯問子夏說：「吾端冕而聽古樂，則唯恐臥；聽鄭衛之音，則不知倦。敢問：古樂之如彼，何也？新樂之如此，何也？」《樂記》記子夏批評新樂說：「今夫新樂，進俯退俯，奸聲以濫，溺而不止，及優侏儒，獶雜子女，不知父子。」「鄭音好濫淫志，宋音燕女（按，讀為『婉柔』）溺志，衛音趨數煩志，齊音敖辟喬志。此四者，皆淫於色而害於德，是以祭祀弗用也。」鄭衛之音作為新興的音樂，一直呈流行趨勢，至漢代尤然。據《漢書·禮樂志》記載，漢武帝時「內有掖庭材人，外有上林樂府，皆以鄭聲施於朝廷」，漢成帝時「鄭聲尤甚」。

所謂「鄭聲」，是指鄭國的音樂，非指鄭國歌曲的詞章文本。這個問題是很清楚的。戴震在他的《書〈鄭風〉後》一文中指出：「許叔重《五經異義》，以《鄭詩》解《論語》『鄭聲淫』，而康成駁之曰：『《左傳》說「煩手淫聲」謂之鄭聲，言煩手躑躅之聲使淫過矣。』其注《樂記》『桑間、濮上之音』，引紂作『靡靡之樂』為證，不引《桑中》之篇，明『桑間』『濮上』，其音之由來已久。凡所謂聲，所謂音，非言其詩也。」東漢許慎之前的人所謂的「鄭聲」「鄭衛之音」，皆指鄭國音樂，非指鄭詩。許慎《五經異義》說：「鄭《詩》二十一篇，說婦人者十九，故鄭聲淫也。」自許慎以後，學者多把「鄭聲」誤為鄭詩，且予以猛烈抨擊。這是許慎錯誤地解釋「鄭聲淫」所導致的一種後果。對於鄭詩，應當另作研究。

　　《鄭風》共二十一篇詩文。《緇衣》是室內消遣樂歌歌詞，《叔于田》《大叔于田》是狩獵樂歌歌詞，《清人》是嘉禮樂歌歌詞。其他的詩篇，內容大都與愛情和婚姻相關。

緇衣

緇衣之宜兮〔1〕。敝，予又改為兮〔2〕。
適子之館兮〔3〕，還，予授子之粲兮〔4〕。

緇衣之好兮〔5〕。敝，予又改造兮〔6〕。
適子之館兮，還，予授子之粲兮。

緇衣之蓆兮〔7〕。敝，予又改作兮〔8〕。
適子之館兮，還，予授子之粲兮。

【注釋】

〔1〕緇衣之宜兮：黑色的官服穿在你身上很合體呀。緇衣，黑色的衣服。《說文》：「緇，帛黑色。从糸，甾聲。」《考工記》：「三入為纁，五入為緅，七入為緇。」布帛放入染缸裏浸染的次數越多，其顏色越深。緇衣是古代卿大夫等官吏在辦公時所穿的官服。《毛傳》：「緇，黑色。卿士聽朝之正服也。」《孔疏》：「卿士旦朝於王，服皮弁，不服緇衣……退適治事之館，釋皮弁而服，以聽其所朝之政也。」一說，「緇衣」是「居私朝」之服。《鄭箋》：「緇衣者，居私朝之服也。天子之朝服，皮弁服也。」何謂「私朝」？《禮記・玉藻》：「將適公所，宿齊戒。……既服，習容，觀玉聲，乃出。揖私朝，煇如也，登車則有光矣。」孔穎達《疏》：「私朝，大夫自家之朝也。」宜，通耦，耦合，即適合。參見《周南・螽斯》注〔3〕。這裡指衣服合體，穿著好看。

〔2〕敝，予又改為兮：破舊了，我再改治一下呀。敝，從　從攴，同擊，擊打布帛淨塵之義。《說文》：「擎，一曰擊也。」《玉篇・手部》：「擎，擊也。」《廣韻・屑韻》：「擎，小擊。」敝通㡀。敝、㡀皆並母月部字。㡀，本義為破敗之衣。《說文》：「㡀，敗衣也。从巾，象衣敗之形。」《段注》：「此敗衣正字。自敝專行而　廢矣。」敝又通敗。敝、敗皆並母月部字。《禮記・緇衣》：「苟有衣，必見其敝。」鄭玄《注》：「敝，敗衣也。」《論語・公冶長》：「子路曰：『願車馬衣裘與朋友共，敝之而無憾。』」予，我。此為女主人公自稱。改為，即改做。改，更改。《毛傳》：「改，更也。」《說文》：「改，更也。」《論語・雍也》：

「回也不改其樂。」為，做。參見《王風·兔爰》注〔4〕。改衣者的手藝巧，她將其丈夫破舊的官服拆洗改治，使其如新衣。

〔3〕適子之館兮：你就安心地到官署裏辦公去吧。適，往，到。《毛傳》：「適，之。」《爾雅·釋詁》：「適，往也。」《說文》：「適，之也。」《廣韻·昔韻》：「適。往也。」子，你。這是女主人公對其丈夫的愛稱。館，本義為客館。《毛傳》：「館，舍。」《說文》：「館，客舍也。从食，官聲。」《周禮·地官·遺人》：「五十里有市，市有候館，候館有積。」此歌詞的「館」不是客舍之義。館通官。館、官皆見母元部字。官，官府。諸侯國的大夫日常先入朝，後執政事，各有其辦公的官舍。諸侯國六鄉和邊鄙行政區的官員也有其辦公的房舍。《鄭箋》：「卿士所之之館，在天子之宮，如今之諸廬也。」《禮記·玉藻》：「在官不俟屨。」鄭玄《注》：「官，謂朝廷治事處也。」《周禮·天官·小宰之職》：「宮正掌王宮之戒令、糾禁。」賈公彥《疏》：「官府之在宮中者，若膳夫、玉府、內宰、內史之屬。」《周禮·冬官·考工記》：「內有九室，九嬪居之。外有九室，九卿朝焉。」鄭玄《注》：「九室，如今朝堂諸曹治事處。」《管子·立政》：「五鄉之師出朝，遂於鄉官，致於鄉屬，及於遊宗，皆受憲。」郭沫若《管子集校》：「王引之云：『鄉官，謂鄉師治事處也。』」又引俞樾云：「蓋官、館古今字也。官字從宀從𠂤，宀，交覆屋深也，𠂤，猶眾也，以屋覆眾，是官之本義為館舍字也。」《大戴禮記·文王官人》：「官則任長。」清王聘珍《大戴禮解詁》：「官，謂官府。」《字彙·寅集·宀部》：「官，又官舍曰官。」《周禮·秋官·士師》：「二曰官禁。」孫詒讓《正義》：「官與府通，故官府亦有稱『官』也。」

〔4〕還，予授子之粲兮：你回到家裏，我就送給你一件「新衣服」。還，返回，回來。指從官署回到家裏。授，給予。《說文》：「授，予也。」粲，本義為精白米。引申為新鮮、鮮明之義。《說文》：「祏，百二十斤也。」「粲，稻重一祏……為米六斗大半斗曰粲。」《段注》：「稻米九斗而舂為八斗則亦曰糳，八斗而舂為六斗大半斗則曰粲。」《廣雅·釋言》：「粲，鮮也。」《釋詁》：「粲，明也。」《玉篇·米部》：「粲，鮮好貌。」《鄭風·羔裘》：「羔裘晏兮！三英粲兮！」《小雅·大東》：「粲粲衣服。」聞一多《風詩類鈔》：「粲，新也，謂新衣服。」歌者說，舊衣經她改治後，如新衣一樣地耀眼。

〔5〕緇衣之好兮：黑色的官服穿在身上很好看呀。好，好看，可體。《毛傳》：「好，猶宜也。」

〔6〕改造：同「改為」。造，通作。參見《王風・兔爰》注〔9〕。《鄭箋》：「造，為也。」

〔7〕緇衣之蓆兮：黑色的官服穿在身上寬大舒適呀。蓆，本義為草席。《韓非子・存韓》：「韓事秦三十餘年，出則為扞蔽，入則為蓆薦。」《魯詩》《韓詩》作「蓆」。《魯說》：「蓆，大也。」蓆，通席。席、蓆皆邪母鐸部字。席，以蒲草、竹篾或蒦子等物編成的坐臥墊藉用具。《說文》：「席，藉也。《禮》：『天子、諸侯席有黼繡純飾。』从巾，庶聲。」「蓆，廣、多也。」席子寬大，故「席」字引申為寬大之義。此歌詞中的「蓆」為寬大舒展之義。《毛傳》：「蓆，大也。」《爾雅・釋詁》：「席，大也。」緇衣展開後，寬大如席。

〔8〕改作：同「改為」「改造」。《鄭箋》：「作，為也。」

【詩旨說解】

《緇衣》是一首改衣歌的歌詞。這篇歌詞反映了一位妻子為其丈夫巧改官服之事。歌詞中所稱「子」，是一個俸祿雖不多，但比較懂得節儉的官吏。他的官服破舊了，妻子不想讓他總是穿著舊官服去官署辦公，於是便對他的舊官服進行了一番拆洗和改造。妻子心靈手巧，在舊衣翻新方面頗有技術。經過她的一番改造，其丈夫的舊官服變得非常舒適可體，如新衣一樣好看。她這樣精心地改造舊官服，也順應了其丈夫節儉的意願。她想到丈夫回家看到新改的官服的情景，心裏十分高興，便情不自禁地哼出《緇衣》這支小曲來。這支小曲後來被收入了樂府。

從文學的角度看，《緇衣》客觀上塑造了一個心靈手巧、生活節儉、關愛丈夫的婦女形象。

一說，《緇衣》是讚美鄭武公的詩。《毛詩》序：「《緇衣》，美武公也。父子並為周司徒，善於其職，國人宜之，故美其德，以明有國善善之功焉。」鄭玄《注》：「父，謂武公父，桓公也。司徒之職，掌十二教。善善者，治之有功也。鄭國之人皆謂桓公、武公居司徒之官，正得其宜。」

將仲子

將仲子兮〔1〕，無踰我里〔2〕，無折我樹杞〔3〕。
豈敢愛之〔4〕？畏我父母〔5〕。
仲可懷也〔6〕！父母之言，亦可畏也〔7〕。

　　　　將仲子兮，無踰我牆〔8〕，無折我樹桑〔9〕。
　　　　豈敢愛之？畏我諸兄〔10〕。
　　　　仲可懷也！諸兄之言，亦可畏也。

　　　　將仲子兮，無踰我園〔11〕，無折我樹檀〔12〕。
　　　　豈敢愛之？畏人之多言〔13〕。
　　　　仲可懷也！人之多言，亦可畏也。

【注釋】

〔1〕將仲子兮：請你這位仲子哥呀。將，通請。參見《衞風·氓》注〔9〕。《毛傳》：
　　「將，請也。」仲子，一個年輕男子。子，男子。一說，「仲」是在兄弟中排
　　行第二的意思。高亨《詩經今注》：「兄弟行列在第二的稱仲。」一說，「仲子」
　　是男子的字。朱熹《集傳》：「仲子，男子之字也。」

〔2〕無踰我里：不要到我里邑的邊界內來見我了。無，毋。踰，越過。《毛傳》：「踰，
　　越。」《說文》：「踰，越也。」里，從田從土，本義為田地的界域。方約一里有
　　封壟、溝洫為田界，界內有一邑。《毛傳》：「里，居也。二十五家為里。」居，
　　通凥。居、凥皆見母魚部字。凥，處、住。《爾雅·釋言》：「里，邑也。」段校
　　《說文》：「里，凥也。从田从土。」里通呂。里，來母之部；呂，來母魚部。
　　之、魚旁轉。甲骨文無「里」字，而有「呂」字。呂，兩邑相鄰，其間為一呂
　　的距離，即一里的距離。里又通閭。閭，來母魚部。《說文》：「閭，里門也。」
　　《廣雅·釋宮》：「閭，里也。」里、閭同指人口聚居的地方。距國都百里以內
　　的地域稱「郊」，郊內的居邑稱「閭」，郊外的居邑稱「里」。《廣雅·釋詁》：「里、
　　閭，凥也。」王念孫《疏證》：「閭、里一聲之轉。鄉謂之閭，遂謂之里，其義
　　一也。」里、閭皆為二十五家。《周禮》：『五家為比，五比為閭。』閭，侶也，
　　二十五家相群侶也。」《周禮·地官·載師》：「以廛里任國中之地。」鄭玄《注》：
　　「廛里者，若今云邑里居矣。廛，民居之區域也。里，居也。」《周禮·地官·
　　遂人》：「五家為鄰，五鄰為里，四里為酇，五酇為鄙，五鄙為縣，五縣為遂，
　　皆有地域，溝樹之。」鄭玄《注》：「鄰、里、酇、鄙、縣、遂，猶郊內比、閭、
　　族、黨、州、鄉也。鄭司農云：『田野之居，其比伍之名，與國中異制，故五家
　　為鄰。』玄謂異其名者，示相變耳。」「踰里」指越過里居與里居之間的田界。
　　春秋時期的婚俗，男子約女子私奔成婚，須前往女方的住處相約三次。「踰里」
　　是歌者假設男子第一次赴約，到女方居住的村子外的里界處等候女子來相見。

〔３〕無折我樹杞：不要用手折下俺村的杞樹枝。無，毋。折，用手折取樹上的枝條。樹杞，即杞樹。樹，木本植物的總稱。杞，又名「杞柳」「櫃柳」，葉似柳的一種小灌木，易折取。《毛傳》：「杞，木名。」在里居與里居之間界溝邊上生長著杞樹。朱熹《集傳》：「杞，柳屬也。生水傍，樹如柳，葉粗而白色，理微赤。蓋里之地域溝樹也。」《孟子·告子上》：「性，猶杞柳也；義，猶桮棬也。」漢趙岐《注》：「杞柳，櫃柳也。」男子與女子婚戀在野外相見，手裏須持約定的某種樹枝作為見面的標誌物，以免見錯了對象。

〔４〕豈敢愛之：怎敢吝惜俺村的杞樹？豈敢，何敢，哪裏敢。愛，本義為人行走的一種樣子。愛通㤅。愛、㤅皆影母物部字。《說文》：「愛，行貌。從夊，㤅聲。」《段注》：「心部曰：『㤅，惠也。』今字假愛為㤅，而㤅廢矣。」㤅，本為仁、惠之義。引申為吝惜之義。《說文》：「㤅，惠也。从心，旡聲。㤅，古文。」《呂氏春秋·恃君覽·長利》：「子不肖人也，不足愛也。」高誘《注》：「愛，亦惜也。」《禮記·表記》引《詩》：「惟仲山甫舉之，愛莫助之。」鄭玄《注》：「愛，猶惜也。」《論語·八佾》：「爾愛其羊，我愛其禮。」朱熹《論語集注》：「愛，猶惜也。」此歌詞的「愛」字為吝惜之義。惜，本義為心痛。引申為心痛捨不得、珍愛之義。《說文》：「惜，痛也。」《廣雅·釋詁》：「惜，㤅也。」之，它。代指杞樹。

〔５〕畏我父母：只是害怕我的父母不同意咱們的婚事。畏，懼怕。

〔６〕仲可懷也：仲子呀，你是值得想念的呀！仲，仲子的省稱。懷，想念，思念。《爾雅·釋詁》：「懷，思也。」《方言》第一：「懷，思也。」《說文》：「懷，念思也。」也，語氣詞。

〔７〕父母之言，亦可畏也：但父母所說的那些話，也讓人擔心呀。父母之言，指父母責備訓斥女兒的那些話語。父母大概不准許她私訂終身，要對其女兒的婚姻加以干預。

〔８〕無踰我牆：不要越過我家庭院的牆。踰牆，越過庭院的牆。《毛傳》：「牆，垣也。」歌者假設男子第二次約女子私奔，踰牆進入女子家的院落與她相見。

〔９〕桑：桑樹。《毛傳》：「桑，木之眾也。」桑是經濟樹種，也是古代普遍種植的樹木，故說「眾也」。桑葉可以養蠶，蠶絲可以紡織成絹帛，用來製衣物。古代在野外種植桑樹，村落裏院牆的邊上也種植桑樹。《孟子·盡心上》：「五畝之宅，樹牆下以桑，匹婦蠶之，則老者足以衣帛矣。」桑樹枝隨處可以折取。

〔10〕諸兄之言：哥哥們在婚姻方面責備、訓斥的話語。

〔11〕無踰我園：不要越過我家果園的籬笆。園，種果的地方圈以籬笆，稱為「園」。《毛傳》：「園，所以樹木也。」《孔疏》：「《大宰職》云：『園圃，毓草木。』園者圃之蕃，故其內可以種木也。」《說文》：「園，所以樹果也。」《段注》：「按，毛言木，許言果者，《毛詩》檀、穀、桃、棘皆係諸園。木可以包果。」《魏風・園有桃》：「園有桃。」園裏以種植果樹為主，也間植其他樹木。種菜的地方用籬笆圈起來，也稱為「園」。《周禮・地官・載師》：「以場圃任園地。」鄭玄《注》：「樊圃謂之園。」樊，籬笆。圃，菜園。《說文》：「圃，種菜曰圃。」歌者假設男子第三次約女子私奔，在女子所居住的村莊的果園裏等候與她相見。

〔12〕檀：檀樹，落葉喬木，木質堅韌。《毛傳》：「檀，強韌之木。」古代稱為「檀」的樹木種類很多，有黃檀、紫檀和青檀等。朱熹《集傳》：「檀，皮青，滑澤，材強韌，可為車。」朱熹專指青檀，為榆科樹木。青檀為古代淮河以北地區常見之木。果園中也栽植檀樹。《小雅・鶴鳴》：「樂彼之園，爰有樹檀。」

〔13〕人之多言：人們的紛紛議論。人，指社會大眾。多言，眾多的議論。

【詩旨說解】

　　《將仲子》是一個女子在野外求偶時所唱答歌的歌詞。女子與一個被她稱為「仲子」的貴族男子在野外婚戀時已談過婚事了，「仲子」想按照私奔的方式與女子成婚，女子也同意了。但當他們又一次如約相見時，女子卻變卦了。她對仲子編唱了一支歌，明確表示不希望以私奔的方式成婚。「仲可懷也！父母之言，亦可畏也」「仲可懷也！諸兄之言，亦可畏也」「仲可懷也！人之多言，亦可畏也」，這些話表明，女子在婚姻方面遇到了很大的壓力。她用這樣的話語告訴仲子，情況有變，希望仲子不要再惦念著按私奔的方式成婚，要作個變通，破費點錢財，託媒人說合，取得她的父母和兄長的同意，然後二人光彩體面地結婚。

　　春秋時期，中原地區民間原始性的自由婚戀風俗逐漸衰歇了，代之而起的是「父母之命、媒妁之言」式的婚姻風氣。《將仲子》就反映了這種大轉變。歌詞中的女主人公與男主人公仲子原本是以自由的方式婚戀的，仲子要拿上小樹枝（杞、桑、檀）作為婚戀尋偶的標誌，去女子的住地約女子私奔。但是，他們的自由婚戀已經受到了來自家庭和社會輿論的干擾。《將仲子》中的女主人公反覆地說「仲可懷也」，又說「父母之言亦可畏也」「諸兄之言亦可畏也」「人之多言亦可畏也」，這些看上去前後明顯矛盾的話語，與

《周南・汝墳》「魴魚赬尾，王室如燬；雖然如燬，父母孔邇」的說法如出一轍。《將仲子》中的女主人公跟《汝墳》中的女主人公具有著同樣的婚戀心理，她們對自由婚戀都有很高的熱情，但是她們也都開始拿「父母之命」說事了。在春秋中、晚期，青年人的婚姻已經不那麼自由了，有些青年女子往往以「父母之命」為說辭，催促男子採取積極措施，託人或親自到女方家中求婚。

春秋時期，中原男子約女子私奔成婚，有「三次約請」的定式。《將仲子》中的女主人公所述，反映了一個基本事實：當時男女私奔，須由男子到女方住地約請女子三次。但這都是她的假設，是並未發生的事情。《齊風・著》也反映了女子要求男子到她的家中約請三次然後一同私奔的情況。鄭國、齊國的男女私奔成婚，都是男子到女子的住地約請三次。這大概是那時民間婚戀風俗的禮數。所不同的是，《將仲子》所假設的約請三次，男主人公走到女方的庭院內僅一次，其他兩次是在庭院之外等候（一次在里界旁，一次在女方的果園裏）；《著》所提到的男子三次約請女子私奔，男子第一次走到女方庭院的影壁下，第二次走到庭中，第三次走到堂前。《丰》則敘述了一個男子兩次約請女子私奔失敗的事情經過。《鄭風・丰》中的男主人公大概怕夜長夢多，簡化了私奔約請三次的程序，結果他們的私奔未能成行。

《毛詩》序：「《將仲子》，刺莊公也。不勝其母，以害其弟，弟叔失道而公弗制，祭仲諫而公弗聽，小不忍以致大亂焉。」《毛傳》：「仲子，祭仲也。」鄭玄《注》：「段好勇而無禮。」《孔疏》：「作《將仲子》詩者，刺莊公也。」以上諸家解詩一味地附會歷史，把《將仲子》說成是「刺莊公」的詩，甚至還把「仲子」指為鄭莊公的大夫祭仲。對此，鄭樵《詩辨妄》批評說：「此實淫奔之詩，無與莊公、叔段之事。序蓋失之，而說者又從而巧為之說，以實其事，誤亦甚矣！」鄭樵敢於批駁權威學說另立新說，值得讚賞。但他囿於社會主流意識形態，視《將仲子》為「淫奔詩」，則不能予以肯定。

叔于田

叔于田〔1〕，巷無居人〔2〕。
豈無居人〔3〕？不如叔也〔4〕。
洵美且仁〔5〕！

叔于狩〔6〕，巷無飲酒〔7〕。
豈無飲酒〔8〕？不如叔也。
洵美且好〔9〕！

叔適野〔10〕，巷無服馬〔11〕。
豈無服馬〔12〕？不如叔也。
洵美且武〔13〕！

【注釋】

〔1〕叔于田：一個上層貴族青年人去打獵了。叔，對某上層貴族青年人的親熱稱呼。古代兄弟間排行稱「伯、仲、叔、季」或「孟、仲、叔、季」，排行老三的人稱為「叔」，多於四個兄弟的，伯、仲之後「季」之前皆稱為「叔」。對青年人也通稱「叔」。于田，打獵。于，通往。于，匣母魚部；往，匣母陽部。魚、陽對轉。田，本義為田地。《說文》：「田，陳也。樹穀曰田。象形。口十，阡陌之制也。」「陳，列也。」農作物列於阡陌縱橫的田地之中。田通畋。田、畋皆定母真部字。列陣而捕獵，故捕獵謂之「田」。《毛傳》：「田，取禽也。」《禮記・坊記》：「田則不漁。」《韓非子・難一》：「焚林而田，偷取多獸，後必無獸。」《淮南子・本經訓》：「焚林而田，竭澤而漁。」《尚書・夏書・五子之歌》：「畋于有洛之表。」《呂氏春秋・貴直論・直諫》：「（荊文王）畋於雲夢。」高誘《注》：「畋，獵也。」《廣韻・先韻》：「畋，取禽獸也。」周代大規模的狩獵活動，以取獸為主。在周代，打獵是一項準軍事活動，是男子的必修課。通過打獵活動，可以鍛鍊狩獵參與者的體質和膽量，提升其駕車、射箭的技能，提高他們的群體協調性。狩獵活動深為青年人所喜愛。

〔2〕巷無居人：街巷裏就不見了閒居的人。巷，又作「衖」「𨞙」，街道、胡同的通稱。《毛傳》：「巷，里塗也。」段校《說文》：「𨞙，里中道也。從𨛜、共。言在邑中所共。」居人，指秋後或初冬忙完田裏的農活在家中閒居的人。人，特指男人。青壯年男人空巷而出，都跟著「叔」一起去打獵了，故說「巷無居人」。

〔3〕豈無居人：哪裏是真的沒有願意閒居的人？豈，哪裏、難道。

〔4〕不如叔也：只是因為他們都比不上「叔」呀。不如，不似，即比不上。《鄘風・載馳》：「百爾所思，不如我所之。」《唐風・杕杜》：「豈無他人？不如我同父。」

〔5〕洵美且仁：他真是一個英俊又仁義的人！洵，本古水名，又名潿水，在山西晉陽。《廣韻・諄韻》：「洵，水名。在晉陽。」洵通恂、詢、信、真。洵、恂、

信皆心母真部字；真，照母真部。心、照鄰紐。恂，本義為真心。《爾雅・釋詁》:「詢，信也。」《說文》:「恂，信心也。」《方言》第一:「恂，信也。……宋、衛、汝潁之間曰恂。」《鄭箋》:「洵，信也。言叔信美好而又仁。」美，人外表英俊好看。仁，內心愛惠、友善、寬容。「仁」的概念在孔子之前就已產生了。此歌詞所說的「仁」與孔子所說的「仁」的含義有一定的差異。「美」「仁」「好」「武」是春秋時期讚美人的品格的流行說法。《齊風・盧令》:「其人美且仁！」《衛風・淇奧》的「寬兮綽兮」，也屬此類。

〔6〕狩：冬天打獵。《毛傳》:「冬獵曰狩。」《爾雅・釋天》:「冬獵為狩。」「火田為狩。」冬天狩獵要點火燒枯草，驅趕野獸入網。《大叔于田》:「叔在藪，火烈俱舉。」此歌詞所述的田獵活動蓋在秋末冬初之時。

〔7〕巷無飲酒：巷子裏也看不見有飲酒的人了。飲酒，指秋末冬初農閒時，鄉人獲得獵物後聚集在里巷吃肉飲酒。《鄭箋》:「飲酒，謂燕飲也。」鄉人聞「叔」去狩獵，就不在家聚眾飲酒消遣而追隨「叔」前去打獵。鄭公子「叔」所開展的狩獵活動比聚眾飲酒消遣更有吸引力。

〔8〕豈無飲酒：哪裏是真的沒有願意在家飲酒消遣的人？

〔9〕洵美且好：他真是一個英俊又性情好的人！

〔10〕適野：到野外去。適，去，到。野，郊外。《鄭箋》:「適，之也。郊外曰野。」

〔11〕巷無服馬：巷子裏再無人套上車跟別人一起去打獵了。服馬，用馬，亦即鞁馬、韝馬，駕馬套車。《鄭箋》:「服馬，猶乘馬也。」春秋時期，中原民族不騎馬打獵，而是用馬拉著打獵專用的田車或戰車打獵。驅車打獵需要高超的駕車技能。「叔」發起了一次田獵活動，邑里人群起響應，紛紛跟著他前去打獵，趁機向他學習驅車狩獵的技藝。

〔12〕豈無服馬：哪裏是沒有人願意套上車跟別人一起去打獵？

〔13〕武：會意字，從止表示行進，從戈表示運用兵器，即動用兵器作戰之義。引申為勇猛、勇武、英武之義。《廣雅・釋詁》:「武，勇也。」「武，健也。」《玉篇・戈部》:「武，健也；力也。」韓國藏本《全韻玉篇・止部》:「武，威也，斷也，勇也，剛也。」王先謙《集疏》:「武者，謂有武容。」《周南・兔罝》:「赳赳武夫。」《鄭風・羔裘》:「孔武有力。」《大雅・韓奕》:「蹶父孔武，靡國不到。」《楚辭・九歌・國殤》:「誠既勇兮又以武。」武容是人的勇武精神、英風浩氣的外現。此歌詞所謂的「武」，指勇武的人格精神。城邑里再沒有人比得上「叔」那種勇武精神了。

【詩旨說解】

　　《叔于田》是狩獵樂歌歌詞。上層貴族「叔」帶領眾人外出打獵歸來，向國君貢獻獵物，國君舉行歡迎儀式。某位卿大夫或大樂師作此樂歌歌詞，讓樂工演唱。樂歌讚譽「叔」狩獵勇武能幹，堪為國人典範。「洵美且仁」「洵美且好」「洵美且武」是直接誇讚「叔」的外貌美，內在品質好；「巷無居人」「巷無飲酒」「巷無服馬」是側面誇讚「叔」的狩獵技藝高超。

　　《毛詩》序：「《叔于田》，刺莊公也。叔處于京，繕治甲兵，以出于田，國人說而歸之。」《毛傳》說：「叔，大叔段也。」王先謙《集疏》說：「三家無異義。」宋歐陽修《詩本義》說：「詩人言大叔得眾，國人愛之，以謂叔出於田，則所居之巷若無人矣。非實無人，雖有而不如叔之美且仁也。……皆愛之之辭。」

　　據《左傳》所述，共叔段一直是鄭莊公所貶抑的對象，即使當時有稱讚共叔段的歌曲，又怎麼會收入鄭國的樂府呢？崔述《讀風偶識》說：「叔者，男子之字。周人尚叔。鄭之以『叔』稱者，當不下十之五，使余為《詩》傳，必不敢謂此叔之為共叔也。」

大叔于田

叔于田〔1〕，乘乘馬〔2〕。
執轡如組〔3〕，兩驂如舞〔4〕。
叔在藪〔5〕，火烈具舉〔6〕。
襢裼暴虎〔7〕，獻于公所〔8〕。
將叔無狃〔9〕，戒其傷女〔10〕。

叔于田，乘乘黃〔11〕。
兩服上襄〔12〕，兩驂鴈行〔13〕。
叔在藪，火烈具揚〔14〕。
叔善射忌〔15〕，又良御忌〔16〕，
抑磬控忌〔17〕，抑縱送忌〔18〕。

叔于田，乘乘鴇〔19〕。
兩服齊首〔20〕，兩驂如手〔21〕。
叔在藪，火烈具阜〔22〕。

叔馬慢忌〔23〕，叔發罕忌〔24〕，
抑釋掤忌〔25〕，抑鬯弓忌〔26〕。

【注釋】

〔1〕叔于田：「叔」出郊打獵了。此句《毛詩正義》、《唐石經》、阮元校刻《十三經注疏》中的《毛詩正義》皆作「大叔于田」，誤。

〔2〕乘乘馬：駕著一輛四匹馬拉的車。乘，動詞，駕，使馬駕車。乘馬，四匹馬。打獵一般用二馬拉一輛輕型車輛，四馬拉一輛大型戰車。

〔3〕執轡如組：他操縱馬韁繩好像是在編織組帶一樣。執轡，手握轡繩。如組，像編織組帶。參見《邶風·簡兮》注〔8〕。《鄭箋》：「如組者，如織組之為也。」

〔4〕兩驂如舞：兩匹拉車的驂馬奔跑動起來好像跳舞一樣。驂，一車四馬之中位置處在夾轅的服馬外邊的兩匹馬。《鄭箋》：「在旁曰驂。」如舞，像跳舞。此言馬拉車時步伐姿態像舞蹈一樣優美。

〔5〕藪：多草、葦而少水或乾涸的湖。《呂氏春秋·有始覽·有始》：「何謂九藪？」高誘《注》：「藪，澤也。有水曰澤，無水曰藪。」藪中多禽獸。《毛傳》：「藪，澤，禽之府也。」《韓說》：「禽獸居之曰藪。」

〔6〕火烈具舉：圍獵場上，武士排成長隊，手裏都舉著火把。火烈，手舉火把的一隊人。烈，本義為火勢猛烈。《說文》：「烈，火猛也。从火，列聲。」烈通列。烈、列皆來母月部字。列，一列。指長長的隊伍。《毛傳》：「烈，列。」段玉裁《毛詩故訓傳定本》傳文注：「謂烈為列之假借也。」《鄭箋》：「列人持火俱舉，言眾同心。」《文選·東京賦》：「火列具舉，武士星敷。」李善《注》：「《毛詩》曰：『火列具舉。』毛萇曰：『列，人持火也。』」毛萇，即毛亨。亨、萇為音轉字。學者多以為毛萇是毛亨之侄，誤。李善所引「毛萇曰：『列，人持火也』」，不見於今本《毛詩》，蓋是鄭曰，李誤為毛曰。具舉，都舉著火把。具，通俱。具、俱皆群母侯部字。《毛傳》：「具，俱也。」段玉裁《毛詩故訓傳定本》傳文注：「謂『具』為『俱』之假借。」舉，手持物向上揚起。狩獵的人排成長列，手持火把燒荒驅獸，使獸奔入網中。

〔7〕襢裼暴虎：大叔赤膊與一隻老虎搏鬥。襢裼，脫去上衣，露出肉體；或脫去半邊上衣，襢露臂及半邊身體，古語又說為「肉襢」「襢右」「右襢」「左襢」。襢通但、膻。襢、但、膻皆定母元部字。《齊詩》《韓詩》作「膻」。《毛傳》：「襢裼，肉祖也。」段玉裁《毛詩故訓傳定本》經、傳皆作「祖裼」。《魯說》：「襢裼，肉祖也。」《爾雅·釋訓》：「襢裼，肉祖也。」《說文》：「膻，肉膻也。从

肉，亶聲。《詩》曰：『襢裼暴虎。』」「但，裼也。」《段注》：「古『但裼』字如此。袒則訓『衣縫解』，今之綻裂字也。今之經典，凡『但裼』字皆改為『袒裼』矣。」《釋文》：「禮，本又作袒。」《史記‧廉頗藺相如列傳》：「廉頗聞之，肉袒負荊。」司馬貞《索隱》：「肉袒者，謂袒衣而露肉也。」裼，本義為無袖之衣。《禮記‧玉藻》：「君衣狐白裘，錦衣以裼之。」朱駿聲《說文通訓定聲》：「裘上必有衣，謂之裼衣。裼衣之外又有正服，皆同色。」阮元《經籍籑詁‧錫韻》：「裼衣謂之裼。」清黃生《義府》：「裼則似今之背心，以加於裘外，故仍見裘之美。」裼衣無袖露臂，故露臂謂之「裼」。《戰國策‧秦策一‧張儀說秦王》：「聞戰，頓足徒裼。」吳師道《注》：「裼，露臂也。」脫去裼衣而露肉，亦謂之「裼」。《說文》：「裼，袒也。从衣，易聲。」《廣雅‧釋詁》：「裼，袒也。」《玉篇‧衣部》：「裼，袒也，脫衣見體也。」赤膊與虎搏鬥，方顯出勇士氣概。「袒裼」指徒手，不持器械。《說文》「但」字《段注》：「《釋訓》《毛傳》皆曰：『袒裼，肉袒也。』肉袒者，肉外見無衣也。引申為徒也。」暴虎，即搏虎，徒手與虎搏鬥。暴，通攕、搏。暴，並母沃部；攕，並母覺部；搏，幫母鐸部。并、幫旁紐，沃、覺、鐸旁轉。《魯說》：「暴虎，徒搏也。」《毛傳》：「暴虎，空手以搏之。」《爾雅‧釋訓》：「暴虎，徒搏也。」郝懿行《義疏》：「暴者，搏也。」《廣雅‧釋詁》：「攕，搏擊也。」《集韻‧覺韻》：「攕、攽、撲、技、撲、支，《博雅》：『擊也。』」馬瑞辰《通釋》：「暴、搏一聲之轉。《孟子》：『馮婦善搏虎』，而趙岐《章指》云『猶若馮婦暴虎』，是暴即搏也。《廣雅》：『攕、搏，擊也。』暴即　之渻借。」古代的力士打虎，也一定要憑藉器械。空手與猛虎搏鬥的事情是極其罕見的。苑囿內可能飼養著專供勇士徒手相搏的小虎，狩獵時虞人把它放出來供表演獵技之用。此歌詞所述「叔」徒手搏虎之事，可能屬於後者。

〔8〕獻于公所：狩獵歸來，把獵獲的大獸獻給國君。獻，本義為祭祀時獻良犬之肉於祖。凡向先祖、神祇進獻祭品、物品皆稱「獻」。《說文》：「獻，宗廟犬名羹獻。犬肥者以獻之。」《禮記‧曲禮下》：「犬曰羹獻。」《周禮‧夏官‧大司馬》：「獻禽以祭祖。」《儀禮‧禮器》：「郊血，大饗腥，三獻爓，一獻孰。」爓，即燖，半熟肉。《禮記‧郊特牲》：「郊血，大饗腥，三獻爓，一獻熟。」《儀禮‧聘禮》：「薦脯醢，三獻。」《小雅‧信南山》：「中田有廬，疆埸有瓜。是剝是菹，獻之皇祖。」向統治者進送好的物品亦稱為「獻」。《豳風‧七月》：「獻豜于公。」《大雅‧韓奕》：「獻其貔皮，赤豹黃羆。」《尚書‧周書‧旅獒》：「無

有遠邇，畢獻方物，惟服食器用。」公所，國君接收獵物的處所。《鄭箋》：「『獻于公所』，進於君也。」所，本義為伐木聲。《說文》：「所，伐木聲也。从斤，戶聲。《詩》曰：『伐木所所。』」《段注》：「『伐木聲』，乃此字本義。用為處所者，假借為『処』字也。……丁丁者，斧斤聲。所所，則鋸聲也。」所通處。所，山母魚部；處，穿母魚部。山、穿鄰紐。處，同処，尻，住所。《說文》：「処，止也。得几而止。从几从夊。處，処或从虍聲。」《段注》：「人遇几而止，引申為凡尻処之字。」按周代禮制，卿大夫及其他貴族成員狩獵後必須向君王貢獻獵獲物。《周禮·夏官·大司馬》曰：「大獸公之，小禽私之。」《豳風·七月》：「二之日其同，載纘武功。言私其豵，獻豜于公。」「叔」搏得老虎之後，把它獻給國君。這是符合周代禮制的做法。

〔9〕將叔無狃：請大叔你不要再與老虎狎戲了。將，請。無，勿，不要。狃，本義為反覆地做某事。引申為狎戲之義。《毛傳》：「狃，習也。」《鄭箋》：「狃，復也。請叔勿復者，愛也。」段校《說文》：「狃，犬性忕也。」「忕，習也。」《玉篇·犬部》：「狃，狎也，習也，就也，復也。」習、復，反覆地做某事。就，靠近。

〔10〕戒其傷女：小心不要讓老虎傷著你。戒，警惕，警戒。引申為小心、防備之義。《說文》：「戒，警也。从廾持戈，以戒不虞。」《小雅·采薇》：「豈不日戒？玁狁孔棘。」其，指示代詞，代指虎。女，通汝，你。

〔11〕乘乘黃：一會兒又駕著一輛四匹黃馬拉的車。乘黃，四匹黃色的馬。《毛傳》：「乘黃，四馬皆黃。」《秦風·渭陽》：「何以贈之？路車乘黃。」

〔12〕兩服上襄：兩匹服馬昂著頭向前奔跑。兩服，一套車四匹馬之中兩匹駕轅的馬。服，服馬。《鄭箋》：「兩服，中央夾轅者。」上襄，昂首奔跑。上，向上。襄，通揚。襄，心母陽部；揚，喻母陽部。心、喻鄰紐。襄又通驤。驤，心母陽部。驤，昂揚著頭奔跑。《說文》：「驤，馬之低仰也。」「低仰」形容馬奔走時身體躍動的樣子。戴侗《六書故·動物一》卷十七：「驤，馬行迅疾，首騰驤也。」

〔13〕兩驂鴈行：兩匹驂馬像大雁飛行一樣兩邊排開。鴈行，像雁在天空飛行一樣，分兩行次第排開。鴈，通雁，大雁。野鳥。《鄭箋》：「鴈行者，言與中服相次序。」《左傳·定公九年》：「吾從子如驂之靳。」孔穎達《疏》：「古人車駕四馬，夾轅二馬謂之服，兩首齊。其外二馬謂之驂，首差退。《說文》云：『靳，當膺也。』則靳是當胸之皮也。驂馬之首，當服馬之胸，胸上有靳，故云我之

從子，如驂馬當服馬之靳。」靳，服馬胸部的革帶。驂馬比服馬稍靠後一點，驂馬的頭與服馬的靳帶齊。出土的秦陵銅車馬四馬齊頭並進，與此樂歌歌詞所述有異。

〔14〕具揚：同「俱舉」。《毛傳》：「揚，揚光也，」光，火把。

〔15〕叔善射忌：你很善於射箭呀。善射，善於射箭。善，通擅，擅長。參見《鄘風・載馳》注〔15〕。忌，通兮，語氣詞。忌，群母之部；兮，匣母支部。群、匣旁紐，之、支旁轉。《毛傳》：「忌，辭也。」謂「忌」是句子中的語氣助詞。

〔16〕又良御忌：又善於駕車呀。良，善。《鄭箋》：「良，亦善也。」御，通馭，駕馭車馬。參見《召南・鵲巢》注〔4〕。

〔17〕抑磬控忌：一會兒彎著腰控制車馬前進。抑，通一。抑、一皆影母質部字。「抑（一）……抑（一）……」表示先後連續的動作。《左傳・成公八年》：「七年之中，一與一奪，二三孰甚焉！」磬控，御者彎腰，身體如磬折形，用力勒住馬韁，控制車馬的前進。《毛傳》：「止馬曰控。」

〔18〕抑縱送忌：一會兒又放開轡繩，任車馬飛馳。縱送，放開轡繩，縱馬奔馳。縱，鬆開轡繩。段校《說文》：「縱，緩也。一曰捨也。」「捨，釋也。從手，舍聲。」捨、釋，放開、鬆開。送，遣送。指驅馬。聞一多《詩經通義・乙》：「磬控言止馬也，縱送言騁馬也。」一說，放箭為「縱」，追逐禽獸為「送」。《毛傳》：「發矢曰縱，從禽曰送。」

〔19〕乘鴇：四匹雜有白毛的黑馬。鴇，通駂。鴇、駂皆幫母幽部字。《毛傳》：「驪白雜毛曰鴇。」《爾雅・釋畜》：「驪白雜毛，駂。」《玉篇・馬部》：「駂，驪白雜毛，今之烏驄也。」駂通駁。駁，幫母沃部。幽、沃旁對轉。駁，雜色馬。《說文》：「駁，馬色不純。」

〔20〕兩服齊首：駕轅的兩匹服馬頭部平齊，居於中間的位置。齊首，馬首平齊，夾轅，居中。《毛傳》：「馬首齊也。」

〔21〕兩驂如手：兩邊的驂馬像人的兩隻手臂居於身體兩旁一樣，居於服馬的兩邊。如手，如人的兩手垂在兩邊。《鄭箋》：「如人左右手之相佐助也。」言驂馬起輔佐作用。

〔22〕具阜：同「具舉」「具揚」。阜，大。謂火勢大。《毛傳》：「阜，盛也。」

〔23〕叔馬慢忌：大叔的車馬行進的速度漸漸慢下來了。慢，行進速度慢下來。《毛傳》：「慢，遲。」

〔24〕叔發罕忌：大叔射箭的次數也漸漸稀少了。發，射箭。《召南・騶虞》：「彼茁者葭，一發五豝。」罕，稀少。《毛傳》：「罕，希也。」《鄭箋》：「田事且畢，則其馬行遲，發矢希。」這句歌詞說，「叔」的田獵興致已消退，田獵行將結束，車馬行進的速度也慢下來了，射箭也稀少了。

〔25〕抑釋掤忌：他一邊打開了箭筩的蓋子。釋掤，打開箭筒的蓋子。釋，脫掉；打開。掤，典籍又作「冰」，箭筒蓋。掤通冰。掤、冰皆幫母蒸部字。《毛傳》：「掤，所以覆矢。」《孔疏》：「掤音冰，所以覆矢也。馬（融）云：『櫝丸蓋也。』杜預云：『櫝丸，箭筒也。』」《說文》：「掤，所以覆矢也。从手，朋聲。《詩》曰：『抑釋掤忌。』」《左傳・昭公十三年》：「奉壺飲冰。」杜預《注》：「冰，箭筩蓋。」《左傳・昭公二十五年》：「執冰而踞。」杜預《注》：「冰，櫝丸蓋。或云櫝丸是箭筩，其蓋可以取飲。」孔穎達《疏》：「賈逵云：『冰，櫝丸蓋也。』」先秦時用戰車狩獵，箭筩置於車上。

〔26〕抑鬯弓忌：一邊將弓裝入弓袋裏。鬯弓，即韔弓，將弓裝進弓袋子。鬯，本義為祭祀用的香酒。《說文》：「鬯，以秬釀　草，芬芳攸服，以降神也。」鬯通韔。鬯、韔皆透母陽部。韔，弓袋。此歌詞中「鬯」用為動詞。《毛傳》：「鬯弓，弢弓。」段玉裁《毛詩故訓傳定本》傳文注：「此謂『鬯』即『韔』之假借。」《鄭箋》：「射者蓋矢弢弓，言田事畢。」弢弓，將弓放入弓袋。弢，弓袋。《說文》：「韔，弓衣也。从韋，長聲。《詩》曰：交韔二弓。」「弢，弓衣也。」《秦風・小戎》：「虎韔鏤膺。」《毛傳》：「韔，弓室也。」這句歌詞說的是打獵結束時收起弓箭之事。

【詩旨說解】

　　《大叔于田》也是狩獵樂歌歌詞，蓋為卿大夫所作。此歌詞采用了「三部曲」的寫法，來讚美狩獵有功的貴族「叔」。

　　第一章：敘述「叔」打獵時隻身搏虎，把獵獲的老虎獻給國君的經過。作者通過對「襢裼暴虎」事件的描述，凸顯了「叔」的英勇氣概。狩獵活動一開場，「叔」立即做了一次大膽的「暴虎」表演，先聲奪人。「襢裼暴虎」是本章敘事的重點。

　　第二章：讚揚「叔」狩獵時的箭法和駕車控馬的技藝高超。「叔善射忌，又良御忌」「抑磬控忌，抑縱送忌」——「叔」的射、御技術良好，表現十分出色。整個狩獵活動進入高潮階段。

　　第三章：描述「叔」狩獵收場的情況。「叔馬慢忌，叔發罕忌」「抑釋掤忌，抑鬯弓忌」——「叔」狩獵興盡，有節奏地收場了。此是狩獵活動的尾聲。

　　在這篇歌詞中，作者著力渲染了狩獵的場面和氣氛。作者運用了典型化的寫作手法，把「叔」在狩獵活動的開場、中場、尾聲三個階段中的精彩表現抽出來加以描述和渲染，將一場狩獵活動描繪得有聲有色，重點突出。《大叔于田》描寫場景、敘述事件、刻畫人物主次分明，語言有概括力。

　　《毛詩》序：「《大叔于田》，刺莊公也。叔多才而好勇，不義而得眾也。」《毛詩》序作者認為《大叔于田》是諷刺鄭莊公、讚美共叔段的詩。此說有誤。據《史記·十二諸侯年表》，鄭莊公即位時，其弟姬段十二歲。其母武姜向鄭莊公為姬段討封地，鄭莊公把姬段封在了原來鄭桓公「寄孥」的京地。姬段羽翼既豐，便倚仗京邑在自己的封地繕聚甲兵，積極備戰，與鄭莊公形成了對立分爭的態勢。他預謀襲擊鄭都城，軍情洩露了。鄭莊公聞訊立即派公子呂率二百輛戰國攻打京邑。由於駐守京邑的將士背叛了姬段，邑破，姬段逃奔到鄢地，再逃到共地。自鄭莊公即位到共叔段被打敗逃走，其間共叔段並無「袒裼暴虎，獻于公所」的機會。《大叔于田》這篇歌詞所反映的狩獵之事，當與共叔段無關。

　　《毛傳》說「叔于田」是「叔之從公田也」。此樂歌歌詞並未言及國君打獵之事。毛說無據。

　　《大叔于田》的語言有些古奧，蓋為西周時期的作品。此樂歌歌詞的題目標為《大叔于田》。在《叔于田》「叔」字之前加「大」字，蓋是大樂師為《大雅》篇目所作的標識。例如，今本《詩經》中有兩篇《明》，在《小雅》中那一篇的標題為《小明》，在《大雅》中的那一篇標題為《大明》。樂府以此種方法防止詩篇的歸屬混亂。依例，此篇《大叔于田》應屬於《大雅》，前一篇《叔于田》應屬於《小雅》。

清人

　　清人在彭[1]，駟介旁旁[2]，
　　二矛重英[3]，河上乎翱翔[4]。

　　清人在消[5]，駟介麃麃[6]，
　　二矛重喬[7]，河上乎逍遙[8]。

清人在軸〔9〕，駟介陶陶〔10〕，
左旋右抽〔11〕，中軍作好〔12〕。

【注釋】

〔1〕清人在彭：精明能幹的將軍在彭地訓練士兵。清人，頭腦清楚治事精明的人。此指軍事技能專精的人。清，本義為水透徹澄清。引申為清朗之義。《說文》：「清，朖也。澄水之貌。」「朖，明也。从月，良聲。」《段注》：「朖，今字作朗。」《莊子・刻意》：「水之性，不雜則清。」彭，鄭國北部黃河岸邊的一個地名。《毛傳》：「彭，衛之河上，鄭之郊也。」《孔疏》：「郊，謂二國郊境，非近郊、遠郊也。」彭地在鄭國和衛國的接壤處鄭國一方。

〔2〕駟介旁旁：他駕著四匹馬拉的戰車馳騁，馬身上的甲介「嘭嘭」作響。駟介，四匹帶甲的戰馬。駟，駕車的四匹馬。《鄭箋》：「駟，四馬也。」《說文》：「駟，一乘也。从馬，四聲。」《段注》：「《周禮・校人》鄭司農注云：『四匹為乘。』按乘者，覆也。車軛駕乎馬上曰乘。馬必四，故四馬為一乘。」介，字象人身上有鎧甲之形，本義為人身上的鎧甲。此借指馬身上的介甲。《毛傳》：「介，甲也。」甲，通介。甲，見母盍部；介，見母月部。盍、月通轉。羅振玉《增訂殷虛書契考釋》：「介，象人著介形。介聯革為之。」徐中舒《甲骨文字典》：「介，象人衣甲之形，古之甲以聯革為之。」《左傳・僖公二十八年》：「駟介百乘。」杜預《注》：「駟介，四馬被甲。」旁旁，象聲詞，又作「彭彭」「龐龐」「駍駍」。旁，通彭、龐、駍。旁、駍、彭皆並母陽部，龐，並母東部。陽、東旁轉。王先謙《集疏》：「三家旁作駍。」《小雅・出車》：「出車彭彭。」《小雅・北山》：「四牡彭彭。」《小雅・車攻》：「四牡龐龐。」《大雅・烝民》：「四牡彭彭。」《大雅・大明》：「駟騵彭彭。」《大雅・韓奕》：「百兩彭彭，八鸞鏘鏘。」《魯頌・駉》：「有驪有黃，以車彭彭。」《說文》「駍」字下引《詩》：「四牡駍駍。」《說文》：「彭，鼓聲也。」《段注》：「凡言『彭彭』皆謂馬，即《鄭風》『駟介旁旁』之異文。彭、旁皆假借。其正字則馬部之駍也。」「彭彭」也用來形容眾人一起趕路的腳步聲。《齊風・載馳》：「行人彭彭。」此歌詞裏「旁旁」形容車馬行進時發出的聲音。

〔3〕二矛重英：戰車上樹起了兩支矛，矛柄頂部都裝飾著厚重的纓飾。二矛，戰車上樹起的兩支矛。車上作戰所用的矛有二支，一支酋矛，一支夷矛。酋矛，一種短柄矛。夷矛，一種長柄矛。酋矛長二丈，夷矛二丈四尺，樹於輿側。戰車上有三人，一人駕車，一人持盾擋敵人兵器及箭鏃，一人持矛刺殺敵人。車上

的二矛，有一矛備用。《鄭箋》：「二矛，酋矛、夷矛也。」《周禮・冬官・考工記・廬人》：「酋矛常有四尺，夷矛三尋。」《鄭注》：「八尺曰尋，倍尋曰常。酋、夷，長短名。」重英，厚重的纓飾。重通緟。重、緟皆定母東部。《毛傳》：「重英，矛有英飾也。」緟，加多。《說文》：「緟，增益也。」《玉篇・糸部》：「緟，增也，疊也，益也，復也。或作緟。今作重。」英，本義為花。引申為如花一樣的飾品之義。《爾雅・釋草》：「榮而不實者謂之英。」《說文》：「英，艸榮而不實者。」《有女同車》：「顏如舜英。」《毛傳》：「英，猶花也。」《離騷》：「夕餐秋菊之落英。」王逸《注》：「英，花也。」陶淵明《桃花源記》：「忽逢桃花林，夾岸數百步，……落英繽紛。」加在矛頭與矛柄銜接處起裝飾作用的絲、毛絨、鳥羽等彩色物亦稱為「英」。《魯頌・閟宮》：「公交車千乘，朱英綠縢，二矛重弓。」

〔4〕河上乎翱翔：在黃河邊上像鳥兒飛翔一樣飛車驅馳。河上，黃河邊上。鄭國在黃河南岸有駐軍。乎，語助詞。翱翔，本為鳥在長空飛行或盤旋之義。此處形容馬拉著戰車像鳥飛一樣旋行。《離騷》：「鳳皇翼其承旗兮，高翱翔之翼翼。」《齊風・載驅》：「魯道有蕩，齊子翱翔。」

〔5〕消：鄭國北部黃河南岸的一個地名。《毛傳》：「消，河上地也。」

〔6〕麃麃：象聲詞，眾多馬匹帶介甲行走的聲音。麃，又作「儦」。《齊風・載驅》：「汶水滔滔，行人儦儦。」麃麃，比「旁旁」的聲音略微輕一些。

〔7〕重喬：即緟鷮，層疊的雉羽。《毛傳》：「重喬，累荷也。」喬，通鷮。喬，群母宵部；鷮，見母宵部。群、見旁紐。鷮，一種長尾野雞。《說文》：「鷮，走鳴長尾雉也。」《小雅・車舝》：「有集維鷮。」此歌詞中「喬」字指矛柄上作裝飾的鷮羽。《鄭箋》：「喬，矛矜近上及室題，所以縣（懸）毛羽。」矛矜，矛柄。室題，矛頭安裝柄的鍪室的端頭。室，矛頭的鍪孔。題，頭。在矛頭鍪室與木柄的交際處加裝羽飾。《韓詩》作「鷮」。馬瑞辰《通釋》：「《說文》雉十四種，其二喬雉。又，『鷮』字注云：『走鳴，長尾雉也。』《韓詩》作鷮。《毛詩》作喬，即鷮之省借，謂重以鷮羽為飾也。……是知《鄭箋》訓『懸毛羽』者，正本《韓詩》。讀『喬』為『鷮』，以鷮羽為飾，因名『喬』耳。」高亨《詩經今注》：「喬借為鷮，野雞的一種。此言以鷮羽為矛纓。」將軍戰車上的矛，以色彩豔麗的鷮羽作為矛飾。「重英」「重喬」皆指矛上的英飾。此為巧言說法。

〔8〕逍遙：本義為人自由自在地遊走。逍、遙二字皆從辵，與行走有關。《楚辭・九章・哀郢》：「去終古之所居兮，今逍遙而東來。」姜亮夫《重訂屈原賦校

注》：「逍遙即遊之義，字又作消遙、消搖。」逍遙又有自得之義。《莊子·逍遙遊》：「彷徨乎無為其側，逍遙乎寢臥其下。」成玄英《南華真經疏》：「逍遙，自得之稱。」《檜風·羔裘》：「羔裘逍遙，狐裘以朝。」《小雅·白駒》：「所謂伊人，於焉逍遙。」此歌詞中「逍遙」形容鄭國河防將軍驅車自由輕鬆地馳騁的樣子。

〔9〕軸：鄭國北部黃河南岸的一個地名。《毛傳》：「軸，河上地也。」彭、消、軸三地蓋為鄭國軍隊的三個駐紮地點，三支軍隊成犄角之勢，由一個將軍統轄。

〔10〕陶陶：象聲詞，眾多馬匹帶介甲行走發出的聲音。陶通橐。陶，定母幽部；橐，透母鐸部。定、透旁紐，幽、鐸旁對轉。橐橐，象聲詞。《小雅·斯干》：「椓之橐橐。」「旁旁」「麃麃」「陶陶」是馬拉戰車行進時發出的三種不同的聲響。車馬因行進的速度不同而聲響有差別。一說，「陶陶」是馬車驅馳的樣子。《毛傳》：「陶陶，驅馳之貌。」《集韻·號韻》：「陶，陶陶，驅馳貌。」此說含混不清。

〔11〕左旋右抽：御者驅車旋轉時，車右用手拔出兵器做刺殺動作。左、右，車左和車右。左，車左。右，車右。將軍的戰車上車左為御者，作戰時負責驅車，旋車使車右靠近敵兵，車右負責使用長短兵器對敵人作戰。《鄭箋》：「左，左人。謂御者。右，車右也。」朱熹《集傳》：「左，謂御在將車之左，執轡而御馬者也。……右，謂勇力之士，在將車之右，執兵以擊刺者也。」旋，使戰車快速地旋行，讓車右迎敵。抽，通搯、掏。抽、搯、掏皆透母幽部字。搯即掏，拔矢以射或拔出矛準備刺殺。三家《詩》作「搯」。《毛傳》：「左旋，講兵；右抽，抽矢以射。」《說文》：「搯者，拔兵刃以習擊刺。《詩》曰：『左旋右搯。』」在將軍的戰車上，左為御者，負責驅車；右為勇力之士，持兵械保護主將；將軍居中，負責擊鼓指揮己方軍隊作戰。《左傳·成公二年》：「癸酉，師陳于鞌。邴夏御齊侯，逢丑父為右。晉解張御郤克，鄭丘緩為右。齊侯曰：『余姑翦滅此而朝食！』不介馬而馳之。郤克傷於矢，流血及屨，未絕鼓音。曰：『余病矣！』張侯曰：『自始合，而矢貫余手及肘，余折以御，左輪朱殷，豈敢言病？吾子忍之！』緩曰：『自始合，苟有險，余必下推車，子豈識之？然子病矣！』張侯曰：『師之耳目，在吾旗鼓，進退從之。此車一人殿之，可以集事。若之何其以病，敗君之大事也？擐甲執兵，固即死也。病未及死，吾子勉之！』左並轡，右援枹而鼓，馬逸不能止，師從之。齊師敗績。逐之，三周華不注。」「清人」是鄭國駐守黃河邊防的將軍，其車制左御右護，與晉、齊相同。一說，

左、右指將軍的左右手。馬瑞辰《通釋》:「左旋右抽，謂將之左右手也。旋車曰旋，旌旗之指麾亦曰旋。」此說差矣。

〔12〕中軍作好：在軍營中為車兵們作示範。中軍，出戰時主將所在的一支軍隊稱為「中軍」。中軍，又為「軍中」之義。此指將軍「清人」所在軸地的軍營。《左傳·成公十六年》:「齊、宋、衞皆失軍。」俞樾《群經平議·春秋左傳二》:「軍者，謂營壘也。」軍，本義為用兵車圍繞成屏藩，以防護駐紮的營地。營地的大門以車轅搭建而成，稱為「轅門」。《說文》:「軍，圜圍也。」《廣雅·釋言》:「軍，圍也。」《周禮·地官·鄉師之職》「拳輦」鄭玄《注》:「輦，人挽行，所以載任器也，止以為蕃營。」作好，即做榜樣、做示範。好，好樣子。此指御射技術好。《齊風·還》:「子之茂兮，遭我乎猺之道兮。並驅從兩牡兮，揖我謂我好兮。」此歌詞的第三章說，鄭國將軍又在軸地的軍營中進行演練，他屬下的優秀車兵以其嫻熟的軍事動作為其他車兵作示範。一說，鄭國將軍指揮其車兵在軍營中演練駕車作戰的技術，是刻意擺花架子。《毛傳》:「居軍中為容好。」

【詩旨說解】

《清人》是燕禮樂歌歌詞。歌詞中的「清人」，是鄭國的一位將軍。這位駐守河防的將軍，帶領部隊在其營地作軍事演練，為士兵作示範，向他們展示作戰技能，讓他們現場觀摩學習，促使其提高作戰能力。他帶領所屬部隊積極練兵，使軍營裏呈現出踊躍訓練的新氣象。「清人」治軍有功，鄭國國君舉辦君臣宴會，行饗燕之禮，特意嘉奬這位將軍。鄭國某卿士根據他在「清人」駐防營地的親見親聞，創作了這篇樂歌歌詞，用於嘉奬禮儀。

一說，《清人》是鄭人所作的一篇諷刺鄭國駐守河防的將軍高克的詩。《左傳·閔公二年》:「鄭人惡高克。使帥師次于河上，久而弗召，師潰而歸。高克奔陳。鄭人為之賦《清人》。」《左傳》這一說法，與此歌詞所反映的鄭國某將軍在彭、消、軸三地積極練兵的事實不相符。《左傳》閔公二年的傳文，有明顯的錯亂現象，魯僖公元年事、衛文公季年事皆是混入之文。疑「鄭人為之賦《清人》」一句是學者的讀書劄記竄入了《左傳》。

一說，《清人》是諷刺鄭文公的詩。《毛詩》序：「《清人》，刺文公也。高克好利而不顧君，文公惡而欲遠之不能，使高克將兵而禦敵于竟。陳其師旅，翺翔河上。久而不召，眾散而歸，高克奔陳。公子素惡高克進之不以禮，文公退之不以道，危國亡師之本，故作是詩也。」鄭文公任用高克為將軍，

久而不召，以致其潰師河防。鄭文公應當承擔用人不當的責任。但這與《清人》篇何干？《毛詩》序的作者說，《清人》的作者是鄭公子素，亦不知所據。

羔裘

羔裘如濡〔1〕，洵直且侯〔2〕。
彼其之子〔3〕，舍命不渝〔4〕。

羔裘豹飾〔5〕，孔武有力〔6〕。
彼其之子，邦之司直〔7〕。

羔裘晏兮〔8〕！三英粲兮〔9〕！
彼其之子，邦之彥兮〔10〕！

【注釋】

〔1〕羔裘如濡：他身上的羔羊皮裘烏黑髮亮。羔裘，小黑羊羔皮做成的裘衣。此指大夫上朝時所穿的裘衣。《鄭箋》：「緇衣羔裘，諸侯之朝服也。」羔裘是黑色的裘衣。《論語‧鄉黨》：「緇衣羔裘，素衣麑裘，黃衣狐裘。」何晏《注》：「孔曰服皆中外之色相稱也。」緇衣，黑色衣；羔裘，黑裘。素衣，白色衣；麑裘，白裘。黃衣，黃色衣；狐裘，赤黃色裘。《禮記‧玉藻》也說：「君衣狐白裘，錦衣以裼之。君之右虎裘，厥左狼裘。士不衣狐白。君子狐青裘豹褎，玄綃衣以裼之；麑裘青犴褎，絞衣以裼之；羔裘豹飾，緇衣以裼之；狐裘，黃衣以裼之。錦衣狐裘，諸侯之服也。犬羊之裘，不裼。不文飾也，不裼。裘之裼也，見美也。」鄭玄《注》：「凡裼衣，象裘色也。」裼衣是加在裘衣外面的無袖的罩衣，其顏色與裏面裘衣的顏色大體一致。如濡，好像被油脂潤濕了一般，有光澤。《毛傳》：「如濡，潤澤也。」《檜風‧羔裘》：「羔裘如膏，日出有曜。」「如濡」與「如膏」意思大致相同，都是說羔裘的毛色油光黑亮。如，似，像。濡，濕。《邶風‧匏有苦葉》：「濟盈不濡軌，」《曹風‧候人》：「維鵜在梁，不濡其翼。」

〔2〕洵直且侯：他真是一個道德修養好而且相貌美的人。洵，通恂，確實。《韓詩》作「恂」。《邶風‧靜女》：「洵美且異。」直，甲骨文字從目從丨，會目視懸垂線測物體以使其豎直之意。此句歌詞中的「直」，是「悳」的借字。直，定母職部；悳，端母職部。定、端旁紐。悳，有道德，有德性修養。《說文》：「悳，

外得於人，內得於己也。」且，連詞，而且。侯，通好。侯，匣母侯部；好，曉母幽部。匣、曉旁紐，侯、幽旁轉。好，美好，美善。《韓說》：「侯，美也。」《說文》：「好，美也。」《廣韻·侯韻》：「侯，美也。」「洵直且侯」與《叔于田》「洵美且好」句型相同，「且侯」同「且好」。鄭詩多用「好」字來表達美善之義。《緇衣》：「緇衣之好兮。」《清人》：「中軍作好。」《女曰雞鳴》：「琴瑟在御，莫不靜好。」

〔3〕彼其之子：那個穿羔裘的人。彼，那，那個。其，語助詞。《晏子春秋·內篇雜上》、《韓詩外傳》卷九引《詩》作「彼己之子」。己，通其。己，見母之部；其，群母之部。見、群旁紐。之子，是子。指穿羔裘的貴族男子。

〔4〕舍命不渝：他執行國君的命令堅定不移。舍命，執行國君下達的命令。舍，本義為客房。《說文》：「舍，市居曰舍。」舍，動詞作處置之義。《鄭箋》：「舍，猶處也。」《玉篇·人部》：「舍，處也。」命，命令。此指國君的命令。《召南·小星》：「寔命不同！」《鄘風·定之方中》：「命彼倌人。」《小雅·出車》：「王命南仲。」不渝，不變。渝，本義為淨水變污。引申為改變之義。《毛傳》：「渝，變也。」《爾雅·釋言》：「渝，變也。」《說文》：「渝，變污也。」《段注》：「《釋言》曰：『渝，變也。』《鄭風》傳、虞翻注《易》、杜注《左傳》皆同。許謂瀞而變污。」渝，《韓詩》作「偷」。偷，苟且、馬虎。不偷，不馬虎。作「偷」亦通。這句歌詞稱讚卿大夫出使他國時「不辱君命」，執行國君的外交意見堅定不移。

〔5〕豹飾：裘衣的邊緣以豹皮為飾。《毛傳》：「豹飾，緣以豹皮也。」袖口有豹皮文飾的裘衣是卿大夫所穿之衣。《管子·揆度》：「卿大夫豹飾。」卿，上大夫。《禮記·王制》：「王者之制祿爵：公、侯、伯、子、男，凡五等。諸侯之上大夫卿、下大夫、上士、中士、下士，凡五等。」鄭玄《注》：「上大夫曰卿。」《王制》：「大國三卿，皆命於天子，下大夫五人，上士二十七人。次國三卿，二卿命於天子，一卿命於其君，下大夫五人，上士二十七人。小國二卿，皆命於其君，下大夫五人，上士二十七人。」

〔6〕孔武有力：他非常威武而且膂力過人。孔，非常，很。孔通甚。參見《周南·汝墳》注〔11〕。《毛傳》：「孔，甚也。」武，威武。《鄭風·叔于田》：「洵美且武。」有力，有膂力。《邶風·簡兮》：「有力如虎。」此歌詞所稱讚的這位卿大夫，威猛有膂力，也是一名合格的武將。

〔7〕邦之司直：他又是國家的司直官呀。邦，諸侯國。此指鄭國。司直，官名，負責諫議君主及大夫的過失。司，主管。《毛傳》：「司，主也。」直，正。指正確執行政令。古有司直之官。《淮南子·主術訓》：「湯有司直之人。」高誘《注》：「司直，官名。」《呂氏春秋·不苟論·自知》：「湯有司過之士。」高誘《注》：「司，主也。主，正也。正其過闕也。」馬瑞辰《通釋》：「《呂氏春秋·自知》：『湯有司直之士。』高《注》：『司，主也。直，正也。正其過闕也。』《漢書·東方朔傳》曰：『以史魚為司直。』是古有司直之官。」春秋時期文官、武官尚未分職。此歌詞所稱讚的這位卿大夫，既做過外交官，又做過司直官，還能做武將帶兵打仗。

〔8〕羔裘晏兮：黑羔裘穿在他身上柔軟又舒適呀！晏，本義為天清無雲。《說文》：「晏，天清也。」晏通輭。晏，影母元部；輭，日母元部。影、日通轉。輭，同軟，本義為用乾蒲草包裹的車輪子。《後漢書·明帝紀》：「安車輭輪。」李賢《注》：「安車，坐乘之車。輭輪，以蒲裹輪。」《三國志·魯肅傳》：「安車輭輪徵肅，始當顯耳。」輭，引申為柔軟之義。《爾雅·釋訓》：「晏晏、溫溫，柔也。」《玉篇·車部》：「輭，柔也。」《廣韻·諫韻》：「晏，柔也。」羔裘穿在身上柔軟且舒適。

〔9〕三英粲兮：他的羔裘的豹皮花邊真耀眼呀！三英，衣服的袖口、領襟和衣下邊三處的文飾。英，本義為花。此指羔裘上的花色裝飾。《說文》：「英，艸榮而不實者。」《有女同車》：「顏如舜英。」《毛傳》：「英，猶花也。」粲，鮮明的樣子。《唐風·葛生》：「角枕粲兮。」《小雅·大東》：「粲粲衣服。」

〔10〕邦之彥兮：他是我們國家裏相貌偉岸、才德出眾的人呀！彥，有文采、為人所稱讚的男士。《毛傳》：「彥，士之美稱。」《爾雅·釋訓》：「美士為彥。」段校《說文》：「彥，美士有彣，人所言也。」彥，《魯詩》作「嗞」。《魯說》：「美士為嗞。」

【詩旨說解】

《羔裘》是燕禮樂歌歌詞。鄭國國君舉辦君臣宴會，行饗燕之禮，表彰某位有功卿大夫。這篇歌詞極力讚美一位卿大夫。這位卿大夫曾擔任過外交官、軍隊的將領和行政監察司直官，他是鄭國一位舉足輕重的人物。方玉潤《詩經原始》說：「《羔裘》，美鄭大夫也。」這話大抵不錯。

《羔裘》這篇歌詞蓋產生於春秋中葉之前。鄭國曾將《羔裘》這篇樂歌用於外交餞別之禮。《左傳·昭公十六年》：「二月，晉韓起聘于鄭，鄭伯享之。」

「夏四月，鄭六卿餞宣子於郊。……子產賦鄭之《羔裘》。宣子曰：『起不堪也。』」所謂「鄭之《羔裘》」，即鄭詩《羔裘》。鄭國的正卿子產在餞別晉國使臣韓宣子時，用鄭詩《羔裘》來誇讚晉國的使者韓宣子，韓宣子表示不敢受用。《羔裘》是子產餞別韓宣子之前產生的作品。在韓宣子此次出使鄭國之前，這篇作品已經傳到晉國了，所以韓宣子也熟悉它。

遵大路

遵大路兮〔1〕，摻執子之袪兮〔2〕。
無我惡兮〔3〕，不寁故也〔4〕！

遵大路兮〔5〕，摻執子之手兮。
無我魗兮〔6〕，不寁好也〔7〕！

【注釋】

〔1〕遵大路兮：順著一條大路走呀。遵，循，順著走。遵通循。遵，精母文部；循，邪母文部。精、邪旁紐。循通順。順，神母文部。邪、神鄰紐。《毛傳》：「遵，循。」《爾雅・釋詁》：「遵，循也。」《說文》：「遵，循也。」「循，行也。」《玉篇・辵部》：「遵，循也。」《周南・汝墳》：「遵彼汝墳。」《豳風・七月》：「遵彼微行。」《豳風・九罭》：「鴻飛遵渚。」《魯頌・泮水》：「順彼長道。」《經籍籑詁・真韻》：「《孟子・梁惠王下》：『遵海而南。』《續漢・郡國志三》注作『吾循海而南。』」《莊子・天下》：「為之大過，已之大順。」《莊子釋文》：「大順，順或作循。」《淮南子・兵略訓》：「順道而動。」《文子・自然》：「循道而動。」大路，大道，官道。路，本義為道路。《毛傳》：「路，道。」《爾雅・釋宮》：「一達謂之道路。」《說文》：「路，道也。」

〔2〕摻執子之袪兮：我從一旁緊攬住你的胳膊、抓住你的袖子呀。摻執，從一旁攬著手臂，執住袖子。摻，與攬、操義近。《毛傳》：「摻，擥。」《說文》：「擥，撮持也。」擥，又作「攬」。宋玉《登徒子好色賦》：「遵大路兮攬子袪。」一說，此句歌詞的「摻」字是「操」的訛體。林義光《詩經通解》：「摻即操字，隸變為摻。」《說文》：「操，把持也。」《段注》：「把者，握也。」執，用手抓住。「摻執」是一種親近的動作行為。子，你。此是女子對男子的親切稱謂。袪，衣袖。《毛傳》：「袪，袂也。」《唐風・羔裘》：「羔裘豹袪。」袪通去。袪、去皆溪母魚部字。袪，有去掉之義。袪又通缺、袂。缺，溪母月部。袂，明母

月部。溪、明通轉，月、魚通轉。缺，缺省。袂，有缺省之義。「去掉」與「缺省」義近。春秋天所穿的單層長袖的衣服，夏天可以去掉其袖子，繼續穿用。這大概就是衣袖被稱為「祛」「袂」的原因。

〔3〕無我惡兮：即「無惡我兮」，不要討厭我呀。無，毋，不要。惡，厭惡、討厭。

〔4〕不寁故也：不要這麼快就離開你的舊友呀！寁，從宀從疌，本義為迅速離開。寁通疌。寁、疌皆從母盍部字。疌，從止，妻省聲，速行之義。《毛傳》：「寁，速也。」《爾雅·釋詁》：「寁，速也。」《說文》：「疌，疾也。」《說文》：「寁，居之速也。从宀，疌聲。」「居之速」語不通，疑「速」字後缺一「去」字。故，舊友。參見《邶風·式微》注〔3〕。《鄭風·狡童》：「維子之故，使我不能餐兮！」《唐風·羔裘》：「豈無他人？維子之故。」也，通兮。參見《鄘風·君子偕老》注〔9〕。《魯詩》作「兮」。馬无咎《漢石經集存》：「《遵大路》：『不寁故也。』『不寁好也。』《釋文》云：『一本作兮。』今發現殘石果為『兮』字。」「《遵大路》末句『不寁好也』，當是不『不寁好兮』。」這句歌詞的本義是挽留情人。朱熹《集傳》：「寁、速。故，舊也。……子無惡我而不留，故舊不可以遽絕也。」

〔5〕大路：大道。王引之《經義述聞·毛詩上》「遵大路兮」條下：「家大人曰：『此章路字當作道，與下文手、醜、好為韻。』」以作「道」字為優。

〔6〕無我醜兮：即「無醜我兮」，不要嫌棄我呀。醜，同「醜」，本義為讓人討厭的事物。《鄭箋》：「醜，亦惡也。」《說文》：「醜，可惡也。从鬼，酉聲。」《左傳·文公十八年》：「醜類惡物，頑囂不友。」此歌詞中「醜」與「惡」對文，同義。一說，「醜」通歗，為拋棄之義。《毛傳》：「醜，棄也。」段玉裁《毛詩故訓傳定本》傳文注：「《釋文》曰：『醜，本亦作歗。』按，《說文·支部》：『歗，棄也。』引《詩》『無我歗兮。』此毛正從支也。」

〔7〕不寁好也：不要這麼快離開你的老相好呀！好，名詞，相好者。《鄭箋》：「好猶善也。」《唐風·羔裘》：「豈無他人？維子之好。」此歌詞中「好」與「故」皆謂舊時的婚戀對象。

【詩旨說解】

《遵大路》是婚戀情歌歌詞。一個貴族男子到野外參加婚戀集會活動，與一女子在野外婚戀，深情繾綣，不忍分別。天時已晚，他們從大路上返家。他們原來有過婚戀交情，天晚分別，女子從一旁攬執住男友的手，唱了這支情歌，來表達她對這個男友的依戀之情和難捨之意。

　　朱熹《詩序辨說》評論《遵大路》說：「此亦淫亂之詩。」朱熹總是戴著
「有色眼鏡」論詩。

女曰雞鳴

　　　女曰雞鳴〔1〕，士曰昧旦〔2〕。
　　　子興視夜〔3〕，明星有爛〔4〕。
　　　將翱將翔〔5〕，弋鳧與鴈〔6〕。

　　　弋言加之〔7〕，與子宜之〔8〕。
　　　宜言飲酒〔9〕，與子偕老〔10〕。
　　　琴瑟在御〔11〕，莫不靜好〔12〕。

　　　知子之來之〔13〕，雜佩以贈之〔14〕。
　　　知子之順之〔15〕，雜佩以問之〔16〕。
　　　知子之好之〔17〕，雜佩以報之〔18〕。

【注釋】

〔1〕女曰雞鳴：女的說「公雞鳴叫了」。女，女子，婦女。曰，本義為說話。甲骨
　　文「曰」字象形兼指事，下為口，上有一短橫表示口裏說出來的語言內容。李
　　學勤主編《字源》：「曰，指事字。初文從口，上加短橫表，以表示言從口出。」
　　曰通說。曰，匣母月部；說，審母月部。匣、審通轉。《廣雅・釋詁》：「曰，
　　言也。」說，形聲字，本義為用語言作解釋，開脫。《說文》：「說，說釋也。
　　一曰談說。」說，本字作「兌」。《說文》：「兌，說也。從兒，合聲。」雞鳴，
　　此指公雞的打鳴報曉之聲。

〔2〕士曰昧旦：男的說「天還沒大亮呢」。士，貴族男子。昧旦，昧爽，與黎明同義。
　　昧，天色尚未明。又有暗義。《說文》：「昧，昧爽，且明也。從日，未聲。一曰
　　闇也。」《段注》：「《郊祀志》：『十一月辛巳朔旦冬至，昒爽。』《封禪書》昒作
　　昧。」《說文》：「昒，尚冥也。」《段注》：「冥者，窈也，幽也。自日入至於此，
　　尚未日出也。」《廣雅・釋詁》：「昧，冥也。」昧通昒。昧，明母物部；昒，曉
　　母物部。明、曉通轉。旦，早晨天亮。《說文》：「旦，明也。」《段注》：「『明
　　也。』明當作朝。下文云：『朝，旦也。』」《尚書・周書・牧誓》：「時甲子昧爽，
　　王朝至于商郊牧野。」爽，本義為窗格透明。引申為明亮之義。《說文》：「爽，
　　明也。從㸚從大。」《段注》：「從㸚、大，其孔㸚㸚。」《廣韻・紙韻》：「㸚爾，

布明貌。象形也。」昧爽，又作「昧喪」。西周器小盂鼎銘文有「昧喪」一詞。據陳夢家《殷虛卜辭綜述》第七章，武丁時的甲骨卜辭有「妹旦」一詞。

〔3〕子興視夜：你快起來到院子裏去看看天色吧。子，你。興，起來。指起床。《爾雅·釋言》：「興，起也。」《說文》：「興，起也。」視夜，觀察黎明時天空的情況。

〔4〕明星有爛：啟明星已在東邊天上閃閃發亮了。明星，啟明星，即金星。東有啟明，西有長庚，皆指金星。《爾雅·釋天》：「明星謂之啟明。」朱熹《集傳》：「明星，啟明之星，先日而出者也。」有爛，即爛爛，非常明亮的樣子。《毛傳》：「言小星已不見也。」天大亮之前，星光稀疏了，啟明星在東方的天空耀眼奪目。「子興視夜，明星有爛」是女子對男子說的話。

〔5〕將翱將翔：我要駕車快快到野外去一趟。將，副詞，就要、將要。翱、翔，鳥飛之狀。這是以車像鳥飛一樣地向野外快行，形容人高興快樂地去幹某事。在《詩經》中，「翱翔」常常用以形容車輛行得快。《鄭風·清人》：「駟介旁旁……河上乎翱翔。」《鄭風·有女同車》：「有女同車，顏如舜華。將翱將翔，佩玉瓊琚。」《齊風·載驅》：「魯道有蕩，齊子翱翔。」此歌詞中的男主人公若是貴族成員，此時他會驅車去打野禽。

〔6〕弋鳧與鴈：打一些野鴨和大雁帶回來。弋，象形字，本義為木橛。《說文》：「弋，橜也。」古人常用木橛楔入地以栓繫牲畜，故又藉以表示帶有絲繩用來射鳥的箭。此處用為動詞，即用帶有絲繩的箭射鳥。《鄭箋》：「弋，繳射也。」《孔疏》：「繳射謂以繩繫矢而射也。」繳，繫在箭上的生絲繩子。《玉篇·弋部》：「弋，繳射也。」《呂氏春秋·仲春紀·功名》：「善弋者下鳥百仞之上。」《淮南子·原道訓》：「強弩弋高鳥，走犬逐狡兔。」鳧，野鴨。鴈，通雁，大雁。參見《邶風·匏有苦葉》注〔9〕。《唐石經》、段玉裁《毛詩故訓傳定本》、阮元校刻《十三經注疏》作「鴈」。古代男子求婚時有執雁之禮。「將翱將翔，弋鳧與鴈」是男子對女子說的話。女子催促男子到野外去打野鴨和大雁，男子也非常樂意去打。這說明他們有了正式結婚的意願了。

〔7〕弋言加之：我射中了野鴨和大雁。言，通焉，語助詞。加之，把箭加在鳥的身體上，即射中。

〔8〕與子宜之：我們把它做成菜肴。宜，肉肴。參見《周南·螽斯》注〔3〕。《毛傳》：「宜，肴也。」《孔疏》：「李巡曰：『宜，飲酒之肴。』」宜，動詞為烹飪之義。男子說，要把打來的野鴨和大雁烹飪了，做成佳餚享用。

〔9〕宜言飲酒：我們吃著菜肴再飲些美酒。宜言，同宜焉。宜，動詞，享用菜肴。飲酒，即飲合巹酒。古代有新婚之夜新郎和新娘飲合巹酒的習俗。

〔10〕與子偕老：我發誓與你共同生活白頭到老。偕老，共同生活到老。偕，共同，一起。老，動詞，變老。指從年輕到年老壽終。這句說唱詞反映了男女主人公想長久結合，過夫妻制婚姻生活的願望。

〔11〕琴瑟在御：願我們倆的生活如同一起演奏琴瑟一樣和諧。琴，絃樂器。瑟，絃樂器，形制似琴。《毛傳》：「君子無故不徹琴瑟。」《魯說》：「大夫士日琴瑟。」御，本義為迎接。御通馭。馭，使馬駕車，駕御。有控制、操縱之義。引申為彈奏之義。參見《召南·鵲巢》注〔4〕。這句說唱詞用彈奏樂曲時琴瑟音調的和諧，比喻夫妻和睦相處。《小雅·常棣》：「妻子好合，如鼓琴瑟。」

〔12〕莫不靜好：一切都祥和安好。莫不，沒有時間不這樣，即任何時候都這樣。靜好，安好，平安和順。靜，其金文字形蓋是「青」字的繁體，本義為青色。靜通靖。靜、靖皆從母耕部字。靖，同竫，立容安靜。《說文》：「靖，立竫也。」「竫，亭安也。」《段注》：「凡安靜字宜作『竫』，『靜』其假借字也。」

〔13〕知子之來之：我知道你願意到我這裡來。子，你。這是女稱男。來，意動詞，願意到我這裡來。本句中的兩個「之」字都是虛詞。下同。

〔14〕雜佩以贈之：即「以雜佩贈之」，我願把身上的玉佩贈給你。雜佩，一套玉飾串。雜佩是貴族的飾物。《毛傳》：「雜佩者，珩、璜、琚、瑀、衝牙之類。」朱熹《集傳》：「雜佩者，左右佩玉也。上橫曰珩，下繫三組，貫以蠙珠。中組之半貫以大珠，曰瑀。末懸一玉，兩端皆銳，曰衝牙。兩旁組半各懸一玉，長博而方，曰琚。其末各懸一玉，如半璧而內向，曰璜。又以兩組貫珠，上繫珩兩端，下交貫於瑀，而下繫於兩璜，行則衝牙觸璜而有聲也。」朱熹《集傳》又引呂祖謙說：「非獨玉也，觿、燧、箴、管，凡可佩者皆是也。」陳奐《傳疏》：「集諸石以為佩，謂之雜佩。」一說，雜佩指一套玉佩居於中間的琚和瑀。《大戴禮記·保傅》：「上有雙衡，下有雙璜、衝牙，珠以納其間，琚、瑀以雜之。」王夫之《詩經稗疏·鄭風》：「下垂者為垂佩，中綴者為雜佩。雜之為言間於其中也。則雜佩者專指琚、瑀而言。」《說文》：「瑀，石之次玉者。」《段注》：「《保傅篇》曰：『珠以納其間，琚、瑀以雜之。』珠即蠙。毛不言蠙珠，韓不言琚、瑀，《保傅篇》兼言之。蓋蠙珠居中，琚、瑀皆美石，又貫於蠙珠之上下，故曰雜佩。」王先謙《集疏》：「三家說曰：佩玉

有蔥衡，下有雙璜、衝牙，蠙珠以納其間，琚、瑀以雜之。」考古發現，先秦貴族成員的玉佩並無嚴格的定式，一般由珩、璜、衝牙等組成，雜以蠙珠、琚、瑀等。珩上與帶鉤相連，下繫有三條下垂的繩線，中間一條線的中部綴瑀，下綴衝牙；外邊兩條線的中部綴琚、下綴璜。有的玉佩為一組兩線制，上部綴有環或璧，中部綴有玉管、玉蠶、玉魚、玉蟬、玉昆蟲、瑪瑙等，下綴玉虎。也有多條繩線穿玉珠的雜佩。實際生活中玉佩組合的樣式多而雜，也不排除有單佩。贈，從貝，曾聲兼有增加之義，將珍貴物品送給別人。《鄭箋》：「贈，送也。」《說文》：「贈，玩好相送也。」《秦風·渭陽》：「何以贈之，路車乘黃。」《毛傳》：「贈，送也。」贈送佩玉是一種非常重情義的行為。《衛風·木瓜》：「報之以瓊琚。」「報之以瓊瑤。」「報之以瓊玖。」《王風·丘中有麻》：「貽我佩玖。」古時玉器加工難度大，價值高，得來也不易，「雜佩」作為禮物相當貴重。

〔15〕知子之順之：我知道你十分體貼我。子，你。這是男稱女。順，從頁（金文從見）從巛，與「巡」同，本義為人循著道路行走觀看。引申為沿著一個方向之義。《魯頌·泮水》：「順彼長道。」順通愻。順，神母文部；愻，心母文部。神、心鄰紐。愻，內心順從。引申為溫順、體貼之義。《說文》：「愻，順也。」《段注》：「訓順之字作『愻』。古書用字如此。」此說唱詞的「順」字為溫順、體貼之義。《鄭箋》：「順，謂與己和順。」

〔16〕雜佩以問之：我要解下身上的玉佩贈送你。問，從口，門聲，本義為詢問。引申為過往問候之義。《說文》：「問，訊也。」《論語·鄉黨》：「問人於他邦。」《顏淵》：「顏淵問仁。」《子路》：「子路問政。」諸侯之間或諸侯與天子之間不定期攜帶禮物造訪亦曰「問」。《周禮·天官·大宗伯》：「時聘曰問。」聘，訪問。《說文》：「聘，訪也。」《儀禮·聘禮》：「小聘曰問。」《禮記·經解》：「聘問之禮，所以使諸侯相尊敬也。」《左傳·成公十六年》：「楚子使工尹襄問之以弓。」杜預《注》：「問，遺也。」《禮記·曲禮上》：「以弓劍、苞苴、簞笥問人者」鄭玄《注》：「問，猶遺也。」《荀子·大略》「聘人以珪，問士以璧。」普通人持物贈送人亦曰「問」。此句說唱詞的「問」字即為持物贈人之義。《毛傳》：「問，遺也。」《孔疏》：「遺人以物謂之問。」《正字通·丑集·口部》「問」字下：「古謂遺為問。《詩·王風》：『雜佩以問之。』」

〔17〕知子之好之：我知道你很喜歡到我這裡來。子，你。這又是女稱男。好，喜歡，愛憐。此指男子喜歡到女方的住所來過訪。

〔18〕雜佩以報之：我要解下身上的玉佩回贈你。報，回覆。此處為回贈之義。《衞
　　風·木瓜》：「投我以木瓜，報之以瓊琚。」

【詩旨說解】

　　《女曰雞鳴》是一篇用於貴族室內娛樂的說唱詞。此說唱詞通篇以對話的形式講故事，一人說唱，模仿男女二人對話，作有趣的表演。

　　這篇說唱詞反映了一個愛情故事：士與女兩情相好，未婚而同宿，愛情升溫，於是兩個人有了永久結合為夫妻的意願。

　　第一章，述士與女因愛情而同宿在一起，天還不亮，女子就催促男士早早起床去打野鴨和大雁之事。女子說：「子興視夜，明星有爛。」男子立即非常樂意地回答道：「將翱將翔，弋鳧與鴈。」他們的對話裏充滿了歡快之情。

　　第二章，述士與女打算結婚之事。男子對女子說：「弋言加之，與子宜之。」男子打算打了獵物回來做成菜肴，二人一起享用。接著女子對男子說：「宜言飲酒，與子偕老。」女子則打算以烹飪的野鴨和大雁為肴，與男子共飲合巹酒。男子又回答女子說：「琴瑟在御，莫不靜好。」這是男子希望他們婚後琴瑟和諧，生活美好。這表明他們之間的感情關係已經高度融洽。

　　第三章，述士與女的感情進一步升溫，相互表白愛情之事。女子說：「知子之來之，雜佩以贈之。」她表示要對男子贈送玉佩，感謝他經常到她的住處來。男子則說：「知子之順之，雜佩以問之。」男子也表示要對女子贈送玉佩，感謝女子對他的熱情接待。女子又說：「知子之好之，雜佩以報之。」女子表示要用贈玉佩來感謝男子對她的喜愛。

　　《女曰雞鳴》這篇說唱詞表明，春秋時期中原地區仍然存在著「對偶婚」，且此種「對偶婚」正向夫妻制婚姻過渡。

有女同車

　　有女同車〔1〕，顏如舜華〔2〕。
　　將翱將翔〔3〕，佩玉瓊琚〔4〕。
　　彼美孟姜〔5〕，洵美且都〔6〕！

　　有女同行〔7〕，顏如舜英〔8〕。
　　將翱將翔，佩玉將將〔9〕。
　　彼美孟姜，德音不忘〔10〕！

【注釋】

〔1〕有女同車：有一個女子與我同乘一輛車。女，未婚女子。婚戀集會時，貴族男子乘車前往野外婚戀集會場所求偶，回家時有一個女子與他同車而歸。

〔2〕顏如舜華：她的面容紅潤得像木槿花一樣。顏，面色紅潤。《鄘風·君子偕老》：「揚且之顏也！」《秦風·終南》：「顏如渥丹。」如，似。舜華，木槿花。舜，通蕣。舜、蕣皆審母文部字。蕣，木槿。《毛傳》：「舜，木槿也。」《魯詩》作「蕣」。《爾雅·釋草》：「椵，木槿。櫬，木槿。」郭璞《注》：「似李樹，華朝生夕隕，可食。或呼為『日及』，亦曰『王蒸』。」《說文》：「蕣，木堇。朝華莫落者。从艸，舜聲。《詩》曰：『顏如蕣華。』」《段注》：「今《詩》作『舜』，為假借。」陸璣《毛詩草木疏》：「舜，一名木槿，一名櫬，一名椵。齊、魯之間謂之『王蒸』。今朝生暮落者是也。五月始花。故《月令》：『仲夏，木槿榮。』」《呂氏春秋·仲夏紀·仲夏》「木堇榮」高誘《注》引《詩》：「顏如蕣華。」木槿夏季開花，其花朝開而暮落。華，「花」的本字。

〔3〕將翱將翔：車子輕快地飛馳起來了。將，就要。行車加速有一個過程。翱、翔，鳥飛之狀。這是以鳥飛之狀形容車馬輕鬆愉快地飛馳的樣子。《清人》：「駟介旁旁，……河上乎翱翔。」男子參加婚戀集會載得美人歸，心情輕鬆愉快。

〔4〕佩玉瓊琚：女子腰間的佩玉「瑲瑲」地作響。瓊琚，精美的佩玉。瓊，形容詞，光色華美。琚，腰間雜佩中的一塊玉，在珩和璜之間。《毛傳》：「佩有琚玖。」貴族乘員腰間佩帶組玉，車輛行進時，琚與瑀、衝牙與璜相碰撞發出悅耳的響聲。此句只言「瓊琚」，是為了押韻。

〔5〕彼美孟姜：那個美麗的姜姓姑娘。彼，那個。美孟姜，姜姓美女。孟姜，在姊妹中排行第一的姜姓女子。《鄘風·桑中》：「云誰之思？美孟姜矣。」此歌詞所說的「孟姜」，也可能是鄭國的鄰國許國的美女。許國的姜姓貴族女子可能會到鄭、許邊界地區參加仲春集會。但也不排除鄭國有姜姓貴族居住。

〔6〕洵美且都：的確美麗而又嫻雅！洵，通恂，確實，誠然。《鄭箋》：「洵，信也。」信，真、誠。都，嫻雅美好的樣子。古人以居住在都邑的貴族為雅，以居住在村落者為野。《毛傳》：「都，閑也。」段玉裁《毛詩故訓傳定本》傳文注：「『閑』者，『嫻』之假借。」司馬相如《上林賦》：「若夫青琴、宓妃之徒，絕殊離俗，妖冶嫻都。」

〔7〕同行：同一條道路。行，道路。《毛傳》：「行，行道也。」「同行」與「同車」
　　的意思相同。同車必同行。

〔8〕舜英：即蕣花。英，花。《毛傳》：「英，猶花也。」

〔9〕佩玉將將：她身上的佩玉發出悅耳的「瑲瑲」聲。將將，佩玉相碰撞發出的
　　響聲。《秦風・終南》：「佩玉將將，壽考不亡（忘）！」將，通瑲。將、瑲皆
　　清母陽部字。《小雅・采芑》：「有瑲蔥珩。」瑲瑲，佩玉相碰撞發出來的響
　　聲。將又通鏘。鏘，清母陽部。《魯詩》作「鏘」。鏘，本為碰撞金屬物體所
　　發出來的聲音。《大雅・烝民》：「八鸞鏘鏘。」「鏘」又借作玉聲。《楚辭・九
　　歌・東皇太一》：「璆鏘鳴兮琳琅。」王逸《注》：「鏘，佩聲也。《詩》曰：『佩
　　玉鏘鏘。』」女子乘男子的大車隨男子而歸，車輛行進中女子身上的佩玉有「將
　　將」之聲。蓋為立乘。

〔10〕德音不忘：這美妙的聲音讓我終生難忘！德音，好聽的聲音。「孟姜」說話的
　　聲音及她身上的玉佩聲響皆可稱為「德音」。不忘，不忘記。《秦風・終南》：
　　「佩玉將將，壽考不亡（忘）！」其實，使人難以忘記的是人，而不是人身上
　　佩玉的響聲。

【詩旨說解】

　　《有女同車》是婚戀情歌歌詞。在野外婚戀集會上，一位貴族男子遇到
了一位姜姓貴族美女，他們談得很成功，兩人同意結為伉儷。於是，他們便
攜手乘車歸往男子家中。隨車而歸的這個女子「顏如舜華」「洵美且都」，一
幅嫻雅模樣。隨著車輛的顛簸行進，姜姓女子身上的佩玉發出一陣陣悅耳的
響聲。這位貴族男子載得美人歸，途中愛意蕩漾，抑不住內心的高興，脫口
唱出了這支情歌。

　　這篇情歌歌詞反映了一個貴族男子不尋常的愛情體驗。

山有扶蘇

山有扶蘇〔1〕，隰有荷華〔2〕。
不見子都〔3〕，乃見狂且〔4〕！

山有喬松〔5〕，隰有游龍〔6〕。
不見子充〔7〕，乃見狡童〔8〕！

【注釋】

〔1〕山有扶蘇：山上長著茂盛的大樹。扶蘇，典籍又作「扶疏」「枎疏」，樹木冠龐大而又茂盛的樣子。「扶蘇」是「扶蘇之樹木」的代語。《毛傳》：「扶蘇，扶胥小木也。」小木，「小」字衍。段玉裁《毛詩故訓傳定本》傳文注：「此從《釋文》無『小』字為長。《正義》作『小木』，乃淺人用鄭說增字，非也。……《呂覽》及《漢書》司馬相如劉向揚雄傳、枚乘《七發》、許氏《說文》皆謂『扶疏』為大木。許氏『扶』作『枎』。古疏、胥、蘇通用。」《釋文》：「扶蘇，扶胥木也。扶胥，音踈。」扶，通枎。扶、枎皆並母魚部字。《說文》：「枎，枎疏，四布也。」《段注》：「枎，汲古刊木从手，非也。……古書多作扶疏，同音假借也。《上林賦》：『垂條扶疏。』《劉向傳》：『梓樹生枝葉，扶疏上出屋。』《揚雄傳》：『枝葉扶疏。』《呂覽》：『樹肥無使扶疏。』是則扶疏謂大木枝柯四布。疏，通作胥，又作蘇。《鄭風》：『山有扶蘇。』毛曰：『扶蘇，扶胥木也。』《釋文》所引不誤。」扶、枎、榑皆通博。扶、枎、榑，並母魚部；博，幫母鐸部。並、幫旁紐，魚、鐸對轉。博，分布廣。《說文》：「博，大、通也。从十从尃。尃，布也。」《玉篇·十部》：「博，廣也。」《墨子·明鬼》：「深溪博林幽澗。」《楚辭·離騷》：「思九州島之博大兮。」蘇，通疏。蘇，心母魚部；疏，山母魚部。心、山準雙聲。疏，分支疏闊。《玉篇·厶部》：「疏，稀也；闊也；遠也；分也。」揚雄《太玄經》：「見小勿用，以我扶疏。」南朝宋劉義慶《世說新語·汰侈》：「枝柯扶疏，世罕其比。」此歌詞以居於山上的「扶蘇」之樹木，比喻社會地位高的男子。

〔2〕隰有荷華：山下的低窪處長著荷花。隰，低窪的濕地。荷華，即荷花。華，花的本字。《毛傳》：「荷華，扶渠也。其花菡萏。」「山有……隰有……」是情歌語言的「化石」。此歌詞以荷花居於山下低窪處，比喻社會較下層的女子。

〔3〕不見子都：沒有看見美男子。子都，即都子，指居於都邑中的貴族之子。貴族子弟一般都生活富足閒適，且有一定的文化素養，故「都」字有閒雅、文雅之意。《毛傳》：「子都，世之美好者也。」《有女同車》：「洵美且都。」《毛傳》：「都，閑也。」《小雅·都人士》：「彼都人士，臺笠緇撮。」一說，「子都」為一美男子。《孟子·告子上》：「至於子都，天下莫不知其姣也。」趙岐《注》：「子都，古之姣好者也。」孟子、趙岐以「子都」為古代某美男子的名字，蓋讀《詩》之誤。

〔4〕乃見狂且：卻碰上了一個狂小子。乃，卻、竟。對某事表示怪異之詞。王引之
　　《經傳釋詞》卷六：「乃，異之之辭也。……《詩‧山有扶蘇》曰：『不見子都，
　　乃見狂且。』是也。」裴學海《古書虛字集釋》卷六：「乃，猶竟也。」見，
　　碰見，遇見。《左傳‧桓公元年》：「宋華父督見孔父之妻于路，目逆而送之，
　　曰：『美而豔。』」狂且，即狂者。且，通者。且，精母魚部；者，照母魚部。
　　精、照准雙聲。聞一多《詩經通義‧乙》：「『且』讀為『者』，猶『趙趄』謂之
　　『躕躇』。『狂且』即『狂者』。」狂童與狡童的語義相當。《鄭風‧狡童》：「彼
　　狡童兮，不與我言兮。」《鄭風‧褰裳》：「狂童之狂也且。」《毛傳》：「狂，狂
　　人也。」《孔疏》：「『都』是美好，則『狂』是醜惡。」此歌詞中「狂且」與「子
　　都」對文，「狂且」是戲謔之稱，指在婚戀場所表現較粗俗放肆的小夥子。這
　　句歌詞是女子求偶時的俏罵逗趣之語。

〔5〕喬松：高大的松樹。喬，從高，夭聲，高義。《周南‧漢廣》：「南有喬木。」
　　松，松樹。《毛傳》：「松，木也。」

〔6〕遊龍：水葒的別名。《毛傳》：「龍，紅草也。」龍，亦作「蘢」。《爾雅‧釋草》：
　　「紅，蘢古。其大者蘬。」郭璞《注》：「俗呼紅草為蘢鼓，語轉耳。」宋朱弁
　　《曲洧舊聞》卷四：「紅蓼，即《詩》所謂『遊龍』也，俗呼『水紅』。」《本
　　草綱目‧草部‧葒草釋名》：「（陳）藏器曰：天蓼即水葒，一名遊龍，一名大
　　蓼。」唱情歌的女子以「遊龍」自比，言她居於社會下層。

〔7〕子充：即充子，指家境充裕的貴族成年男子。充，滿。此指家境充實。慧琳
　　《一切經音義》卷一「充溢」下引《說文》：「充，滿也。」《廣雅‧釋詁》：
　　「充，滿也。」《玉篇‧兒部》同。《孟子‧梁惠王下》「府庫充」朱熹《集注》：
　　「充，滿也。」「子充」與「子都」詞義稍異，也是美稱。一說，「子充」即
　　良人，美人。《毛傳》：「子充，良人也。」馬瑞辰《通釋》：「《孟子》：『充實
　　之謂美。』《唐韻》：『充，美也。』子充猶言子都，故為良人。」

〔8〕狡童：內心狡黠、行為狂放的年輕男子。狡，狡黠。朱熹《集傳》：「狡童，狡
　　獪之小兒也。」《方言》第十：「凡小兒多詐而獪謂之央亡，……或謂之獪。」
　　《廣雅‧釋詁》：「狡，獪也。」王念孫《疏證》：「狡者，《眾經音義》卷三引
　　《方言》云：『凡小兒多詐而獪謂之狡猾。』」《廣韻‧巧韻》：「狡，猾也。」
　　說「狡童」「狂童」「狂且」，如同今說「壞小子」。《狡童》：「彼狡童兮，不與
　　我言兮。」「狡童」與「子都」「子充」相比，有村野之性，但未必不俊美。女
　　子呼「狂且」「狡童」，既貶且褒，實為俏罵語。

【詩旨說解】

　　《山有扶蘇》是婚戀情歌歌詞。在仲春集會上，一個女子想尋找一位有文化素養的貴族男子為偶，但事不湊巧，她卻碰到了一個看上去有些放縱沒有教養的青年男子。歌詞中的「扶蘇」「橋松」代指上層社會的貴族青年男子，即「子都」「子充」一類人物；「荷花」「遊龍」則代指歌者自己。唱情歌的女子把「子都」「子充」一類人物作為她求偶的目標。她稱自己所遇見的這個男子為「狂且」「狡童」，這是一種俏罵性質的謔語。「狂且」「狡童」這樣的男子，其模樣未必不俊美，未必不是女子所要選擇的對象。

　　此歌詞反映了歌者潑辣、豁達的個性。用俏罵的方式求偶，或許對招引異性效果更佳，更容易達到婚戀的目的。

　　《毛詩》序：「《山有扶蘇》，刺忽也。所美非美然。」《毛詩》序將《山有扶蘇》跟《左傳》中鄭公子忽的事聯繫起來，說鄭公子忽（即後來的鄭昭公）在婚姻問題上胡塗，不找齊國的美人為妻，卻覓一個醜者為妻。所以，鄭人作詩來諷刺他。朱熹則不這麼認為。他在《詩序辨說》中說：「此下四詩及《揚之水》皆男女戲謔之詞。序之者不得其說而例以為刺忽，殊無情理。」

蘀兮

蘀兮蘀兮〔1〕，風其吹女〔2〕。
叔兮伯兮〔3〕，倡！予和女〔4〕。

蘀兮蘀兮，風其漂女〔5〕。
叔兮伯兮，倡！予要女〔6〕。

【注釋】

〔1〕蘀兮蘀兮：樹上的枯葉呀。蘀，草木脫落的皮和葉子。亦指樹上將要脫落的枯葉。《毛傳》：「蘀，槁也。」《鄭箋》：「槁，謂木葉也。木葉槁，待風乃落。」《說文》：「蘀，艸木凡皮、葉落，陊地為蘀。从艸，擇聲。《詩》曰：『十月隕蘀。』」「槁，木枯也。」槁，枯。此指枯葉。蘀通陊、墮，有下落之義。蘀，透母鐸部；陊、墮，定母歌部。透、定旁紐，鐸、歌通轉。《豳風·七月》：「十月隕蘀。」

〔2〕風其吹女：風把你吹起來了。風，蓋指秋風。秋天樹葉隨風飛揚，紛紛下落。其，語助詞。吹，口急速地呼出氣流。此為擬人說法。《說文》：「吹，噓也。

從口從欠。」《段注》：「口欠則氣出。」《玉篇・口部》「噓」字下引《聲類》：
「出氣急曰吹，緩曰噓。」女，通汝，你。指「蘀」。這是擬人語氣。下同。
《列女傳・仁智傳・魯公乘姒》：「《詩》云：『蘀兮蘀兮，風其吹汝。』」

〔3〕叔兮伯兮：好弟弟呀帥哥哥。叔，年輕的青年男子稱為「叔」。伯，年稍長的
青年男子稱為「伯」。參見《邶風・旄丘》注〔3〕。叔、伯合指參加集體歌舞
活動的青年男子。

〔4〕倡！予和女：起來唱歌吧！我為你們相和。倡，本義是帶頭唱歌的人。《呂氏
春秋・仲夏紀・古樂》：「先為樂倡。」高誘《注》：「倡，始也。」《楚辭・九
章・悲回風》：「聲有隱而先倡。」《周禮・春官・樂師》：「凡軍大獻，教愷歌，
遂倡之。」鄭玄《注》引鄭司農云：「樂師，主倡也。」《禮記・樂記》：「一倡
而三歎。」鄭玄《注》：「倡，發歌句也。」《漢書・司馬相如傳》：「千人倡，
萬人和。」倡，又轉指藝人。《說文》：「倡，樂也。」「優，一曰倡也。」《段
注》：「倡者，樂也。謂作妓者，即所謂俳優也。」《急就篇》：「倡優俳笑觀倚
庭。」顏師古《注》：「倡，樂人也。」《廣韻・陽韻》：「倡，憂也。」此歌詞
中的「倡」字通唱。倡、唱皆穿母陽部字。《說文》：「唱，導也。」《段注》：
「《鄭風》曰：『唱予和女。』……古多以倡字為之。」《正字通・子集・人部》：
「倡，與唱通。」《楚辭・九歌・禮魂》：「姱女倡兮容與。」洪興祖《楚辭補
注》：「倡，讀作唱。」《列女傳・魯公乘姒》引《詩》：「叔兮伯兮，唱予和汝。」
予，通余、吾，我。這裡是女子自稱。參見《邶風・谷風》注〔38〕。和，與
主唱者對唱或跟著唱、接唱。《爾雅・釋詁》：「諧、協，和也。」《說文》：「和，
相應也。」《廣雅》：「和，諧也。」《老子》第二章：「音聲相和。」《易・中孚
卦》：「鳴鶴在陰，其子和之。」女，你。指叔或伯。

〔5〕風其漂女：風把你飄起來了。漂，通飄。漂、飄皆滂母宵部字。飄，在空中飄
蕩。《毛傳》：「漂，猶吹也。」吹，風吹。《釋文》：「漂，本亦作飄。」慧琳《一
切經音義》卷六十五「飄然」下：「飄，猶吹也；輕飄也。」

〔6〕倡！予要女：起來唱吧，我為你打節拍。要，關鍵之處。此指唱歌的節拍。《禮
記・樂記》：「要其節奏。」鄭玄《注》：「要，猶會也。」會，合。

【詩旨說解】

《蘀兮》是青年男女歌舞活動中的邀歌歌詞。秋天裏，一群青年男女在
野外集會，進行歌舞活動。其中有一個女子站起來，用歌聲邀請在場的男青

年們跟她一起唱歌。女子唱道：「蘀兮蘀兮，風其吹女。叔兮伯兮，倡！予和女。」她以秋風吹動樹葉作比喻，熱情邀請小夥子們開口唱歌。姑娘是「風」，小夥子們是「蘀」，秋風能吹起落葉，姑娘的邀歌能激發小夥子們的歌舞熱情。小夥子若是站起來唱歌，姑娘則立即與其相和。

　　程俊英《詩經譯注》：「這是一篇民間集體歌舞詩，描寫一群男女歡樂歌舞的場面，女子先帶頭唱起來，男子接著參加合唱。」

　　一說，此歌詞反映了民間青年男女在秋收季節打場時一起唱歌的情景。張西堂《詩經六論》二‧二：「《蘀兮》應是青年婦女在揚場時的勞動中向男子挑戰的歌唱。」

狡童

彼狡童兮〔1〕，不與我言兮〔2〕。
維子之故〔3〕，使我不能餐兮〔4〕！

彼狡童兮，不與我食兮〔5〕。
維子之故，使我不能息兮〔6〕！

【注釋】

〔1〕彼狡童兮：那個壞小子呀。狡童，狡黠的小青年。參見《山有扶蘇》注〔8〕。一說，狡，當作「佼」「姣」，面目姣好。聶石樵《詩經新注》：「狡，通佼、姣，美貌。」其說誤。在《山有扶蘇》詩中，「狂且」與「狡童」為同一類人，不能易「狡」為「佼」。「狡童」是婚戀活動中女子所使用的戲謔挑逗性的語詞。

〔2〕不與我言兮：他不來跟我搭話呀。不與，不交接。我，唱情歌女子自稱。言，搭話。

〔3〕維子之故：只是由於你我有舊情。維，通以。維，喻母微部；以，喻母之部。微、之通轉。王引之《經傳釋詞》卷三釋「惟」同維：「惟，猶以也……《詩‧狡童》曰：『維子之故，使我不能餐兮。』」裴學海《古書虛字集釋》卷三略同。以，因為、由於。參見《邶風‧旄丘》注〔3〕。子，你。之，是。故，舊情人。參見《邶風‧式微》注〔3〕。歌者與「狡童」在以往的婚戀活動中有過交往，故稱「狡童」為故友。

〔4〕使我不能餐兮：讓我吃不下飯呀！不能餐，吃不下飯。不能，不能夠，心力所不及。餐，與「食」同義。

〔５〕不與我食：不來我這裡吃東西。食，吃食物，吃飯。這裡僅有比喻意義。「食」
　　是婚戀情歌中與性有關的詞語。《唐風・有杕之杜》：「彼君子兮，噬肯適我？
　　中心好之，曷飲食之。」《王風・丘中有麻》：「彼留子國，將其來食。」飢而
　　求食，「食」與「飢」意義緊密關聯。《周南・汝墳》：「未見君子，怒如調飢。」
　　《陳風・衡門》：「泌之洋洋，可以樂飢。」《曹風・候人》：「婉兮孌兮，季女
　　斯飢。」

〔６〕使我不能息兮：讓我不能安歇呀！息，安歇。《毛傳》：「憂不能息也。」因憂
　　思而不能安歇。息，歇息。參見《召南・殷其雷》注〔８〕。

【詩旨說解】

　　《狡童》是婚戀情歌歌詞。在一次婚戀集會上，一個女子用一曲充滿野
性的情歌，招引她的婚戀舊友。

　　「使我不能餐兮」「使我不能息兮」——女子說，「狡童」不跟她交友，
致使她吃不下飯、睡不好覺。這是情歌的誇張性語言。女子企圖用這樣的語
言打動其舊友的心，以續兩情之好。

　　朱熹《集傳》：「此亦淫女見絕而戲其人之辭。」對於《詩經》中的婚戀情
歌，朱熹總是用一個「淫」字來作評論。

褰裳

> 子惠思我〔1〕，褰裳涉溱〔2〕。
> 子不我思〔3〕，豈無他人〔4〕？
> 狂童之狂也且〔5〕！
>
> 子惠思我，褰裳涉洧〔6〕。
> 子不我思，豈無他士〔7〕？
> 狂童之狂也且！

【注釋】

〔１〕子惠思我：你若真心地愛我。子，你。這是女子稱呼男子。惠思，即惠然而思、
　　用真心去思念，亦即愛。惠，愛。《毛傳》：「惠，愛也。」朱熹《集傳》：「子
　　惠然而思我。」《爾雅・釋詁》：「惠，愛也。」《說文》：「惠，仁也。」「仁，
　　親也。」《邶風・終風》：「惠然肯來。」《邶風・北風》：「惠而好我，攜手同行。」
　　思，思念。我，唱情歌女子的自稱。

〔2〕褰裳涉溱：你就提起下裳趟過溱水來吧。褰裳，用手提起下裳。褰，本義為脛衣。《說文》：「褰，絝也。从衣，寒省聲。《春秋傳》曰：『徵褰與襦。』」《段注》：「《昭二十五年傳》曰：『公在乾侯，徵褰與襦。』杜曰：『褰，絝也。』《方言》曰：『絝，齊魯之間謂之襱。』」絝，脛衣。《說文》：「絝，脛衣也。」《段注》：「今所謂套袴也。左右各一，分衣兩脛。」褰通攐。褰，溪母元部；攐，見母元部。溪、見旁紐。攐，用手提起。《說文》：「攐，摳衣也。」《禮記·曲禮上》：「摳衣趨隅。」鄭玄《注》：「摳，苦侯反，提也。」裳，下衣，如今之半身裙。涉，徒步蹚水過河。溱，水名，又作「潧」，即古鄶水，鄭國的一條河流。溱水發源於嵩山東部餘脈新密東北部山區的雞絡塢，南流至曲梁鄉交流寨東與洧水匯合。《毛傳》：「溱，水名也。」《說文》：「潧，水。出鄭國。从水，曾聲。《詩》曰：『潧與洧，方渙渙兮。』」《集韻·臻韻》：「潧，通作溱。」《水經注·潧水注》：「潧水出鄶城西北雞絡塢下……又東南流，歷下田川，逕鄶城西……又南注於洧，《詩》所謂『溱與洧』者也，世亦謂之為『鄶水』也。」《水經注·洧水注》：「洧水出河南密縣西南馬領山，……東南過其縣南……又東逕鄶城南……又東逕新鄭故城中……」青年男女在溱水邊進行婚戀擇偶活動，隔水相招，女子要求一男子主動過河跟她來相會。朱熹《集傳》：「淫女語其所私者曰，子惠然而思我，則將褰裳而涉溱以從子。」朱熹以為是女子要主動過河去找男子，誤。這句歌詞是女子要求男子褰裳涉溱。

〔3〕子不我思：「子不思我」的倒裝句，即「你不思念我」。

〔4〕豈無他人：難道我就沒有別人可找了？豈，何，難道。

〔5〕狂童之狂也且：你這個狂童也太狂了吧！狂童，在婚戀場合姿態高傲、行為狂放的小青年。狂，又作「狌」，本義為狂犬病。《說文》：「狌，猗犬也。从犬，㞷聲。忹，古文从心。」「猗，狌犬也。从犬，折聲。」猗，狂犬。猗、瘈為異體字。瘈，犬瘋狂病。《左傳·哀公十二年》：「國狗之瘈，無不噬也。」狂，借指人的精神狂躁不安之症；又借指人的狂妄無忌、狂放頑劣行為。《毛傳》：「狂行，童昏所化也。」童昏，童稚無知。化，造成。《孔疏》：「狂童，謂狂頑之童稚。」《廣韻·陽韻》：「狂，病也。《韓子》曰：『心不能審得失之地，則謂之狂也。』」童，通僮。參見《衛風·芄蘭》注〔2〕。段玉裁《毛詩故訓傳定本》傳文注：「童，依《說文》當作僮。僮，未冠也。」「狂童」與「狡童」詞義相當。朱熹《集傳》：「狂童，猶狂且、狡童也。」也且，即也

哉，句末複合語助詞，表示感歎語氣。且，通哉。參見《邶風‧北風》注〔6〕。
這句歌詞是女子在婚戀場合對男子的俏罵之語。

〔6〕洧：古水名，鄭國境內主要的河流之一。《毛傳》：「洧，水名也。」洧水發源
於河南登封馬嶺山，東流經古鄶城南，溱水匯入，又流經新鄭城南，轉向東南
入潁水。

〔7〕他士：他人。《鄭箋》：「他士，猶他人也。」士，末等貴族男子。此是對未婚
男子的稱呼。

【詩旨說解】

《褰裳》是婚戀情歌歌詞。一個女子先在溱水邊尋偶，繼而又到洧水邊
尋偶。她每到一處，就唱一段情歌，邀請男子主動過河跟她相會。對岸的男
子若願意過河跟她相會，就會唱一支表示願意過河相會的歌作答；若不願意
與她相會，則唱一支表示不願意過河相會的歌作答。例如，《邶風‧匏有枯葉》
「人涉卬否，卬須我友」，就是這類不願意相會的答歌。

在這首情歌中，女子稱男子為「狂童」，這並非罵詈之詞，而是戲謔之語。
使用挑逗性的語言唱情歌求偶，是一種婚戀技巧。女子用俏罵性的求偶語言
招引男子，讓男子主動過河來跟她談情說愛。

這篇歌詞蓋產生於春秋中葉之前。晉國的正卿韓起（韓宣子）到鄭國訪
問，鄭國的六卿在鄭國的城郊為他開了一個送別宴會。在宴會上，韓宣子以
瞭解鄭國人的外交立場為由，要求鄭國前來為他送行的六卿每人賦詩各言其
志。子產、游吉分別引用鄭國現成的詩章《羔裘》和《褰裳》表達了鄭國的外
交立場。子產，即子彥，名公孫僑，字子美，鄭國的正卿。子大叔，名游吉，
當時擔任鄭國的副卿。《左傳‧昭公十六年》：「夏四月，鄭六卿餞宣子於郊。
宣子曰：『二三君子請皆賦，起亦以知鄭志。』子齹賦《野有蔓草》……子產
賦鄭之《羔裘》……子大叔賦《褰裳》……子游賦《風雨》，子旗賦《有女同
車》，子柳賦《蘀兮》。」子產在跟晉國的使臣叔向（羊舌肸）會談時，引用了
《褰裳》中的句子來表達鄭國的外交立場，且意外地收到了防止晉人攻打鄭
國的效果。《呂氏春秋‧慎行論‧求人》：「晉人慾攻鄭，令叔向聘焉，視其有
人與無人。子產為之《詩》曰：『子惠思我，褰裳涉溱。子不思我，豈無他士？』
叔向歸曰：『鄭有人。子產在焉，不可攻也。秦、荊近，其《詩》有異心，不
可攻也。』晉人乃輟攻鄭。」從以上材料可以看出，晉國人韓起、叔向也十分

熟悉《褰裳》這篇詩文。這說明，在子產執政時，《褰裳》已編入鄭國的詩冊，且已傳播到晉國去了。

丰

子之丰兮〔1〕，俟我乎巷兮〔2〕。
悔予不送兮〔3〕！

子之昌兮〔4〕，俟我乎堂兮〔5〕。
悔予不將兮〔6〕！

衣錦褧衣〔7〕，裳錦褧裳〔8〕。
叔兮伯兮〔9〕，駕，予與行〔10〕！

裳錦褧裳，衣錦褧衣。
叔兮伯兮，駕，予與歸〔11〕！

【注釋】

〔1〕子之丰兮：他的模樣長得真帥呀。子，他。這是歌者稱呼她的戀愛對象。丰，甲骨文字象在土上植樹木之形，為「封」字之初文。徐中舒《甲骨文字典》：「豐象封土成堆，植木其上之形，為封之初文。」通豐。丰，滂母東部；豐，滂母冬部。東、冬旁轉。豐，從豆，丰聲，本義為豆中的禮品充實豐滿。引申為豐滿充實之義。《說文》：「豐，豆之豐滿者也。」此歌詞中「丰」指人的身軀充實豐滿，高大健壯。《毛傳》：「丰，豐滿也。」《鄭箋》：「面貌丰丰然豐滿。」丰與豐有別。毛、鄭讀「丰」為「豐」。一說，豐通姅。《說文》「丰」字《段注》：「《鄭風》：『子之丰兮。』毛曰：『丰，豐滿也。』鄭曰：『面貌丰丰然豐滿。』《方言》好或謂之『姅』。姅即丰字也。」《方言》第一：「秦晉之間凡好而輕者謂之娥；自關而東河濟之間謂之媌，或謂之姣；趙魏燕代之間曰姝，或曰姅。」王先謙《集疏》：「愚按：《釋文》：『丰，《方言》作姅。』」考郭璞《方言》注『姅，言姅容也』，《說文》『丰』下云『丰，草盛丰丰也。從生，上下達也』，《玉篇》『姅，容好貌』，是丰乃古文借字。」將「子之丰兮，……子之昌兮」與《齊風·還》「子之茂兮，……子之昌兮」作對比，可知「茂」「丰」「昌」義近，皆是形容男子高大豐滿之詞。

〔2〕俟我乎巷兮：他在大門外等候我。俟，通竢，等候，等待。參見《邶風·靜女》注〔2〕。我，歌者的自稱。乎，通于。乎、于皆匣母魚部字。巷，街道、胡同

的通稱。參見《叔于田》注〔2〕。《毛傳》:「巷,門外也。」春秋時風俗,男子約女子私奔,一般要到女方的居住地與女子約見三次,然後一起私奔。參見《將仲子》的說解。

〔3〕悔予不送兮:我真後悔,他離開時我沒有送別他。悔,後悔。予,我。不送,沒有送別。《鄭箋》:「悔乎我不送是子而去也。」

〔4〕昌:從曰(與從口同義),昌省聲,眾人唱歌之義。清俞樾《兒笘錄》:「昌者,唱之古文也。」昌,依林義光《文源》,從二日,本義為日光一連多天強盛不衰。引申為盛多、盛壯之義。《說文》:「昌,一曰日光也。」《廣雅·釋言》:「昌,光也。」此「昌」字蓋即「昌」字之訛。古字中本有「昌」字,因其與「昌」字形近,遂為「昌」字所代替。此歌詞的「昌」實為「昌」之借字。《毛傳》:「昌,盛壯貌。」《廣雅·釋詁》:「昌,盛也。」《齊風·還》:「子之昌兮。」《齊風·猗嗟》:「猗嗟昌兮,頎而長兮!抑若揚兮,美目揚兮!」

〔5〕堂:正房。《說文》:「堂,殿也。从土,尚聲。坣,古文堂。臺,籀文堂從高省。」在上古的四合院中,正房坐北朝南,前堂後室,堂向院中敞開,正房地基高於院內兩側的廂房。《論語·先進》:「由也,升堂矣,未入於室也。」皇侃《論語義疏》:「窗、戶之外曰堂,窗、戶之內曰室。」《禮記·檀弓》:「吾見封之若堂者矣。」鄭玄《注》:「堂形四方而高。」這句歌詞說,男子來到女方院落的正堂前等候女子出來相見,再一次約女子私奔。

〔6〕悔予不將兮:真後悔沒有與他攜手一起私奔。將,通牂。牂,本義為牽手、攜扶。引申為帶領、護送之義。參見《周南·樛木》注〔6〕。此歌詞的「將」字是男女攜手同行私奔之義。《毛傳》:「將,行也。」

〔7〕衣錦褧衣:穿上錦衣,在外面罩上細紗衣。衣,動詞,穿衣。錦褧衣,錦衣和褧衣的合稱。錦衣穿在裏邊,褧衣穿在外邊。褧衣由單股薄紗製成,行路時罩在錦衣外面以蔽塵。錦褧衣是貴族女子的婚嫁衣。褧,通絅。《齊詩》《魯詩》作「絅」。參見《衛風·碩人》注〔2〕。

〔8〕裳錦褧裳:再穿上錦裳,在外面罩上薄絲裳。裳,動詞,穿下衣。錦褧裳,錦裳和褧裳的合稱。錦裳穿在裏邊,褧裳穿在外邊。《毛傳》:「衣錦褧裳,嫁者之服。」《鄭箋》:「褧,禪也,蓋以禪縠為之中衣。裳用錦,而上加禪縠焉,為其文之大著也。」

〔9〕叔兮伯兮：小弟弟呀大哥哥呀。叔，弟。伯，哥。這是唱情歌的女子對婚戀集
　　會現場的男子們的稱呼。《邶風·旄丘》：「叔兮伯兮，褎如充耳。」《鄭風·蘀
　　兮》：「叔兮伯兮，倡！予和女！」

〔10〕駕，予與行：有誰願意迎娶我，就套上車馬來迎親，我願與他一路同行。駕，
　　本義是將車轅上的軛和鞁具加在馬身上，即套車。予與行，我隨他一起上路。
　　予，我。與行，隨同迎親隊伍一起出發。

〔11〕與歸：隨同前來迎親的隊伍出嫁。與，和，隨同。歸，出嫁。

【詩旨說解】

　　《丰》是一個女子所唱的婚戀求偶歌歌詞。

　　第一章、二章所陳述的是已經發生的事情：男子約女子私奔，第一次走
到女方住所的大門外等候，女子沒有送別他。男子怕日久生變，簡化了私奔
的程序，第二次就貿然走到女方的堂下約女子一起私奔，女子沒有答應。於
是，男子的私奔計劃破產了。或者，這是女子故意編出來的故事情節，她要
以此向婚戀集會現場的男子表明，她不願意以私奔的方式成婚。

　　第三章、四章所陳述的是尚未發生的事情：女子向婚戀集會現場的男子
表示，她願意身穿錦衣，乘坐馬車正式出嫁。

　　乍看起來，《丰》所述的前後兩個事件並無關聯。仔細推敲，這兩個事件
之間有內在的聯繫。女子說，某男子曾到女子家中約請女子私奔，女子未同
意與其私奔。不管她所說的事是真實的還是虛擬的，總之，她是用《丰》前兩
章這些說辭來表明自己不願意以私奔的方式結婚。接下來，女子說她希望婚
戀集會現場的「叔」「伯」中有人願意趕著馬車迎娶她。這顯然是在向婚戀集
會現場的男子表明，她只願意以明媒正娶的方式結婚。

　　此歌詞第一、二章的語言形式及其所反映的私奔成婚的風俗，與《齊風·
著》相似。明戴君恩原本、晚清陳繼揆補輯的《讀風臆補》說：「《丰》章三句
三『兮』字，《著》三章三『乎而』；《丰》兩『俟我』，《著》三『俟我』。章法
句法調法無不相同。國非一國，時非一時，人非一人，不圖天壤間乃有此等
印板文章，真奇事也。」《齊風·著》《鄭風·丰》中皆有「俟我于堂」的說法，
其章法、句法也極相似。

　　《丰》這首婚戀情歌歌詞表明，鄭國的社會正在從自由婚姻階段向媒妁
婚姻階段轉變。《詩經》中反映此類問題的詩篇還有《將仲子》《周南·汝墳》
《豳風·伐柯》。可參閱。

東門之墠

東門之墠〔1〕，茹藘在阪〔2〕。
其室則邇〔3〕，其人甚遠〔4〕！

東門之栗〔5〕，有踐家室〔6〕。
豈不爾思〔7〕？子不我即〔8〕！

【注釋】

〔1〕東門之墠：我正在東門外一個平坦的場地上站立著。東門，鄭國國都的東郭門。鄭國的東郭門外有平地和土丘。仲春集會一般都在郊野的山丘、河流旁進行。《鄭風‧出其東門》：「出其東門，有女如雲。……出其闉闍，有女如荼。」《鄭風‧溱洧》：「溱與洧，方渙渙兮。士與女，方秉蕑兮。」「溱與洧，瀏其清兮。士與女，殷其盈兮。」一說，「東門」指東城門。《毛傳》：「東門，城東門也。」《孔疏》：「『出其東門，有女如雲』，是國門之外見女也。『東門之池，可以漚麻』，是國門之外有池也。則知諸言東門，皆為城門，故云『東門，城東門也』。」其說蓋誤。墠，野外經人工整平的比平地略高的土地。墠通坦。墠，禪母元部；坦，透母元部。禪、透準旁紐。《韓說》：「墠，猶坦也。」坦，地平坦。《易‧履卦》：「履道坦坦。」《廣雅‧釋訓》：「坦坦，平也。」《玉篇‧土部》：「坦，寬貌。」天子、諸侯祭神時，在郊外平整出一塊土地，作為祭神之所。《毛傳》：「墠，除地町町者。」町，通圢，地平。町、圢皆透母耕部字。《玉篇‧土部》：「圢，平也。」《廣韻‧銑韻》：「圢，坦也。」墠又通壇。壇，定母元部。禪、定準旁紐。段玉裁《毛詩故訓傳定本》校訂經、傳皆作「壇」。《周禮‧夏官‧大司馬》：「暴內陵外則壇之。」鄭玄《注》：「壇讀如『同墠』之墠。《王霸記》曰：『置之空墠之地。』鄭司農曰：『壇，讀從「憚之以威」之憚，書亦或為墠。』」孔穎達《毛詩正義》云：「遍檢諸本，字皆作壇，《左傳》亦作壇。其《禮記》《尚書》言壇、墠者，皆封土者謂之壇，除地者謂之墠。壇、墠字異，而作此壇字，讀音曰墠，蓋古字得通用也。今定本作墠。」《釋文》：「『東門之壇』，音善，除地町町者也。依字當作墠。」陸德明所見《毛詩》作「壇」，並認為「壇」非《毛詩》正字，正字當作「墠」。墠與壇不同，壇高而墠低。《禮記‧祭法》：「一壇一墠。」鄭玄《注》：「封土曰壇，除地曰墠。」「封土」謂人工層層夯築。「除地」謂除草平整土地。《尚書‧周書‧金縢》：「為三壇同墠。」孔安國《傳》：「因太王、王季、文王請命於天，故為三

壇。壇，築土；墠，除地。大除地，於中為三壇。」鄭國都城的東郭門外有一塊人工整平的空曠之地。這裡本是鄭國諸侯在東郊迎春開耕、頒布農命的地方，也是鄭國男女青年人舉行婚戀集會的一個場所。

〔2〕茹藘在阪：而你卻站在遠處的山坡上。茹藘，茜草。《毛傳》：「茹藘，茅搜也。」《鄭箋》：「城東門之外有墠，墠邊有阪，茅搜生焉。」茅搜，茜草的別名，又名「地血」，可製成絳色染料。未婚女子的佩巾有用茜草製的顏料染成絳紅色的，故「茹藘」又代指女子絳紅色的佩巾。《鄭風·出其東門》：「縞衣綦巾，聊樂我員。……縞衣茹藘，聊可與娛。」「綦巾」與「茹藘」對文，「綦巾」是青色的佩巾，「茹藘」是絳紅色的佩巾。此歌詞的「縞衣茹藘」「縞衣綦巾」，皆代指婚戀集會上未婚求偶的女子。阪，通坡、陂，山坡。阪，並母元部；坡，滂母歌部；陂，幫母歌部。并、滂、幫旁紐，元、歌對轉。《爾雅·釋地》：「陂者曰阪。」《說文》：「阪，坡者曰阪。」「坡，阪也。」「陂，阪也。」《秦風·車鄰》：「阪有漆。」《毛傳》：「陂者曰阪。」《戰國策·楚策四·汗明見春申君》：「中阪遷延。」鮑彪《注》：「阪，坡也。」《漢書·蒯通傳》：「必相率而降，猶如阪上走丸也。」春秋時期鄭國都城的東邊是山丘地帶，有坡。「茹藘在阪」是說佩帶絳紅色佩巾的女子站在山坡上，而不是說「山坡上長滿了茜草」。這是情歌的一種巧言說法。

〔3〕其室則邇：你的家雖然很近。其，你。指女子。室，家。則，通即，雖。參見《周南·汝墳》注〔10〕、《召南·草蟲》注〔7〕。邇，近。《毛傳》：「邇，近也。」《爾雅·釋詁》：「邇，近也。」《說文》同上。唱情歌的男子與他所要追求的女子本是熟人，故知女子的家之所在。

〔4〕其人甚遠：但是你這個人卻離我太遠了！其人，你這個人。甚遠，距離很遠。甚，副詞，很。劉淇《助字辨略》卷三「甚」字下：「甚，猶極也。」

〔5〕東門之栗：東門外的道路旁生長著茂盛的栗子樹。之，有。參見《邶風·式微》注〔3〕。栗，栗樹。周代道路、院落旁常種些栗樹。栗子用作贄禮及零食，凶年可以救荒。《毛傳》：「栗，行上栗也。」《孔疏》：「栗，表道樹也。」《左傳·襄公九年》：「冬十月，諸侯伐鄭。庚午，季武子、齊崔杼、宋皇郎從荀罃、士匄，門于鄟門。衛北宮括、曹人、邾人從荀偃、韓起，門于師之梁。滕人、薛人從欒黶、士魴，門于北門。杞人、郳人從趙武、魏絳，斬行栗。」《鄘風·定之方中》：「樹之榛栗。」女子以道路旁邊茂盛的栗樹襯托她的家室，言其家室美善。

〔6〕有踐家室：我在東門附近有一個溫馨安寧的家室。有踐，即有靖、靖靖。踐通靖。踐，從母元部；靖，從母耕部。元、耕旁通轉。靖，善、好之義。踐又通善。善，禪母元部。從、禪鄰紐。《韓詩》作「有靖家室」。《韓說》：「靖，善也。言東門之外，栗樹之下，有善人可與成為家室也。」踐又通淨。淨，從母耕部。淨，又作「瀞」，今作「淨」，清潔乾淨之義。《廣韻·勁韻》：「淨，無垢也。」《說文》：「瀞，無垢穢也。从水，靜聲。」《國語·周語·定王論不用全烝之故》：「淨其巾冪。」韋昭《注》：「淨，潔也。」《墨子·節葬下》：「是粢盛酒醴不淨潔也。」參見《豳風·伐柯》注〔8〕。說家室清潔整飭亦可。一說，「踐」通淺。《毛傳》：「踐，淺也。」《孔疏》：「有淺陋家室。」若按孔氏所說，則「有踐家室」是自謙之詞。家室，即家，包括住房和院落。家，人所定居的房屋和院落。《說文》：「家，居也。从宀，豭省聲。」家、豭、居皆見母魚部字。室，與「家」字同義。《說文》：「室，實也。」《段注》：「古者前堂後室。《釋名》曰：『室，實也。人物實滿其中也。』引申之則凡所居皆曰室。《釋宮》曰：『宮謂之室，室謂之宮。』是也。」女子說她的家是一個上等的好人家。這是自誇之辭。

〔7〕豈不爾思：我難道不想與你戀愛？豈不，怎不。爾思，即「思爾」，賓詞前置。

〔8〕子不我即：是你不主動到我這邊來。子，你。這是女子敬稱男子。我即，即「即我」。即，本義是靠近食物。引申為靠近、到某一位置上去之義。《毛傳》：「即，就也。」就，靠近，趨向，到某位置上去。《說文》：「即，即食也。」《廣韻·宥韻》：「就，即也。」《禮記·曲禮上》：「主人就東階，客就西階。」「將即席。」《衛風·氓》：「匪來貿絲，來即我謀。」

【詩旨說解】

　　《東門之墠》是婚戀情歌歌詞。

　　第一章，男詞：「我站在東門外這塊平坦的場地上，你這個帶絳色佩巾的姑娘卻站在遠處的山坡上。我知道你的家離這裡很近，可是你卻離我太遠了！」小夥子本來與在山坡上的這個女子熟識，因女子沒有主動前來搭訕他，所以男子說「其人則遠」。

　　第二章，女詞：「東門外的道路旁長著一些栗樹，那附近有我可愛的家室。哪裏是我不想與你談情說愛？是你不主動到我這裡來！」原來，這個女子正在等待那個男子主動地跟她搭訕。

　　男女雙方通過一唱一答，就接通了談情說愛的信號。下一步就該是男子主動與女子相會，二人攜手上山坡去了。

　　這篇歌詞反映了春秋時期鄭國青年男女婚戀活動時對歌的情形。

　　程俊英《詩經譯注》題解說：「這是一篇男女相唱和的民間戀歌。詩共兩章，上章男唱，下章女唱。這是民間對歌的一種形式。」他的這一說法是正確的。

風雨

　　　風雨淒淒〔1〕，雞鳴喈喈〔2〕。
　　　既見君子〔3〕，云胡不夷〔4〕？

　　　風雨瀟瀟〔5〕，雞鳴膠膠〔6〕。
　　　既見君子，云胡不瘳〔7〕？

　　　風雨如晦〔8〕，雞鳴不已〔9〕。
　　　既見君子，云胡不喜〔10〕？

【注釋】

〔1〕風雨淒淒：在秋天颳風下雨的日子裏。淒淒，風吹密雨撲打牆屋和地面之聲。淒，三家《詩》作「湝」。淒通湝。淒，清母脂部；湝，見母脂部。清、見通轉。《說文》：「湝，水流湝湝也。从水，皆聲……《詩》曰：『風雨湝湝。』」此歌詞中「淒淒」「瀟瀟」對應成文，皆是象聲詞，形容風雨聲。

〔2〕雞鳴喈喈：到處可聽到母雞的鳴叫聲。喈喈，即「咯咯」之聲，母雞的鳴叫聲。

〔3〕既見君子：已經見到了自己的意中人。君子，貴族男子。這是歌者稱她所喜歡的一個男子。

〔4〕云胡不夷：我心裏怎能不高興呢？云，通曰，語助詞。胡，通何，怎能。《毛傳》：「胡，何。」夷，通恞，喜悅。參見《召南·草蟲》注〔14〕。《魯說》：「夷，喜也。」《毛傳》：「夷，說（悅）也。」《鄭箋》：「思而見之，云何而心不說（悅）？」

〔5〕瀟瀟：同肅肅，風雨急驟之聲，猶今言「嗖嗖」「唰唰」。瀟通肅。瀟，心母幽部；肅，心母覺部。幽、覺對轉。《後漢書·列女傳·董祀妻》載蔡文姬《悲憤詩》：「處所多霜雪，胡風春夏起。翩翩吹我衣，肅肅入我耳。」一說，「瀟瀟」是風雨暴疾的樣子。《毛傳》：「瀟瀟，暴疾也。」

〔6〕膠膠：即嘐嘐，公雞的鳴叫聲。膠通嘐。膠、嘐皆見母幽部字。三家《詩》作
　　　「嘐」。《玉篇・口部》：「嘐，雞鳴也。」《毛傳》：「膠膠，猶喈喈也。」公雞、
　　　母雞的鳴叫聲不同，毛亨不加區分，統謂雞鳴聲，失於粗糙。

〔7〕瘳：病痊癒。《毛傳》：「瘳，愈也。」《說文》：「瘳，疾瘉也。从疒，翏聲。」
　　　徐鍇《繫傳》：「臣鍇曰：忽愈，若抽去之也。」瘉、癒，異體字；愈，借字。
　　　愈，同愉。此句歌詞中「瘳」指心理病症的痊癒。女子說，她一直等待她的意
　　　中人，等得像患了病似的，心裏很苦，現在他們相見了，心病也豁然而愈。

〔8〕風雨如晦：颶風又下雨，天色變得昏暗。風雨，既風且雨。如，通而。參見《邶
　　　風・柏舟》注〔4〕。晦，天色昏暗。月盡稱「晦」。《說文》：「晦，月盡也。」
　　　月盡之日，天色暗。白天天色幽暗亦稱「晦」。《爾雅・釋天》：「霧謂之晦。」
　　　《楚辭・九歌・山鬼》：「雲容容兮而在下，杳冥冥兮羌晝晦。」王逸《注》：
　　　「晦，暗也。」晦通昏。晦，曉母之部；昏，曉母文部。之、文通轉。《毛傳》：
　　　「晦，昏也。」《說文》：「昏，日冥也。」《公羊傳・僖公十五年》：「晦者何？
　　　冥也。」《穀梁傳・僖公十五年》：「晦，冥也。」《楚辭・九章・涉江》：「下幽
　　　晦以多雨。」《漢書・高帝紀》：「是時雷電晦冥。」

〔9〕不已：不停止。《鄭箋》：「已，止也。」

〔10〕喜，喜悅。《小雅・菁菁者莪》：「既見君子，我心則喜。」此歌詞中「夷」「喜」
　　　同義，屬於巧言說法。

【詩旨說解】

　　《風雨》是一個獨居女子所唱的房中歌的歌詞。此歌詞三章，意思相同。
在一個既風且雨的天氣裏，一個女子正在房中等待她的情人。情人的到來，
使她頓釋愁懷。她心裏十分高興，即興為男友編唱了一支歌來表達她喜悅的
心情。

　　「風雨淒淒，雞鳴喈喈」這句歌詞比較費解。在大風雨的天氣裏，怎麼
還會有雞在鳴叫呢？原來，「風雨淒淒，雞鳴喈喈」是以雞事比人事，意思是
說，在風雨天氣裏，已經有很多人像公雞找母雞那樣相會了。「喈喈」「膠膠」
並非風雨天氣裏的雞鳴聲，而是平時公雞跟母雞交配的鳴叫聲。雞的鳴叫聲
與惡劣的風雨天氣無關。這些歌詞語言粗俗，但真切地表達了女主人公見到
情人後那種喜悅的心情。

　　在風雨天不勞作時，男子到女情人的家中相會，是春秋時期的通例。《邶
風・終風》：「終風且暴，顧我則笑。……終風且霾，惠然肯來？」《終風》所

反映的一男一女在大風陰霾天氣裏相會之事，與此歌詞所反映的情況類似。此等男女相會之事，是對偶婚風俗的孑遺。

　　朱熹《集傳》說，《風雨》是「淫奔之女言當此之時見其所期之人而心悅之也」。這一評說令人生疑。周代人一定要在有風雨的壞天氣裏私奔嗎？《鄭風‧將仲子》《鄭風‧丰》《齊風‧著》都是反映青年男女私奔情況的婚戀情歌，從中卻看不出婚戀者在風雨天氣裏私奔的蛛絲馬蹟。

　　朱守亮《詩經評釋》題解：「此風雨雞鳴之夜，喜見久別之夫平安歸來之詩。」朱先生以「雞鳴」為夜中雞鳴，以歌中的「君子」為久別之夫。

子衿

青青子衿〔1〕，悠悠我心〔2〕。
縱我不往〔3〕，子寧不嗣音〔4〕？

青青子佩〔5〕，悠悠我思〔6〕。
縱我不往，子寧不來〔7〕？

挑兮達兮〔8〕，在城闕兮〔9〕。
一日不見，如三月兮〔10〕！

【注釋】

〔1〕青青子衿：那個腰間繫有青絲玉佩繩的小夥子。青青，青綠的顏色。參見《衛風‧淇奧》注〔9〕。子，男子。衿，又作「襟」，古代衣服的交領。《方言》第四：「衿謂之交。」郭璞《注》：「衣交領也。」衿通紟、裣。衿、裣，見母侵部；紟，群母侵部。見、群旁紐。《魯詩》作「裣」。李富孫《詩經異文釋》卷四「青青子衿」下：「《漢石經》作『子裣』。」紟，同「縍」，本義為衣服上的繫繩。《說文》：「紟，衣系也。从糸，金聲。縍，籀文从金。」《段注》：「凡結帶皆曰紟。」此歌詞中的「衿」字指佩玉的繫繩。佩玉的繫繩稱為「佩衿」，又稱為「組綬」「緩」「裎」。《爾雅‧釋器》：「佩衿謂之緩。」郭璞《注》：「佩玉之帶上屬。」《方言》第四：「佩紟謂之裎。」周祖謨《方言校箋》：「所以繫玉佩帶也，音禁。」《釋文》引《埤蒼》：「緩謂之佩絞。」聞一多《詩經通義‧乙》：「佩衿謂之緩，一謂之絞，一謂之裎（字或作『綎』），又謂之綬。」《禮記‧玉藻》：「天子佩白玉而玄組綬，公侯佩山玄玉而朱組綬，大夫佩水蒼玉而純組綬，世子佩瑜玉而綦組綬，士佩瓀玟而縕組綬。」鄭玄《注》：「綬者，所

以貫佩玉相承受者也。」純，白色；玄，黑色；朱，紅色；蒼，青色；綦，灰
白色；縕，赤黃色。諸侯的謫長子稱為「世子」。世子的組綬一般是青色的。
周代貴族佩玉的繫帶未必嚴格劃一，士也可能用青組綬。歌者以男士所佩的青
組綬代指其人。一說，「青青」是衣服衿邊的顏色。《毛傳》：「青衿，青領也。
學子之所服。」朱熹《集傳》：「青青，純緣之色。」純緣，衣服的緣邊。

〔2〕悠悠我心：同「我心悠悠」，我在深深地思念著你。悠，思。悠悠，思而又思。
　　　我，歌者的自稱。心，心臟。古人以心臟為思維器官，故「心」有思義。《孟
　　　子‧告子上》：「心之官則思。」

〔3〕縱我不往：就是我不走過去找你。縱，縱然，雖然。《正字通‧未集‧糸部》：
　　　「縱，雖也。」裴學海《古書虛字集釋》卷八：「縱，雖也。《詩‧青衿》篇：
　　　『縱我不往，子寧不來？』」《論語‧子罕》：「且予縱不得大葬，予死於道路
　　　乎？」《左傳‧莊公十四年》：「吾一婦人而事二夫，縱弗能死，其又奚言？」
　　　不往，不走過去。

〔4〕子寧不嗣音：你難道也不唱個歌回答我？子，你。寧，難道。嗣音，即貽音、
　　　遺音、予音，用歌聲傳遞信息。嗣，通貽、詒、遺。嗣，邪母之部；貽、詒，
　　　喻母之部；遺，喻母微部。邪、喻鄰紐，之、微通轉。貽、詒又通予。予，喻
　　　母魚部。魚、之旁轉。《韓詩》《魯詩》作「詒」。《魯說》：「詒，遺也，詒我德
　　　音也。」馬瑞辰《通釋》：「詒、嗣古通用。《虞書》：『舜讓於德不嗣。』《史記
　　　集解》引《今文尚書》作『不臺』，是其證矣。」音，本義為樂器發出來的聲
　　　音。泛指聲音。又指歌聲。音，與「言」字同源。甲骨、金文「言」字的上部
　　　像一支有吹口的樂器，蓋是聲符，下部為「口」，表示人用口腔說話，發出語
　　　聲；「音」字的上部與「言」字同，下部的「口」字中有一小橫劃，指吹樂器
　　　的氣流。《說文》：「音，聲生於心，有節於外，謂之音。宮、商、角、徵、羽，
　　　聲也；絲、竹、金、石、匏、土、革、木，音也。」《禮記‧樂記》：「凡音者，
　　　生人心者也。情動於中，故形於聲。聲成文，謂之音。」《毛詩》序：「情發于
　　　聲，聲成文謂之音。」嗣音，即貽音、遺音，答歌。春秋時期青年人在野外婚
　　　戀，總是以歌聲相問答。

〔5〕青青子佩：那個腰間繫著青色的佩玉綬繩的小夥子。佩，腰間的佩飾。《毛
　　　傳》：「佩，佩玉也。士佩瓀珉而青組綬。」《孔疏》：「禮不佩青玉。而云『青
　　　青子佩』者，佩玉以組綬帶之。士佩瓀珉而青組綬，故云『青青』謂組綬也。
　　　按，《玉藻》：『士佩瓀玟而縕組綬。』此云『青組綬』者，蓋毛讀《禮記》作

『青』字。其本與鄭異也。」孔穎達說，毛享所見《禮記》與鄭玄所注《禮記》的版本不同。孔穎達以毛說為是。「青青子佩」與「青青子衿」意思相同，皆代指繫青絲玉佩繩的男子。此句以物代人，與《鄭風．出其東門》「縞衣綦巾」同例。

〔6〕悠悠我思：我在深深地思念著你。思，思念。與上文「心」同義。

〔7〕子寧不來：你難道就不會主動過來與我相見？來，過來。

〔8〕挑兮達兮：即跳躂，往來跳躍走動的樣子。挑，通跳，躍起。挑、跳皆透母宵部字。達，通躂，來回踏步。達，定母月部；躂，透母月部。定、透旁紐。達又通蹋。蹋，透母盍部。月、盍通轉。蹋，俗作「踏」，腳著地。「挑」謂腳騰空，「達」謂腳著地。腳交替不斷地騰空著地，謂之「挑達」。《毛傳》：「挑達，往來相見貌。」「挑達」是固定詞組，因為是歌唱，將「挑達」拆分開了。古代唱歌，句中間加「兮」字的例子很多。《邶風．綠衣》：「綠兮衣兮。」《邶風．簡兮》：「簡兮簡兮。」《鄘風．君子偕老》：「玼兮玼兮。」《衛風．淇奧》：「瑟兮僩兮。」《衛風．芄蘭》：「容兮遂兮。」《衛風．伯兮》：「伯兮朅兮。」《鄭風．蘀兮》：「蘀兮蘀兮。」

〔9〕在城闕兮：在城牆的下面。城闕，城牆。闕，本義為城門兩旁的樓觀。闕通桀，謂高聳的建築物。闕，溪母月部；桀，群母月部。溪、群旁紐。城門兩旁樓觀桀桀高聳，故稱為「闕」。此歌詞以「城闕」代指城牆。男女約會一般都是在城牆之下，而非城牆之上。《邶風．靜女》：「靜女其姝，俟我於城隅。」城隅才是青年男女婚戀幽會的場所。一說，「在城闕」是城牆之上。《毛傳》：「乘城而見闕。」

〔10〕如三月：像過了三個月一樣。如，像。《王風．采葛》：「彼采葛兮，一日不見，如三月兮！」

【詩旨說解】

《子衿》是青年男女兩人在城牆下約會時對歌的歌詞。

第一章、第二章是女詞。在一次婚戀集會上，一個女子邂逅了一個腰間用青紟繫著玉佩的貴族小夥子。男子或將自己的玉佩贈給了這個女子，約定了再一次相見的日期。於是，這個女子便記住了男子腰間有青色玉佩繫繩的特徵，並約定再次相會時男子仍佩此青色玉佩繫繩。過了一些時日，女子如約來到城牆下相會，未看見小夥子按時到來，猜測是小夥子故意躲藏起來了，於是就編唱了兩段情歌，用歌聲呼喚他出來相見。

第三章是男子的答歌。小夥子聽到了女子呼喚的歌聲之後，便立即出來唱歌作答。他用歌聲告訴這位姑娘說：「我已在城牆下徘徊等待好久了，我想你想得很厲害呀！」為了使戀愛獲得成功，小夥子運用了「欲揚故抑」的婚戀技巧，在與姑娘相見之前，故意躲藏了一會兒。當他聽到女子呼喚他的歌聲之後，便立即出來用「一日不見，如三月兮」這樣頂級的情歌語言作答，以期打動這個女子的芳心。

這篇歌詞與《邶風·靜女》有異曲同工之妙。所不同的是，《靜女》中「愛而不見」的是一位姑娘，此歌詞中「愛而不見」的是一個小夥子。他們躲藏的目的是一樣的，都是為了給自己的婚戀對象一個驚喜。

揚之水

揚之水〔1〕，不流束楚〔2〕。
終鮮兄弟〔3〕，維予與女〔4〕。
無信人之言〔5〕，人實迋女〔6〕！

揚之水，不流束薪〔7〕。
終鮮兄弟，維予二人〔8〕。
無信人之言，人實不信〔9〕！

【注釋】

〔1〕揚之水：激蕩的流水。揚，激蕩。揚通蕩、盪。參見《王風·君子陽陽》注〔1〕、《陳風·宛丘》注〔1〕。《毛傳》：「揚，激揚也。」毛說誤。

〔2〕不流束楚：沖不散一束草。不流，沖不走。束楚，一束草。楚，草之好者。上古風俗，青年男女在河流旁求偶，用「水占」的方式，將一束草拋入水中，看草束是否在水流的衝擊下會解散，以此來占卜婚戀求偶的成敗。春秋時期，這種植「水占」風俗大約已消歇了，但婚戀唱情歌還唱到它。參見《周南·漢廣》注〔9〕和〔10〕、《王風·揚之水》注〔2〕、《唐風·綢繆》注〔1〕。

〔3〕終鮮兄弟：我的家裏沒有親兄弟。終，既。鮮，通尟，少，缺少。參見《邶風·新臺》注〔4〕。《鄭箋》：「鮮，寡也。」此歌詞的「鮮」為沒有之義。兄弟，指親兄弟。《邶風·谷風》：「宴爾新昏，如兄如弟。」《唐風·杕杜》：「人無兄弟，胡不佽焉？」女性唱情歌，習慣用「兄弟」這種親情關係來比擬戀情關係。

〔4〕維予與女：只有我和你最親近。維，通唯、惟。維、唯皆喻母微部字。唯，獨，只有。《廣雅·釋詁》：「唯、特，獨也。」《玉篇·口部》《廣韻·脂部》：「唯，獨也。」王引之《經傳釋詞》卷三：「惟，獨也。常語也。或作唯、維。」《小雅·谷風》：「維予與女。」《易》：「唯君子為能通天下之志。」《尚書·虞書·舜典》：「惟明克允。」《莊子·德充符》：「唯松柏獨也在冬夏青青。」《孟子·梁惠王上》：「惟士為能。」予，我。女，通汝，你。

〔5〕無信人之言：不要相信別人的話。無，毋。人之言，其他男子求偶時說的話語。人，他人，別人。

〔6〕人實迂女：那些人都是在誑騙你！人，他人。指其他的男子。實，寔、是，正。迂，「往」字的本字。《說文》：「迂，往也。」《段注》：「毛曰：『迂，誑也。』《傳》意謂迂為誑之假借。」段玉裁《毛詩故訓傳定本》傳文注：「此謂假借。」迂通誑。迂，匣母陽部；誑，見母陽部。匣、見旁紐。誑，欺騙。《毛傳》：「迂，誑也。」《說文》：「誑，欺也。」女，你。在婚戀集會場合，男女之間交互搭訕，人人都會說些甜言蜜語來吸引異性。

〔7〕薪：草。此歌詞的「薪」「楚」皆指草。參見《周南·漢廣》注〔9〕。

〔8〕維予二人：只有我們兩人。此句與「維予與女」同義。

〔9〕人實不信：那些人確實不可以相信！人，指那些在婚戀場合的其他人。不信，不能相信、不可以相信。

【詩旨說解】

《揚之水》是一個女子在婚戀集會現場所唱求偶情歌的歌詞。

「揚之水，不流束楚」是周代婚戀集會場合慣用的情歌語言。它的意思是：激蕩的流水沖不散捆得結結實實的一把青草。言外之意是說，真心相愛的人婚姻不會解散。「終鮮兄弟，維予與女」也是周代婚戀集會場合慣用的情歌語言。它的意思是：我把你當作我的親兄弟，世上只有我和你最親近。「無信人之言，人實迂女」也是周代婚戀集會場合慣用的情歌語言。它的意思是：不要相信別人說的那些話，其實他們都是在騙你。這句唱詞很直白。

這首情歌，語言樸實，情緒熱烈，其風格與《唐風·采苓》類似。

出其東門

出其東門〔1〕，有女如雲〔2〕。

雖則如雲，匪我思存〔3〕！
縞衣綦巾〔4〕，聊樂我員〔5〕。

出其闉闍〔6〕，有女如荼〔7〕。
雖則如荼，匪我思且〔8〕！
縞衣茹藘〔9〕，聊可與娛〔10〕。

【注釋】

〔1〕出其東門：走出東郭門。東門，指鄭國外城的東門。參見《東門之墠》注〔1〕。

〔2〕有女如雲：有一群身穿白衣服的女子，遠遠地望去像天上的白雲一樣。女，指
　　在鄭國東門外進行婚戀活動的女子。如雲，像天上的白雲一般。此指眾多穿白
　　色衣服的女子。這是誇張性的說法。如，像。雲，天上的雲彩。此指白雲。參
　　加婚戀活動的女子多喜歡穿白色的衣服。下文的「縞衣」可證之。又，《曹風·
　　蜉蝣》：「麻衣如雪。」一說，「如雲」謂人眾多。《毛傳》：「如雲，眾多也。」
　　如雲，含有「眾多」義。《齊風·敝笱》：「齊子歸止，其從如雲。」《大雅·韓
　　奕》：「韓侯取妻。……諸娣從之，祁祁如雲。」

〔3〕匪我思存：但她們都不是我所關注的對象！匪，通非，不是。思，思念。存，
　　存在。指思緒專注於所欲追求的對象。《鄭箋》：「匪，非也。此如云者，皆非
　　我思所存也。」

〔4〕縞衣綦巾：那個身穿白衣腰繫青灰色佩巾的女子。縞衣，白色絲帛衣。縞，
　　未染色的細帛。《孔疏》：「《廣雅》云：『縞，細繒也。』《戰國策》云：『強弩
　　之餘，不能穿魯縞。』然則縞是薄繒，不染，故色白也。」《說文》「縞」字
　　《段注》引任大椿釋「繒」曰：「熟帛曰練，生帛曰縞。」《廣雅·釋器》：「縞，
　　練也。」此又一解。《小爾雅·廣服》：「繒之精者曰縞。」《廣韻·皓韻》：「縞，
　　素也。」《禮記·王制》：「縞衣而養老。」孔穎達《疏》：「縞，白色生絹，亦
　　名為素。」《禮記·曾子問》「縞總」孔穎達《疏》：「縞，白絹也。」縞通膏、
　　皓。縞、膏，見母宵部；皓，匣母幽部。見、匣旁紐，宵、幽旁轉。膏，動
　　物的油脂，白色。皓，白色義。要之，帛不論生熟，凡白色者皆謂之「縞」。
　　一說，「縞衣」是白色男服。《毛傳》：「縞衣，白色，男服也。」此說誤。馬
　　瑞辰《通釋》：「《毛傳》以縞衣為男服，於經義未協。縞衣，亦未嫁女所服
　　也。」綦巾，青灰色的佩巾。綦，又作「綥」，青灰色。《毛傳》：「綦巾，蒼
　　艾色，女服也。」《孔疏》：「蒼，亦青也。艾，謂青而微白，為艾草之色也。」

蒼，青。艾，艾草，葉青灰色。《說文》：「綼，帛蒼艾色。从糸，畀聲。《詩》：『縞衣綼巾。』未嫁女所服。」「縞衣綦巾」代指白衣青巾的女子。在眾多身穿全白色衣服的女子之中，一位身穿白色上衣且有青艾色佩巾的女子與眾不同。

〔5〕聊樂我員：才是使我內心感到快樂的那個人。聊，且。參見《邶風・泉水》注〔6〕。樂，快樂。此處為使動用法。員，甲骨文、金文從鼎從圓形口，表示圓義。員，通魂。員、魂皆匣母文部字。魂，靈魂。此指人的精神世界。《韓詩》作「魂」。《韓說》：「魂，神也。」《釋文》：「員，音云。本亦作『云』。《韓詩》作魂。魂，神也。」《呂氏春秋・孟秋紀・禁塞》：「費神傷魂。」高誘《注》：「魂，人之陽精也。陽精為魂，陰精為魄。」古人以兩分法看待人的精神，認為魂為陽氣所生，剛健而活躍，故謂之「陽精」。樂我魂，讓我的內心快樂。

〔6〕闍闍：古代城門外（或內）的半圓形曲城。《毛傳》：「闍，曲城也。闍，城臺也。」《鄭箋》：「闍，讀當如『彼都人士』之『都』，謂國外曲城之中市裏也。」《孔疏》：「《釋宮》云：『闍謂之臺。』是闍為臺也。出謂出城，則闍是城上之臺，謂當門臺也。闍既是城之門臺，則知闍是門外之城，即今之門外曲城是也。故云『闍，曲城』『闍，城臺』。」《說文》：「闍，闍闍，城曲重門也。从門，聖聲。《詩》曰：『出其闍闍。』」曲城、城曲一義，指城門處的甕城。一說，「闍闍」為城內重門。《韓說》：「城內重門也。」

〔7〕有女如荼：同「有女如雲」。荼，開毛絨般白花的茅草。《毛傳》：「荼，英荼也。」《鄭箋》：「荼，茅秀，物之輕者，飛行無常。」《孔疏》：「茅之秀者，其穗色白。」秋天已膨開的茅、葦等一些植物的白色英穗皆稱為「荼」。《夏小正》：「七月：灌荼。」原《注》：「荼，藋葦之秀。」《豳風・鴟鴞》：「予所捋荼。」《毛傳》：「荼，萑苕也。」《國語・吳語・吳欲與晉戰得為盟主》：「萬人以為方陣，皆白裳、白旗、素甲、白羽之矰，望之如荼。」此句歌詞說，穿白色衣服的女子像遍地荼花一樣多。

〔8〕思且：思戀之所在。且，與者、渚、佇、著、處同為魚部字，有駐留義。聞一多《詩經通義・乙》：「且讀為者，猶趙趄謂之躊躇。」《齊風・著》：「俟我於著乎而。」《毛傳》：「門、屏之間曰著。」《爾雅・釋宮》：「門、屏之間謂之寧。」《禮記・樂記》：「樂著大始。」鄭玄《注》：「著之言處也。」「思且」與「思存」對文，同義。

〔9〕縞衣茹藘：那個穿白色上衣腰繫絳紅色佩巾的女子。茹藘，茜草，又稱「茅
　　　搜」。此指女子身上的絳紅色佩巾。參見《東門之墠》注〔2〕。《毛傳》：「茹藘，
　　　茅搜之染女服也。」「茹藘」與「綦巾」對文，指絳紅色佩巾。《鄭箋》：「茅搜，
　　　染巾也。」鄭說具體。茹，亦作「蕠」。《爾雅・釋詁》：「茹藘，茅搜。」《爾
　　　雅釋文》：「茹，亦作蕠。」「縞衣茹藘」亦是以物代人。

〔10〕聊可與娛：我且與她一同嬉戲歡樂。娛，歡樂。《毛傳》：「娛，樂也。」《說
　　　文》：「娛，樂也。从女，吳聲。」此歌詞中「娛」指野外的戀愛嬉戲。周代風
　　　俗，男女在野外戀愛時相互嬉戲。《衛風・淇奧》：「善戲謔兮，不為虐兮！」
　　　《衛風・芄蘭》：「雖則佩韘，能不我甲？」《鄭風・溱洧》：「維士與女，伊其
　　　將謔，贈之以勺藥。」

【詩旨說解】

　　《出其東門》是一個男子所唱的求偶情歌的歌詞。在春日裏，鄭國都城
東郭門外的草地上有一場婚戀集會，青年男女雲集在這裡進行婚戀活動，唱
情歌求偶。其中，一個男子的情歌唱得很有特色。

　　「出其東門，有女如雲。雖則如雲，匪我思存。縞衣綦巾，聊樂我員」
——男子說，在東門外眾多的女子中，只有那個身穿白色衣服帶青色佩巾的
姑娘，才能讓他銷魂。

　　「出其闉闍，有女如荼。雖則如荼，匪我思且。縞衣茹藘，聊可與娛」
——男子又說，在東門外眾多的女子中，只有那個身穿白色衣服帶紅色佩巾
的姑娘才是他要與之嬉戲歡樂的人。

　　這個男子向眾人表示，他找了帶青色佩巾的女子之後，還要再找帶絳紅
色佩巾的女子。這不是太花心了嗎？非也。他唱這樣的情歌，只是希望眾女
子之中有人願意跟他談情說愛而已。有意於他的女子，便會唱歌作答。

　　此歌詞中「有女如雲」「有女如荼」的描述，展現了鄭國眾多的青年人在
都城東郭門外婚戀集會的熱鬧場景。這與《鄭風・溱洧》「士與女，殷其盈矣」
的描述如出一轍。

野有蔓草

野有蔓草〔1〕，零露漙兮〔2〕。
有美一人〔3〕，清揚婉兮〔4〕。
邂逅相遇〔5〕，適我願兮〔6〕！

野有蔓草，零露瀼瀼〔7〕。
有美一人，婉如清揚〔8〕。
邂逅相遇，與子偕臧〔9〕。

【注釋】

〔1〕野有蔓草：郊外的野草長得很茂盛。野，城郊外。《毛傳》：「野，四郊之外。」
蔓草，爬蔓的草。蔓，蔓延。草蔓延旺長。《毛傳》：「蔓，延也。」

〔2〕零露溥兮：野草上掛滿了露水珠兒。零露，從天上落下的露水。零，本義是從
天上慢慢地降落下的小雨。《說文》：「零，餘雨也。」《段注》：「零，徐雨也。」
參見《鄘風·定之方中》注〔15〕。段玉裁《毛詩故訓傳定本》校訂經文作「靈」，
非是。露，露水。露水是夜晚地面的水氣遇冷凝結於物體上的纖細水珠。古人
以為露水是從天上降下來的，故說「零露」。溥，即溥溥之義，露珠多的樣子。
《毛傳》：「溥，溥然。盛多也。」《說文》：「溥，露貌。」溥，露珠圓。溥通
團，有圓義。溥、團皆定母元部字。《釋文》：「溥，本亦作團。」團，本義為
圓。《說文》：「團，圜也。」「圜，天體也。」天體，即日月星，皆形體渾圓。
春秋時期氣候溫和濕潤，中原地區春夏秋多露水。《鄭箋》：「蔓草而有露，謂
仲春之時，草始生，霜為露也。」《召南·行露》孔《疏》：「知始有露二月中
者，以二月、八月，春秋分，陰陽中也。《禮》九月『霜始降』，八月仍有露也，
則二月始有露矣。詩云『兼葭蒼蒼，白露為霜』，是草既成，露為霜，則二月
草始生，霜為露可知。《野有蔓草》箋云『仲春草始生，霜為露』是也。」鄭
玄謂「露為霜」「霜為露」，孔穎達從其說，皆誤。孔穎達謂二月至八月有露水，
是正確的。現代氣象科學告訴我們，露水不是從天上降下來的，而是地面的水
蒸氣在露點溫度時液化的結果；霜則是地面的水蒸氣在霜點溫度時固化的結
果。霜與露不相互轉化。《小雅·蓼蕭》：「蓼彼蕭斯，零露湑兮！」「蓼彼蕭斯，
零露瀼瀼。」此句歌詞既言節氣和時辰，又以圓而大的露水珠暗比女子清亮的
眼珠。

〔3〕有美一人：「有一美人」的倒裝。一人，獨自一個人。《陳風·澤陂》：「有美一
人，傷如之何？」《楚辭·九辯》：「有美一人兮心不繹。」

〔4〕清揚婉兮：目清眉秀真好看呀。清揚，目清眉秀。清，謂清澈明亮的眼珠。揚，
謂上揚好看的眉毛。《毛傳》：「清揚，眉目之間婉然美也。」按，此傳文有錯
訛。《鄘風·君子偕老》「子之清揚，揚且之顏也。」《毛傳》：「清，視清明也。
揚，廣揚而顏角豐滿。」《齊風·猗嗟》：「美目揚兮。」《毛傳》：「好目揚眉。」

《說文》「顏，眉目之間也」《段注》：「各本作『眉目之間』，淺人妄增字耳。今正，眉與目之間不名顏。……顏為眉間，醫經之所謂闕，道書所謂上丹田，相書所謂中正印堂也。」清揚，《韓詩》作「青揚」。《韓詩》：「青揚宛兮。」宛通婉。宛、婉皆影母元部字。婉，曲美之義。又指美好的事物。《說文》：「婉，順也。」《玉篇・女部》：「婉，婉媚。」宛、婉皆通孌。孌，影母元部。孌，孌曲。又指曲美的樣子。男女貌美皆可稱「婉」。《齊風・猗嗟》：「美目揚兮。」「美目清兮。」「清揚婉兮。」朱熹《集傳》：「揚，眉之美也。」

〔5〕邂逅相遇：咱們在途中不期而遇。邂逅，不期而遇，偶然地相遇。《毛傳》：「邂逅，不期而會。」此歌詞的「邂逅」為副詞，指偶然地。遇，相遇、相逢。《說文》：「遇，逢也。」遇通遻。遇，疑母侯部；遻，見母侯部。疑、見旁紐。一男子獨行求偶，與一女子相遇於路途之中。情歌說「邂逅相遇」，是巧言說法。

〔6〕適我願兮：正合我的心願呀。適，適合。《毛傳》：「適其時願。」我，歌者自稱。願，心中所想。參見《邶風・終風》注〔12〕。

〔7〕瀼瀼：露水多的樣子。瀼，露水濃重的樣子。《毛傳》：「瀼瀼，盛貌。」《說文》：「瀼，露濃貌。」瀼，又作「曩」。《廣雅・釋訓》：「曩曩，露也。」王念孫《疏證》：「曩曩，露多貌也。《鄭風・野有蔓草》篇及《小雅・蓼蕭》篇並云：『零露瀼瀼。』瀼與　同。」《玉篇・雨部》：「曩，露盛貌。亦作瀼。」瀼、曩通囊。瀼、曩，日母陽部；囊，泥母陽部。日、泥準雙聲。囊，盛物即膨鼓。故「囊」字有鼓突之義。瀼、曩，亦有囊鼓之義，指露水珠圓而大。《小雅・蓼蕭》：「蓼彼蕭斯，零露瀼瀼。」

〔8〕婉如清揚：即「婉然清揚」，目清眉秀真好看。婉如，即婉然。如，通然。如，日母魚部；然，日母元部。魚、元通轉。「婉如清揚」是「清揚婉兮」的異構句。

〔9〕與子偕臧：我和你到一個隱蔽的地方去吧。偕臧，一起躲藏。躲避到隱蔽處，行野合之事。偕，共同。參見《邶風・擊鼓》注〔16〕。臧，甲骨文從臣（豎目）從戈，會持戈看守藏物之義。引申為藏物、隱藏之義。《管子・侈靡》：「天子臧珠玉，諸侯臧金石。」《漢書・禮樂志》：「臧於理官。」顏師古《注》：「古書懷藏之字本皆作臧，《漢》例為臧耳。」《漢書・食貨志》：「春耕夏耘，秋獲冬臧。」《說文》「臧」字《段注》：「按子郎、才郎二反，本無二字。凡物善者，必隱於內也。以從艸之藏為臧匿字始於漢末。」

【詩旨說解】

《野有蔓草》是婚戀情歌歌詞。陌路相逢歌為媒。一個男子一大早冒著露水到野外求偶，在途中遇到了一個天生麗質的美女，便唱情歌主動搭訕她，直接向她表示願與其成婚之意。

溱洧

溱與洧〔1〕，方渙渙兮〔2〕。
士與女〔3〕，方秉蕳兮〔4〕。
女曰觀乎〔5〕？
士曰既且〔6〕。
且往觀乎〔7〕？
洧之外〔8〕，洵訏且樂〔9〕。
維士與女〔10〕，伊其相謔〔11〕，贈之以勺藥〔12〕。

溱與洧，瀏其清矣〔13〕。
士與女，殷其盈矣〔14〕。
女曰觀乎？
士曰既且。
且往觀乎？
洧之外，洵訏且樂。
維士與女，伊其將謔〔15〕，贈之以勺藥。

【注釋】

〔1〕溱、洧：流經鄭國的兩條河流。《毛傳》：「溱、洧，鄭兩水名。」溱，溱水。洧，洧水。參見《褰裳》注〔2〕、〔6〕。

〔2〕方渙渙兮：正渙渙地流淌著。方，本義為向兩邊起土。引申為一旁、一方之義。參見《周南·漢廣》注〔8〕。方，通甫，開始之義。參見《邶風·簡兮》注〔2〕。渙渙，即歡歡、讙讙，春水歡快流淌的樣子。渙，通歡。渙、歡、讙皆曉母元部字。一說，「渙渙」為水盛貌。《毛傳》：「渙渙，春水盛也。」王先謙《集疏》：「《韓》渙作洹，云：盛貌也。三月桃花水下之時，至盛也。」《齊詩》作「灌灌」，《魯詩》作「汍汍」。三家《詩》與《毛詩》所用詞音近義通，皆為水盛貌。溱、洧皆是小河，春天的水勢不會太盛大。「渙渙」非水盛義。《鄭箋》：「仲春之時，冰以釋，水則渙渙然。」

〔３〕士與女：男子和女子。士，貴族男子。

〔４〕方秉蕳兮：他們剛剛採了一把菅草。方，通甫，表示正在進行的動作。秉，動
詞，持，用手拿著。《韓說》：「秉，執也。」《爾雅》：「秉，執也。」《廣雅·
釋詁》：「秉，持也。」《邶風·簡兮》：「左手執籥，右手秉翟。」《商頌·長發》：
「武王載斾，有虔秉鉞。」蕳，通菅。蕳、菅皆見母元部字。《齊詩》作「菅」。
《漢書·地理志》引鄭詩：「溱與洧，方灌灌兮。士與女，方秉菅兮。」菅，
字又作「薽」，即菅茅，多年生野草。《說文》：「菅，茅也。」此說唱詞中「蕳」
實指菅茅初生的芽。菅芽又稱為「荑」，內有白瓤，嫩可食。青年人婚戀相見
時，以花、草、樹枝、樹果等作為媒物，是春秋時期中原地區普遍存在的一種
婚戀風俗。仲春時節，菅初生，可隨地採其嫩芽作為媒物。《邶風·靜女》：「自
牧歸荑，洵美且異！匪女之為美，美人之貽！」一說，「蕳」即地蘭。《韓說》：
「蕳，蘭也。當此盛流之時，眾士與眾女執蘭祓除邪惡。」《毛傳》：「蕳，蘭
也。」《釋文》：「蕳，蘭香也。字從艸。」《漢書·地理志》：「方秉菅兮。」顏
師古《注》：「菅，蘭也。」一說，「蕳」似澤蘭。陸璣《毛詩草木疏》：「蕳即
蘭，香草也。《春秋傳》曰『刈蘭而卒』，《楚辭》云『紉秋蘭』，孔子曰『蘭當
為王者香草』，皆是也。其莖節似藥草澤蘭，但廣而長節，節中赤，高四五尺，
漢諸池苑中及許昌宮中皆種之。」《說文》：「蘭，香草。」《段注》：「《易》曰：
『其臭如蘭。』《左傳》曰：『蘭有國香。』說者謂似澤蘭也。」一說，「蕳」
即蓮。《孔疏》：「蕳，古顏反，字從艸。《韓詩》云：『蓮也』。」

〔５〕女曰觀乎：女子說：「前去觀看吧？」觀，觀看。女子請男子前往溱洧水邊婚
戀集會場合去觀看，其實是要參與其中。「觀」是一個特殊的用詞。據研究者
說，魯隱公「如棠觀魚」、魯莊公「如齊觀社」，皆是參與當地婚戀集會的情形。
（參見韓高年、郭香《原始婚俗對禮的顛覆與春秋戀歌的狂歡化傾向》，《西北
民族研究》，2014 年第 4 期）乎，句末語氣詞。

〔６〕士曰既且：男子說：「已經去過了。」既，事情已完。《鄭箋》：「既，已也。」
已，完。且，通哉，語助詞。且，精母魚部；哉，精母之部。魚、之旁轉。

〔７〕且往觀乎：再去看看吧？且，通再。再，精母之部。再，再一次，第二次。《玉
篇·冓部》：「再，兩也，重也，仍也。」《廣韻·代韻》：「再，重也，兩也。」
《說文》「再」字《段注》：「凡言再者，重複之辭。」

〔８〕洧之外：洧水外邊的隱蔽處。洧水岸旁是青年人談情說愛的好地方。一說，《溱
洧》是寫三月三日上巳節祓禊之事。《韓說》：「溱與洧，說（悅）人也。鄭國

之俗，三月上巳之日，於兩水上招魂續魄，拂除不祥。故詩人願與所說（悅）者俱往觀也。」此說唱詞所述眾士女在「洧之外」活動，而不是在水裏洗濯，故此歌詞所反映的事與上巳節祓禊事無關。

〔9〕洵訏且樂：那裡的確很寬敞，一片歡樂景象。洵，恂的借字，誠然，確實。《鄭箋》：「洵，信也。」訏，訓大。指場地寬敞。《毛傳》：「訏，大也。」《大雅‧生民》：「實覃實訏。」《毛傳》：「覃，長；訏，大。」《大雅‧韓奕》：「川澤訏訏。」《爾雅‧釋詁》：「訏，大也。」《類篇‧言部》：「訏，一曰大也。」《韓詩》作「盱」。盱通訏，訓大。且，而且。樂，快樂、歡樂。

〔10〕維：其，那些。參見《周南‧葛覃》注〔3〕。

〔11〕伊其相謔：男子與女子嬉笑著盡情地相互挑逗。伊，通臀、嘻，形容詞，嘻笑的樣子。伊，影母脂部；臀，曉母支部；嘻，曉母之部。影、曉通轉，脂、支通轉，與之部旁通轉。臀，嬉笑的樣子。《廣雅‧釋詁》：「臀，笑也。」《玉篇‧口部》：「臀，笑貌。」《廣韻‧佳韻》：「臀，笑貌。」《集韻‧蟹韻》：「臀，笑聲。」嘻，喜笑貌。《集韻‧志韻》：「嘻，笑也。」《易‧家人》：「婦子嘻嘻，終吝。」孔穎達《疏》：「嘻嘻，喜笑之貌也。」其，語助詞。相謔，相互調笑。《鄭箋》：「士與女往觀，因相與戲謔，行夫婦之事。」《邶風‧終風》：「謔浪笑敖，中心是悼。」《衛風‧淇奧》：「善戲謔兮，不為虐兮。」《衛風‧芄蘭》：「雖則佩韘，能不我甲？」

〔12〕贈之以勺藥：即「以勺藥贈之」，臨別時相互贈送香藥。勺藥，經炒製的芳香類草本植物的塊莖。未婚青年人把香藥帶在身上，用以贈送給意中人，向對方表示要約之意。《鄭箋》：「其別，則送女以勺藥，結恩情也。」春秋戰國時的「勺藥」非今之「芍藥」，亦非指某一種植物，而是對用火製乾了的芳香類草本植物塊莖的稱呼。勺藥即灼藥、炒藥。勺通灼、鬻。勺，禪母沃部；灼，照母沃部；鬻，初母宵部。禪、照旁紐，與初母鄰紐，沃、宵對轉。《說文》：「鬻，熬也。」《段注》：「《爾雅音義》引《三蒼》『熬也』，《說文》『火乾物也』，與今本異。」鬻，又作「㷅」，今作「炒」。《方言》第七：「㷅，火乾也。凡以火而乾五穀之類，自山而東，齊楚以往，謂之熬；關西隴冀以往，謂之憊；秦晉之間或謂之㷅。」戴震《方言疏證》卷七：「㷅，亦作鬻，又作㷅。」㷅，同熘。戴侗《六書故‧天文下》：「熘，鬲中烙物也。亦作鬻。」《廣雅‧釋器》「糗、餱，糒也」下王念孫《疏證》：「㷅，與炒同。」《玉篇‧火部》：「㷅，火乾也。㷅、炒並同上。」蓋蘼蕪、白芷、留夷這類植物的塊莖製乾後通稱為

「芍藥」。這類有香味的塊莖經炒乾整形後，用線繩穿起來，可作為身上的佩帶之物。也可將芳香類植物炒乾弄碎，做成香囊、香包，佩帶在身上。《楚辭‧離騷》：「扈江離與辟芷兮，紉秋蘭以為佩。」扈，掛。紉，用繩、線連綴。《楚辭‧九歎‧惜賢》：「紉荃蕙與辛夷。」古代曾大面積種植芳香植物，以供貴族使用。屈原《離騷》：「余既滋蘭之九畹兮，又樹蕙之百畝。畦留夷與揭車兮，雜杜蘅與芳芷。」司馬相如《上林賦》：「被以江離，糅以蘪蕪，雜以流夷。」司馬相如《子虛賦》：「其東則有蕙圃：衡蘭芷若，芎藭菖蒲；江離蘪蕪，諸柘巴苴。」青年人在野外婚戀，告別時互贈芍藥，表示兩人結好，並預約再次相會的時間和地點，故芳香植物又稱作「將離」。南方人則稱之為「江離」。這些芳香植物的塊莖又通稱為「藁本」。藁即香蒿，本即根、塊莖。一說，「芍藥」即芍藥，又稱「辛夷」「留夷」。《馬王堆漢墓帛書‧五十二病方》植物藥名有「芍藥」「芍藥」。《山海經‧北山經》：「又北百里曰繡山，其上有玉、青碧，其木多栒，其草芍藥、芎藭。」郭璞《注》：「芍藥一名辛夷，亦香草屬。」《廣雅‧釋草》：「欒夷，芍藥也。」王念孫《疏證》：「欒夷即留夷。欒、留聲之轉也。張注《上林賦》云：『留夷，新夷也。』新與辛同。王逸注《楚辭‧九歌》云：『辛夷，香草也。』郭璞注《西山經》云：『芍藥一名辛夷，亦香草屬。』然則《鄭風》之芍藥，《離騷》之留夷，《九歌》之辛夷，一物耳。」一說，「芍藥」即蘪蕪。馬瑞辰《通釋》：「古之芍藥非今之所云芍藥，蓋蘪蕪之類。」蘪蕪即芎藭，亦香草類植物。一說「芍藥」即離草，江離。《韓說》：「芍藥，離草也。」《釋文》：「芍藥，香草也。《韓詩》云：『離草也。』言將離贈此草也。」晉崔豹《古今注‧問答釋義》：「芍藥一名可離，故將別以贈之。」何為「離草」，說法較為混亂。《說文》：「蘺，江蘺，蘪蕪。」《廣韻‧支韻》：「蘺，江蘺，蘪蕪別名。」《史記‧司馬相如傳》司馬貞《索隱》：「《藥對》以為蘪蕪一名江蘺，芎藭苗也。則芎藭、藁本、江蘺、蘪蕪並相似，非是一物也。」又引樊光曰：「藁本一名蘪蕪，根名蘄芷。」《本草綱目‧草部‧蘪蕪‧釋名》：「蘪蕪，薇蕪、蘄茝、江蘺。……李時珍曰：蘪蕪一作蘪蕪，其莖葉靡弱而繁蕪，故以名之。當歸名蘄，白芷名蘺。其葉似當歸，其香似白芷，故有蘄茝、江蘺之名。」有說蘪蕪稱「江蘺」的，有說白芷稱「江蘺」的，又有以「蘪蕪」與「藁本」為一物的，也有說白芷即「藁本」的。《廣雅‧釋草》：「山茝、蔚香，藁本也。」茝通芷。茝，穿母之部；芷，照母之部。穿、照旁紐。山茝即山芷。或謂「茝」「芷」為異體字。《說文》：「蘺，楚謂之蘺，晉謂之蘺，齊謂之茝。」《段注》：

「菖，《本草經》謂之白芷。菖、芷同字。」從古代文獻資料來看，蘼蕪、槁
本、白芷、江蘺、留夷是有區別的。《管子‧地員》：「五沃之土……五臭疇生：
蓮、與、蘼蕪、槁本、白芷。」一說，「芍藥」泛指香草。《毛傳》：「芍藥，香
草。」在毛亨看來，蓋凡香草皆可稱為「芍藥」。

〔13〕瀏其清矣：水深而清呀。瀏，水深而清的子。《說文》：「瀏，流清貌。从水，
流聲。《詩》曰：『瀏其清矣。』」瀏通漻。瀏、漻皆來母幽部字。《韓詩》作「漻」。
《說文》：「漻，深清也。」

〔14〕殷其盈矣：溱水、洧水旁邊的人都滿了。殷，「醫」字之異體字。參見《殷其
雷》注〔1〕。殷通磤。磤，滾石之聲。又借為音樂聲盛大之義。引申為盛大、
眾多之義。《說文》：「殷，作樂之盛稱殷。」此句的「殷」字為人眾多、人聲
嚷亂之義。殷，又通乑。殷，影母文部；乑，疑母侵部。影、疑鄰紐，文、
侵通轉。乑，象三人並立之形，會眾多之義。《毛傳》：「殷，眾也。」《周禮‧
春官‧大宗伯》「殷見曰同」鄭玄《注》：「殷猶眾也。」《廣雅‧釋詁》：「殷，
眾也。」《廣韻‧欣韻》《集韻‧欣韻》同上。《說文》：「乑，眾立也。」《玉
篇‧乑部》：「乑，眾也。」「眾，多也。」盈，滿。此句說唱詞是誇張性質的
語言。

〔15〕將謔：同「相謔」。將通相。將，精母陽部；相，心母陽部。精、心旁紐。馬
瑞辰《通釋》：「相謔，猶將謔也。《尚書大傳》：『羲伯之樂舞將陽。』將陽即
相羊之假借。」

【詩旨說解】

《溱洧》是一篇講述仲春集會情形的說唱詞。這篇說唱詞大概是鄭國貴
族創作的作品，用於房中宴樂。

「溱與洧，方渙渙兮」「士與女，殷其盈矣」「洧之外，洵訏且樂。唯士與
女，伊其相謔，贈之以芍藥」──這些描述了鄭國溱水、洧水旁邊仲春集會
的場面和自然背景。在春光和煦、水流渙渙之時，鄭國的洧水、溱水邊正在
進行著一場民間的婚戀集會活動。在這裡，許多青年男女以歌聲相問，持草
相邀，謔逗嬉戲，一些貴族青年人也參與其中，場面十分熱鬧。

此說唱詞有以下幾個寫作特點：

一，對鄭國仲春婚戀集會的時間、地點述說得比較確切。春水渙渙、茅
菅始生的自然景象，說明了婚戀集會的時間是在仲春時節。「溱與洧」「洧之
外」說明了仲春集會的地點是在溱水、洧水的旁邊。

　　二，對鄭國仲春婚戀集會的情況描繪得有聲有色。「洧之外，洵訏且樂」「士與女，殷其盈矣」描繪了鄭國溱、洧二水旁邊仲春集會場面大、人多的情況。

　　三，對「士與女」在婚戀集會上的婚戀行為描述得比較細緻。其中描述了一對男女的對話和眾男女「秉蘭」「相謔」「贈芍藥」的婚戀行為。

　　四，描述了一個「女邀男」的婚戀事件。女子主動邀請男子到寬敞無人的地帶去談情說愛，男子則藉故推辭，女子再度邀請之。

　　五，反映了仲春婚戀集會的基本過程。「秉蘭相邀」是集會的開始階段，「洧之外，詢訏且樂」「伊其相謔」是集會的高潮階段，「贈之以勺藥」是集會的尾聲。

　　毋庸諱言，因為《溱洧》篇真實地反映了春秋時期鄭國仲春婚戀集會的風俗，所以許多《詩經》學者皆視其為「淫詩」，說它是呈現鄭國社會「淫風」的作品。《毛詩》序：「《溱洧》，刺亂也。兵革不息，男女相棄，淫風大行，莫之能救焉。」《漢書·地理志》：「（鄭）武公與平王東遷，卒定虢、會之地，右雒左沛（沛），食溱、洧焉。土狹而險，山居谷汲，男女亟聚會，故其俗淫。《鄭詩》曰：『出其東門，有女如雲。』又曰：『溱與洧，方灌灌兮。士與女，方秉菅兮。』『恂盱且樂，惟士與女，伊其相謔。』此其風也。」《孔疏》：「鄭國淫風大行，述其為淫之事。言溱水與洧水，春冰既泮，方欲渙渙然流盛兮。於此之時，有士與女方適野田，執芳香之蘭草兮。既感春氣，託採香草，期於田野，共為淫泆。」朱熹《集傳》：「此詩淫奔者自敘之辭。」這些學者哪裏知道，華夏民族在春秋及其以前較長的歷史時期中，其婚姻是基本自由的，人的性格是活潑的，精神是開放的。每當桃花盛開、綠柳發芽、春水渙渙之時，青年人便在野外河流旁集會，自由婚戀擇偶，集會的場面盛大，非常熱鬧。